Eduardo Cândia

DESPESA PÚBLICA E *RENT-SEEKING*: UM OLHAR JURÍDICO PÓS-POSITIVISTA AO CONTROLE DO GASTO PÚBLICO

Eduardo Cândia

DESPESA PÚBLICA E *RENT-SEEKING*: UM OLHAR JURÍDICO PÓS-POSITIVISTA AO CONTROLE DO GASTO PÚBLICO

Del Rey editora

Belo Horizonte
2019

www.editoradelrey.com.br

Editor: Arnaldo Oliveira

Editor Adjunto: Ricardo A. Malheiros Fiuza (*In memoriam*)

Diagramação / Capa: Alfstudio

Revisão: Maria Elizabete de Sousa

EDITORA
Rua dos Goitacazes, 71 – Lojas 20 a 24
Centro - Belo Horizonte-MG
CEP 30190-909
Comercial:
Tel.: (31) 3284-3284 | 2516-3340
vendas@editoradelrey.com.br
Editorial:
editorial@editoradelrey.com.br

Cândia, Eduardo
Despesa pública e rent-seeking: um olhar jurídico pós-positivista ao controle do gasto público / Eduardo Cândia. — 1. ed. — Belo Horizonte: Del Rey, 2019.
198 p. — Inclui bibliografia.

ISBN: 978-85-384-0559-7

1. Direito financeiro – Brasil 2. Finanças públicas – Brasil 3. Despesa pública – controle – Brasil I. Título

Dedico este humilde trabalho à minha saudosa mãe, Naila Franco Cândia, exemplo de determinação, de amor à vida, de luta e persistência inabalável e incansável até os últimos segundos de sua vida.

A sua benção, Guerreira!

Prefácio

Como já tenho dito e escrito reiteradamente, o Direito Financeiro é um vasto campo ainda pouco explorado por pesquisas acadêmicas. Por longo tempo esquecido pelos estudiosos, somente no início deste século, a partir da estabilização da moeda e do desenvolvimento de uma cultura de responsabilidade fiscal, retomou-se com maior intensidade o interesse pelos temas extremamente relevantes que integram o Direito Financeiro.

É sempre uma satisfação muito grande ver o avanço ocorrido quando cada um desses assuntos despertam o interesse de estudiosos ávidos por investigá-los e produzir trabalhos que trazem uma efetiva colaboração para enriquecer a doutrina, como se vê nesta obra.

Os economistas, já na década de 1970, identificaram o fenômeno do *rent-seeking*, a "caça às rendas", cujo exato conceito não é simples de ser construído, pois envolve uma série de tentativas de definições que abarcam uma multiplicidade de comportamentos dos agentes econômicos, mas que o autor, com muita propriedade, estabelece ser "todo comportamento comissivo e intencional de pessoas que, atuando individualmente ou através de grupos por um determinado período de tempo, de modo isolado ou em conjunto, mediante a utilização de recursos pecuniários ou não, pressionam, direta ou indiretamente, agentes públicos com o propósito de obter, manter ou expandir a renda econômica disponibilizada a partir da intervenção estatal na ou sobre a economia, gerando perdas sociais em casos concretos". Já com isso tem-se uma grande contribuição do autor ao estudo do tema, pois permite delimitar melhor este fenômeno com os quais os economistas têm se deparado e que tem tido grande impacto na atividade financeira do setor público, sem que os estudiosos, especialmente no campo jurídico, lhe dispensem a atenção que merece.

Se os economistas já há algumas décadas se preocupam com o *rent-seeking*, o mesmo não se pode dizer dos juristas, que pouco ou nada produzem a respeito do tema. O que não pode ser aceito, pois a importância desse fenômeno produz reflexos diretos na atividade financeira do setor público, e o ordenamento jurídico não pode se omitir em regular as ações derivadas e relacionadas a ele.

Mais uma razão para tecer elogios ao autor em abordar esse tema, no qual pretende, por meio deste trabalho pioneiro e inovador, investigar se o Direito, especialmente o Direito Financeiro, também deve estar atento ao fenômeno do *rent-seeking*, e sob a ótica jurídica analisá-lo, identificando como o ordenamento jurídico cuida do tema e de suas possíveis consequências.

Uma análise que exige um aprofundamento teórico multidisciplinar, que o autor foi capaz de demonstrar neste trabalho, como se pode observar ao longo do texto. E deixa transparecer as qualificações pessoais de Eduardo Cândia: um acadêmico dedicado aos estudos e preocupado em produzir uma análise científica desse fenômeno com a seriedade que se espera de todos aqueles que se preocupam com a correta aplicação dos recursos públicos. Um testemunho de quem o acompanhou durante anos de estudo nos cursos de pós-graduação em Direito Financeiro da USP, e pôde constatar a vontade de superar os obstáculos para alcançar o objetivo de produzir uma obra que seja útil e inovadora, fruto de um trabalho intelectual honesto, sério e competente.

E o faz mostrando que a teoria deve guardar correlação com a realidade, o que justifica uma análise do Direito Financeiro nas questões em que se se podem identificar os comportamentos que tipificam condutas próprias do *rent-seeking*, e como estão sendo conduzidas à luz do ordenamento jurídico vigente, bem como o papel que vem sendo desempenhado nessas situações pelos órgãos de controle e fiscalização.

Como bem demonstra o autor, a despesa pública não pode ser vista sob uma ótica formal, como um valor que consta da lei orçamentária, mas sim como uma norma jurídica, inserida no contexto de um ordenamento jurídico que tem como base a Constituição e seus princípios, e com fundamento neles deve ser interpretada. As normas de despesa pública estabelecem relações jurídicas voltadas a cumprir os objetivos fundamentais do Estado Democrático de Direito, devendo todo o arcabouço jurídico e institucional voltar-se a esse propósito. Nesse sentido, os gastos públicos não podem desviar dessa diretriz, e os órgãos de controle e fiscalização devem zelar pela observância da correta aplicação dos recursos. Nessa linha, comportamentos *rent-seeking* que não se coadunam com o ordenamento jurídico podem e devem ser coibidos, bem como as normas jurídicas desalinhadas com esses propósitos hão de ser reconhecidas como inconstitucionais. Comportamentos de agentes econômicos que provoquem perdas sociais ou comprometam a qualidade do gasto público não podem ser praticados pelos gestores nem aceitos pelos órgãos de controle, por contrariarem o ordenamento jurídico no que tange às normas de despesa pública, na forma preconizada pelo autor.

Estas poucas palavras não dispensam a leitura da obra em sua integralidade, tem a finalidade apenas de chamar a atenção para a relevância de uma obra que enriquece a doutrina no campo do Direito Financeiro, não somente por desvendar um tema até então praticamente inexplorado pelos juristas, mas também pela sua abordagem atual e inovadora.

José Mauricio Conti

Professor de Direito Financeiro na Faculdade de Direito da USP.
Bacharel em Direito e em Economia, Mestre, Doutor e Livre Docente pela USP.

Sumário

Introdução

A finalidade deste livro, fruto de tese de doutorado apresentada à Faculdade de Direito da Universidade de São Paulo, é propor reflexões jurídico-financeiras sobre o fenômeno *rent-seeking*.

De há muito os economistas já sabem que onde houver renda econômica haverá comportamentos humanos visando sua obtenção, manutenção ou expansão.

A Economia, a partir da segunda metade do século XX, começou a mostrar que a renda econômica disponibilizada pelo Estado, em decorrência de sua intervenção *no* e *sobre* o domínio econômico, induzia a um comportamento por parte de grupos econômicos no sentido de obter, aumentar ou simplesmente preservar este acréscimo pecuniário.

Mais do que isto: a teoria econômica concluiu que tais comportamentos, denominados *rent-seeking*, por Anne O. Kueger (1974), necessariamente gerariam *perdas sociais* (*v.g.*, diminuição do crescimento econômico a longo prazo; compras/obras/serviços públicos de baixa qualidade com preços elevados; menoscabo à livre concorrência; precariedade nas inovações; prejuízos a consumidores e baixa competitividade à vista de reservas de mercado), uma vez que todo esforço, tempo e energia para a obtenção desta renda estariam voltados exclusivamente para uma simples transferência, ao invés de produção de novas riquezas.

Assim, a Economia percebeu que esses comportamentos, voltados exclusivamente para a transferência da riqueza disponibilizada pela intervenção estatal, teria um (altíssimo) custo que seria arcado difusamente por toda a coletividade, enquanto os benefícios dessas rendas ficariam privatizados nas mãos dos poucos grupos econômicos que obtiveram êxito em sua obtenção, expansão ou manutenção.

O problema que se pretende chamar a atenção é bastante claro: será que o direito e, em especial o direito financeiro, também pode observar o fenômeno *rent-seeking* identificado pela Economia? Se sim, como poderia ser realizada esta observação a partir de uma análise jurídica e quais seriam as possíveis consequências no plano do direito financeiro?

Em outras palavras: seria o comportamento *rent-seeking* um problema exclusivo da Economia, não tendo qualquer relevância jurídico-financeira ou será que poderia haver alguma reação deste ramo do direito quando da efetiva ocorrência deste fenômeno econômico num caso concreto?

O comportamento *rent-seeking* guarda uma relação íntima com o orçamento público, mais especificamente com o gasto público, seja orçamentário ou não (*v.g.*, benefícios tributários e creditícios).

Primeiro, porque o orçamento público é a concretização de um planejamento e justamente nele estão previstos os recursos públicos que irão arcar com as mais variadas necessidades coletivas.

Para o atendimento de qualquer necessidade coletiva haverá dispêndio de dinheiro publico, ou seja, todo e qualquer direito tem um custo[1], independentemente de sua dimensão (ou geração), e é precisamente o orçamento público que, como regra, discriminará os custos dos direitos a serem concretizados anualmente.

A lei orçamentária anual é o verdadeiro mapa das despesas de capital (investimentos, obras públicas, inversões financeiras etc.), ou seja, da rota de investimentos que cada pessoa política fará no decorrer do ano (CF/88, art. 165, §5º).

Sendo assim, o orçamento público torna-se para os grupos de interesses um indicativo relativamente seguro para saber onde o Estado fará seus investimentos, aplicará seus recursos públicos e, desta forma, revela em quais contextos tais grupos poderão eventualmente entabular vultosos contratos administrativos, consequentemente buscando obter tais rendas econômicas do Estado, fazendo seus planejamentos antecipadamente.

Como cediço, a despesa pública submete-se a um procedimento complexo que, como regra, tem início com sua previsão no orçamento público (alocações orçamentárias) para depois percorrer todo um iter próprio até o efetivo pagamento. Nesse ínterim, provavelmente haverá uma corrida entre interessados em travar relações com o Poder Público e obter possíveis rendas econômicas.

Esta competição *pode* eventualmente revelar um aspecto negativo e dar azo a comportamentos *rent-seeking* que, ao fim e ao cabo, como será visto, acabaria

---

1 HOMES, Stephen; SUSTEIN, Cass. *The cost of rights – Why liberty depends on taxes*. New York, Norton, 2000.

transfigurando a própria despesa pública, formal e contabilmente fixada no orçamento público.

É exatamente para esta transfiguração que pretendemos lançar luzes, mostrando que o Direito Financeiro não apenas tem algo a dizer sobre o comportamento *rent-seeking* mas tem (deve ter) força normativa, fundada na Constituição Federal, suficiente para evitar ou reparar o mal social causado pelos *rent-seekers* e gestores públicos.

Um diagnóstico preciso da conduta *rent-seeking* pode mostrar que o direito a ser concretizado pela despesa pública teve um custo excessivo, muitíssimo além daquele formal e contabilmente indicado e planejado no orçamento público.

Pior que isto: toda a diferença entre o custo da necessidade pública, fixado no orçamento ou em políticas públicas custeadas por benefícios tributários e creditícios, e aquele efetivamente verificado pela ocorrência da *rent-seeking* vai pra conta de toda população, indistinta e difusamente.

Considerando o atual estado da arte do Direito Financeiro e, principalmente, dos estudos pós-positivistas, parece-nos um tanto quanto óbvio que condutas *rent-seeking* não podem mais (continuar a) ser menosprezadas pelo Direito Financeiro, como algo exclusivo da Economia, externo e impertinente no âmbito jurídico. É inadmissível que o direito faça vista grossa a tais comportamentos.

O problema da *rent-seeking*, portanto, não está propriamente na alocação do recurso público, ou seja, na escolha trágica que sempre existe e existirá à vista da limitação de recursos e da infinidade de necessidade coletivas.

O ponto nodal é que essas necessidades que, em tese, deveriam ser atendidas nos limites das despesas públicas fixadas na lei orçamentária (quando muito com a utilização parcimoniosa e excepcional dos instrumentos de flexibilidade orçamentária), tornam-se excessivamente custosas para a sociedade, desbordando do *quantum* previsto no orçamento público.

Para esta mirada, parece ser imprescindível ir além do dualismo objetivista-subjetivista que ainda é bastante presente na dogmática do Direito Financeiro.

É preciso dar o salto para o pós-positivismo com os pés no Estado Constitucional, o que será feito com arrimo na teoria estruturante de Friedrich Müller.

Nosso intuito é apresentar uma proposta de pensar o Direito Financeiro a partir deste paradigma pós-positivista, sem fechar os olhos para o comportamento *rent-seeking*, portanto, necessariamente incluindo esta situação fática no debate acerca da composição da norma jurídica da despesa pública.

Fazer com que o Direito Financeiro considere o comportamento *rent-seeking* no controle da norma jurídica da despesa pública é não cindir direito e realidade. Esta consideração parece-nos ser a grande missão dos órgãos de controle do gasto público para o século XXI.

Para isto, devemos retirar a venda dos olhos do Direito Financeiro para que possa ir além do objetivismo próprio do positivismo exegético mas, ao mesmo tempo, não se perder na discricionariedade subjetivista da Jurisprudência dos Interesses ou dos Valores.

Enfim, é preciso ir além dos custos formais por trás das despesas públicas, para que resplandeça toda a faticidade da complexa realidade na construção da norma e da decisão jurídica da despesa pública, com todas as possíveis externalidades, sejam positivas ou negativas.

Assim, já nos antecipamos ao afirmar que o Direito Financeiro não só pode como deve observar comportamentos *rent-seeking*, prevenindo-os ou reprimindo-os, com as respectivas responsabilidades.

Trata-se de tema que, sobre ser absolutamente atual em uma sociedade como a brasileira, pode acarretar consequências jurídicas das mais graves: a inconstitucionalidade da norma jurídica da despesa pública. É um dos pontos que pretendemos mostrar neste livro.

A temática, outrossim, nos remete ao chamado controle de qualidade ou eficiência do gasto público ou, mais especificamente, de como o Direito Financeiro tem abordado os critérios de economicidade e eficiência da despesa pública, aspectos que, ao nosso sentir, compõem a relação jurídica instaurada no consequente da norma jurídica da despesa pública e, assim, não pode, jamais, escapar da respectiva norma de decisão, sob pena de ofensa ao texto constitucional.

Em outras palavras: a Constituição Federal não autoriza despesa pública "dolosamente" antieconômica ou ineficiente, sendo que a necessidade de se atender ao binômio economicidade/eficiência faz parte da própria relação jurídica contida no prescritor da norma da despesa pública, que deve ser construída não apenas pelos gestores que tomam as decisões jurídicas sobre o gasto público, mas também pelos órgãos de controle, externo e interno, da atividade financeira do Estado, em um verdadeiro ciclo de retroalimentação.

Este aspecto descortina um novo mundo para o exercício da atividade de controle das finanças públicas e, correspectivamente, redobra a responsabilidade dos órgãos competentes, com a necessidade de expedir decisões jurídicas sobre despesa pública metodologicamente controláveis a partir de fundamentações exaustivas jurídico-econômico-sociais, sempre adequadamente filtradas pela

Constituição. Aliás, esta ideia encontra plena ressonância nos artigos 20 a 30 da Lei de Introdução às Normas do Direito Brasileiro, com a redação da Lei n. 13.655 de 2018.

Com efeito, será que havendo a comprovação de conduta *rent-seeking* o gasto público atenderia aos critérios previstos expressamente no art. 70, *caput* da CF/88 e passaria no teste de constitucionalidade? Em uma República que se intitula Estado Democrático de Direito haveria espaço para gasto público que fosse sabidamente antieconômico ou ineficiente e que impusesse um alto custo a toda coletividade, presente e futura, muitas vezes de dificílima quantificação monetária?

Em última análise, as indagações nos conduzem à reflexão sobre que tipo de controle de qualidade do gasto público nós queremos: algo formal e restrito às contabilidades quase sempre criativas ou algo substancial, republicano e verdadeiramente comprometido com resultados e benefícios *coletivos*?

Nas linhas que seguem, procuramos esclarecer se e como o Direito Financeiro pode eventualmente reagir diante de comportamentos de captura de recursos públicos contabilizados no orçamento público como despesa pública, que ocasionam perdas sociais custeadas por toda a sociedade mas que acabam passando totalmente despercebidas, especialmente dos órgãos que realizam o controle da atividade financeira do Estado.

Todavia, e aqui deve-se gizar em caixa alta, o leitor *não* encontrará neste livro propostas, fórmulas e abordagens de custos de obras ou serviços, bem como metodologias para quantificar ecomicamente externalidades no intuito de configurar ou não a conduta como *rent-seeking*. Nosso trabalho é, antes de tudo, *jurídico*, ainda que seja imprescindível, para fins de eventual configuração da *rent-seeking*, algum suporte metodológico extrajurídico bem definido, especialmente econômico, contábil e social, que deve ficar a cargo exatamente dos órgãos de controle.

Nosso intento, portanto, é mais modesto: apenas mostrar o fenômeno econômico e fazer o diálogo dele com o Direito Financeiro, longe de propor qualquer cálculo ou critério para mensurá-lo.

Além disso, cuidaremos exclusivamente da questão da *rent-seeking* no âmbito *público*, já que esse mesmo comportamento pode ser observado também nas relações privadas.[2]

Optamos por dividir o trabalho em dois capítulos.

---

[2] EDLIN, Aaron S. & STIGLITZ, Joseph E. (1995). Discouraging rivals: managerial rent seeking and economic inefficiencies. *American Economic Review* 85, 1301-1312; SCHARFSTEIN, David S. & STEIN, Jeremy C. (2000). The dark side of internal capital markets: divisional rent-seeking and inefficient investment. *The Journal of Finance* 55, 2527-2564; GLAZER, Amihai.

O primeiro capítulo abordará o comportamento *rent-seeking* na Economia, já que foi especificamente nesta seara que houve sua identificação, bem como o reconhecimento de suas perversas consequências sociais.

Mostraremos a opinião de diversos economistas sobre o tema para, ao final, apresentarmos uma definição de *rent-seeking*, afastando o conceito de outros assemelhados (*v.g.*, *free-riding, lobbying, profit seeking*, corrupção, captura/cooptação pelo mercado, improbidade administrativa) e colocando o acento da definição, especificamente, nas perdas sociais ocasionadas, o que permitirá a conclusão, por exemplo, de que nem toda atividade de *lobbying* e nem toda corrupção, necessariamente, configura *rent-seeking*.

No segundo capítulo, o foco volta-se para o Direito e, mais especificamente, o Direito Financeiro.

Assim, não será tratado neste livro, por exemplo, eventuais consequências jurídicas *fora* do Direito Financeiro que o mesmo comportamento *rent-seeking* possa envolver na prática (*v.g.*, na seara criminal: corrupção ativa e passiva, associação criminosa, organização criminosa etc.; na seara civil-administrativa: atos de improbidade administrativa (Lei n. 8.429/1992); na seara civil: responsabilidade civil e administrativa objetiva da pessoa jurídica tomadora da renda obtida por comportamento *rent-seeking* (Lei Federal n. 12.846/2013).

Não temos a menor dúvida de que o comportamento *rent-seeking* tem grande potencialidade, também, de ocasionar repercussões em outros ramos do direito, mas nos restringiremos a mostrar como esta prática pode repercutir no Direito Financeiro.

Para esta análise, partiremos da premissa de que a despesa pública deve ser observada *normativamente*, ou seja, a partir da construção de uma norma jurídica da despesa pública que tenha como base necessariamente o que chamamos de *tripé constitucional da despesa pública* (art. 1º, art. 3º e art. 70 da Constituição Federal de 1988).

Parece indiscutível a existência de um desenho constitucional da despesa pública que não pode ser escanteado durante o desenvolver da atividade financeira do Estado. Trata-se de um verdadeiro direito fundamental, pertencente a todas as pessoas, indistintamente, presentes e futuras, portanto, um *direito*

(2002). Allies as rivals: internal and external rent seeking. *Journal of Economic Behavior and Organization* 48, 155-62; LINDBECK, Assar & SNOWER, Dennis J. (1987). Efficiency wages versus insiders and outsiders. *European Economic Review* 31, 407-416; CONGLETON, Roger D. (1989). Monitoring rent-seeking managers: advantages of diffuse ownership. *Canadian Journal of Economics* 22, 662-672; MÜLLER, Holger M. & WÄRNERYD, Karl. (2001). Inside versus outside ownership: a political theory of the firm. *Rand Journal of Economics* 32, 527-541.

difuso fundamental, resguardado pelo núcleo duro da Constituição (art. 60, §4º da CF/88).

Analisaremos dois acórdãos do Tribunal de Contas da União que tratam especificamente de renúncia tributária e benefícios creditícios, tudo para verificarmos como a norma jurídica da despesa pública não está sendo levada a sério pelos órgãos de controle externo da atividade financeira do Estado.

Na sequência, pontuaremos que os alertas (art. 59 da LC n. 101, de 2000) e as medidas cautelares pelos Tribunais de Contas (art. 71 da CF/88) podem exercer um papel muito importante na prevenção da transfiguração da norma jurídica da despesa pública pelo *rent-seeking* ou, em termos normativos, evitar a inconstitucionalidade da despesa pública.

Por fim, apontamos duas importante consequências do *rent-seeking* para o Direito Financeiro.

Consideramos que se determinado recurso público, relacionado a específica despesa pública (*v.g.*, contrato administrativo, benefício creditício ou tributário), foi obtido por meio de um comportamento *rent-seeking*, ocorrerá a inconstitucionalidade da norma jurídica da despesa pública, especificamente por ferir aspectos da economicidade e eficiência da despesa pública (CF/88, art. 70, *caput*), ocasionando repercussões no campo da responsabilidade financeira tanto para os gestores públicos como para aquele que obteve a renda econômica.

Esperamos que, ao fim e ao cabo, possamos apresentar uma contribuição inovadora, ainda que minimamente, para que o *rent-seeking* saia da sombra das lentes do Direito Financeiro, e este possa mostrar sua pujança normativa, sempre concretizando o texto constitucional e o direito fundamental à higidez da despesa pública.

1

ECONOMIA E *RENT-SEEKING*

No presente tópico, procuraremos apresentar uma definição do que possa ser uma conduta *rent-seeking*, a partir de uma compilação de entendimentos de diversos economistas sobre o tema.

1.1 CONCEITO DE *RENT-SEEKING*

Rent-seeking foi pioneiramente identificado pela Economia sendo que, até hoje, a literatura econômica não conseguiu responder adequadamente muitas das difíceis questões que o tema implica, por exemplo, definir a linha exata entre *rent-seeking* e *profit-seeking*.

> Existem várias questões não resolvidas na literatura *rent-seeking*, sendo dificílimo muitas vezes desenhar uma linha entre fins lucrativos e procura, em um caso concreto, classificar atividades em categorias produtivas e improdutivas ou definir o desperdício[3].

O termo *rent-seeking* foi cunhado pela primeira vez em 1974 por Anne Kreuger[4], em um trabalho publicado na American Economic Review, cujo enfoque voltava-se para as economias do terceiro mundo, especificamente Índia e Turquia[5], onde as intervenções estatais na economia eram extensas.

---

[3] RAJAGOPALAN, R. Rent-seeking : A Selective Survey of Recent Literature. *Vikalpa*, Vol. 21, No. 1, January - March 1996.

[4] TULLOCK, Gordon. *The rent-seeking society*. Liberty Fund. Indianapolis, 2005, p. 25.

[5] KRUEGER, Anne O. The political economy of rent-seeking society. *American Economic Review n. 64*, 1974, p. 291-302.

Todavia, Gordon Tullock já havia efetivamente inaugurado a literatura econômica moderna sobre o tema, em artigo publicado quase uma década antes.[6]

De acordo com Tullock, a partir da descoberta e definição do conceito de *rent-seeking* como sendo o *desembolso de recursos por indivíduos e grupos de interesse na obtenção de rendas criadas pelo Estado*, seguiu-se um florescimento desta investigação, de modo que ideias relevantes começaram a difundir em toda a Economia.

Para Holsey e Borcherding, desde o final de 1950 vários economistas estavam questionando a visão ingênua de que o governo era um benevolente servidor dos indivíduos. Tal questionamento, desenvolvido pela chamada Escola da Puclic Choice, seria fruto do deslocamento do foco da análise para aquilo que os autores chamam de "the dark side of collective decision making", ou seja, o *rent-seeking*.[7]

Reforçando a ideia deste questionamento da Escola da Public Choice, Giácomo Balbinotto Neto[8] esclarece que "a contribuição original de Tullock (1967) foi a de modificar tal interpretação, salientando que as análises anteriores ignoravam os custos na busca das rendas criadas pela intervenção governamental. Segundo ele, o processo de competição por rendas criadas através do processo político resultante da intervenção governamental na economia iria levar a uma dissipação das mesmas, sem, contudo, implicar num aumento do bem-estar".

Para o referido autor "o trabalho de Tullock (1967) teve uma importância fundamental para o surgimento de uma nova abordagem para se avaliar, tanto do ponto de vista teórico como empírico, os custos reais da intervenção governamental. Seu trabalho permitiu e chamou a atenção para os efeitos perversos que decorrem para a sociedade quando se tem uma estrutura institucional que induz, não a acumulação de capital, inovação tecnológica e criação de valores, mas sim de atividades consideradas predatórias".

É muito interessante a analogia que Tullock faz entre os custos sociais da atividade de um ladrão (*economics of theft*) e da atividade privada de buscar determinada renda econômica disponibilizada pelo Estado, em razão da intervenção *na* e *sobre* a economia, para mostrar que os métodos até então disponíveis

---

6 TULLOCK, Gordon.The welfare costs os tariffs, monopolies ans theft. *Western Economic Journal* n. 5, 1967, p. 224-232.

7 HOLSEY, Cherly M.; BORCHERDING, Thomas E. Why does governament's share of national income growth? An assessment of recent literature on the U.S experience. *In*: MUELLER, Dennis (Ed.). *Perspective on Public Choice:* A Handbook. Cambridge University Press, 1997, p. 575.

8 As origens clássicas da teoria da *rent-seeking*.

– especialmente o desenvolvido por Harberger[9], através dos seus conhecidos triângulos – subestimavam os custos sociais de tarifas e monopólios[10].

De acordo com Tullock, o furto ou roubo seria um exemplo de pura transferência e, portanto, poder-se-ia presumir não ter qualquer custo de bem-estar para todos. Todavia, isto seria incorreto. Apesar de o fato envolver unicamente transferência patrimonial, haveria custos de bem-estar muito substanctial.

Para o autor, o custo social total do furto/roubo seria a soma dos esforços investidos na atividade de subtração da coisa, a proteção privada contra o ilícito e o investimento público em proteção policial.

O furto/roubo em si é uma pura transferência e não traz qualquer custo de bem-estar social, mas a sua existência, em potencial, resulta de atividade que representa desvio substancial de recursos e não produzem qualquer produto positivo.

Nesse sentido, ainda conforme o autor, um assalto bem sucedido irá inspirar potenciais ladrões para maiores esforços, levaria à instalação de equipamentos de proteção melhorada em outros bancos e talvez resultaria na contratação de policiais adicionais. Estes seriam os seus custos sociais, e podem ser muito consideráveis.[11]

Em relação ao custo social para obtenção de monopólios, naquela época Tullock já afirmava que provavelmente muito desse custo ficaria espalhado pelas empresas que não possuem o monopólio mas que, igualmente, empregaram recursos na esperança de ter um, de sorte que na apuração do custo social deve-se levar em conta não apenas os recursos aplicados de quem obteve efetivamente o monopólio, mas também de todos aqueles que tentaram obter e não conseguiram, ou seja, tanto dos que tiveram como daqueles que não tiveram êxito na obtenção da renda disponibilizada pelo Estado[12].

De todo modo, é importante ressaltar que, mesmo antes desta nova abordagem teórica iniciada por Tullock, conforme observa Giácomo Balbinotto Neto, "podem ser encontradas referências à atividade de *rent-seeking* e de análises desta atividade desde o final do século XVII e início do século XIX, tomando por base

---

9 HARBERGER, A. C. Using the resources at hand more effectively. *American Economy Review*, May 1959, 49, 134-146.

10 TULLOCK, Gordon. The welfare costs os tariffs, monopolies ans theft. *Western Economic Journal* n. 5, 1967, p. 228.

11 TULLOCK, Gordon. The welfare costs os tariffs, monopolies ans theft. *Western Economic Journal* n. 5, 1967, p. 228 e 231.

12 TULLOCK, Gordon. The welfare costs os tariffs, monopolies ans theft. *Western Economic Journal* n. 5, 1967, p. 232.

principalmente os trabalhos de Adam Smith (1776) – 'A Riqueza das Nações' e de Jean-Baptiste Say (1803) – 'Tratado de Economia Política'".

Podemos afirmar que a inovação de Tullock em relação ao tema foi exatamente colocar a tônica do comportamento *rent-seeking* nos custos sociais ocasionados para obtenção e/ou manutenção da renda econômica oriunda a partir da intervenção do Estado sobre o domínio econômico.

Em outras palavras: a contribuição de Tullock foi mostrar que também são empregados recursos para se obter privilégios, portanto, tais gastos diminuiriam os ganhos líquidos do beneficiário e causariam ineficiência.

Giácomo Balbinotto Neto[13] afirma que "a partir dos trabalhos seminais de Tullock (1967), Krueger (1974), Posner (1975) temos o surgimento de um novo programa de pesquisas, que adota os pressupostos do comportamento maximizador por parte dos indivíduos e/ou grupos de pressão na busca de rendas monopolistas e transferências mas que pode levar ao desperdício e a destruição de riqueza ao invés de sua criação".

Conforme Marcos Fernandes Gonçalves da Silva, "há, em diversos exemplos de atividade *rent-seeking*, competição entre grupos que buscam garantir privilégios em diversos setores da economia, isto é, agentes organizados em ações coletivas tentam, na medaida do possível, conquistar privilégios e transferir renda de outros grupos. Entretanto, somente alguns agentes ou grupos de agentes conquistarão seus privilégios; o resultado final implica um desperdício de recursos econômicos".

Para o autor, "o custo associado à atividade caçadora de renda tem uma dimensão *qualitativa* importante. Muitos talentos são alocados nessas atividades, que, apesar de improdutivas, são altamente rentáveis, fazendo com que as transferências de renda dentro da sociedade tendam a penalizar os talentos alocados em atividades produtivas: há, portanto, um elevado custo de oportunidade para esses últimos" (destacamos).

Conforme já sustentava James Buchanan em 1980, enquanto o termo *rent-seeking* surgiu na teoria econômica aplicada apenas em 1970, o comportamento que o descreve tem estado conosco desde sempre, não havendo claramente qualquer sinal de que desaparecerá.[14]

---

[13] BALBINOTTO NETO, Giacomo. *As Origens Clássicas da Teoria da "Rent Seeking"*. Artigo Apresentado no III Encontro Nacional de Economia Política, Niterói/RJ, 1998.

[14] BUCHANAN, James M. Rent seeking and profit seeking. In: *Toward a Theory os the Rent-Seeking Society*. Texas A&M University Press. College Station, p. 3.

O comportamento *rent-seeking* se tornou mais importante em razão de mudanças institucionais que abriram oportunidade para tanto, o que não havia no século dezenove e início do século XX.[15]

Segundo Buchanan, para se aproximar da ideia de *rent-seeking* deve-se ter em mente o conceito de renda da teoria econômica, ou seja, *renda econômica*. Nesse sentido, renda econômica pode ser definida como a parte do pagamento para um proprietário de determinado bem *para além* do valor do fruto efetivamente produzido pelo bem.

Assim, considerando que os proprietários dos bens preferem mais a menos, eles são susceptíveis de praticar *rent-seeking*, que seria simplesmente outra palavra para *profit-seeking*[16].

Buchanan diferencia o *profit seeking* do *rent-seeking* não propriamente em relação à conduta em si, mas às respectivas *consequências sociais*. No primeiro caso (*profit-seeking*), a busca de rendas (maximização de retornos) a partir da capacidade das pessoas e oportunidades pode ser *socialmente benéfica*; no segundo (*rent-seeking*), a mesma conduta, mas em um ambiente institucional diferente, pode não produzir consequências benéficas socialmente, gerando "waste rather than social surplus"[17].

Assim ao contrário do *profit-seeking*, *rent-seeking* não cria riqueza, ele apenas transfere de um para outro, gerando perdas a consumidores, que pagarão preços mais altos com qualidade mais pobre ou terão menos opções porque meios políticos utilizados em condutas *rent-seeking* são bastante eficazes em desencorajar os empresários competidores. Os consumidores ficam menos propensos a tomar conhecimento de métodos que podem ser mais eficientes ou melhores.[18]

Seguindo também este raciocínio, R. Rajagopalan observa que, ao contrário do comportamento *rent-seeking*, atividades *profit-seeking* melhoraram o bem-estar mediante a criação de novos produtos, mercados, processos e formas organizacionais.[19]

---

15 BUCHANAN, James M. Rent seeking and profit seeking. In: *Toward a Theory os the Rent-Seeking Society*. Texas A&M University Press. College Station, p. 3.

16 BUCHANAN, James M. Rent seeking and profit seeking. In: *Toward a Theory os the Rent-Seeking Society*. Texas A&M University Press. College Station, p. 3.

17 BUCHANAN, James M. Rent seeking and profit seeking. In: *Toward a Theory os the Rent-Seeking Society*. Texas A&M University Press. College Station, p. 4, 8 e 11.

18 IKEDA, Sanford. Rent-seeking: a primer. *Ideas on liberty*, november, 2003. Rent-seeking: a primer. Ideas on Liberty. Disponível em: https://fee.org/media/4553/ikeda1103.pdf, consultado em: 30 nov. 2016.

19 *Rent-seeking*: a selective survey of recent literature. Vol. 21, n. 1, january-march, 1996.

Hugo Borsani aponta que pela expressão *profit-seeking* "faz-se referência à busca de lucros incrementando a produção de algum bem ou serviço, típica atividade empresarial. Na procura por novas oportunidades que proporcionem um maior lucro, a atividade empresarial profit seeking gera um processo de realocação de recursos que possibilita crescimento econômico".[20]

A diferença entre *profit* e *rent-seeking* revela que a busca da renda, em si, *não é* algo pernicioso. Aliás, no caso do Brasil, a Constituição Federal expressamente autoriza não só a busca mas a expansão (aumento) de lucros, vedando tão somente a *arbitrariedade* desse aumento (CF/88, art. 173, §4º).

Por outro lado, e aqui reside a maior problemática, traçar uma linha segura que faça a distinção entre *rent-seeking* e *profit-seeking* é uma das questões mais controvertidas do tema, sendo que a Economia ainda não conseguiu resolver, talvez porque esta distinção não se resolve, ao nosso sentir, de forma abstrata, mas sempre e necessariamente levando-se em conta cada situação em concreto vivenciada, ou seja, considerando as especificidades fáticas contextuais de cada renda concretamente obtida pela intervenção do Estado na Economia. Afinal, para se aferir o *rent-seeking* parece-nos que, mais do que nunca, cada caso é um caso.

Roger Congleton observa que o foco da literatura nesta seara tem sido basicamente exemplos do que ele chama de *rent-seeking* burocrático, que é justamente a busca de favores ou de posições em importantes agências, sendo um tema geral desta abordagem o fato de que poderes monopolistas sejam socialmente ineficientes, inclusive em decorrência de desperdícios de recursos na tentativa de estabelecer posições em que rendas monopolistas possam ser obtidas ou evitadas[21].

Desse modo, conclui o autor que esta abordagem do comportamento *rent-seeking* parece ser uma ferramenta natural para examinar e comparar processos competitivos que se diferem em razão da rivalidade e/ou das diretrizes institucionais sob as quais o processo competitivo ocorre, sendo importante que sejam respondidas as seguintes questões para saber, de um modo geral, se a competição é socialmente benéfica ou não: os recursos são simplesmente transferidos? São

---

[20] BORSANI, Hugo. Relações entre política e economia: teoria da escolha pública. *In*: BIDERMAN, Ciro; ARVATE, Paulo (Orgs.). *Economia do setor público no Brasil*. Rio de Janeiro: Elsevier, 2004, p. 116-117.

[21] Competitive Process, Competitive Waste, and Institutions. *In*: BUCHANAN, James M.; TOLLISON, Robert D.; TULLOCK, Gondon (Eds.). *Toward a Theory of the Rent-Seeking Society*. Texas A&M University Press, College Station, p.154.

transformados em bens de menores valores e, em caso positivo, este processo de transformação ocasiona algum efeito de benefício ou custo?[22]

A importância de investigar o comportamento *rent-seeking* reside justamente no fato de que tais condutas se constituiriam em um dos principais obstáculos ao crescimento econômico e à prosperidade das nações, pois os recursos que poderiam ser direcionados a uma atividade que produzisse riqueza e utilidade são deslocados tão somente para a busca de transferências, privilégios e de rendas.[23]

De acordo com Giácomo Balbinotto Neto, "o estudo das rendas econômicas, sua origem, implicações e consequências para a atividade econômica tem sido realizadas desde o início do século XIX, principalmente a partir do trabalho pioneiro de David Ricardo (1817). Contudo, uma das mais recentes manifestações da ideia de renda é a análise da renda econômica quando ela é criada não a partir de uma demanda excessiva sobre um recurso fixo como a terra, mas devido à intervenção do Estado na economia nos mais diversos campos e ao comportamento dos indivíduos e grupos de pressão num contexto de alocação política dos recursos".[24]

Renda econômica é uma medida de poder do mercado (*market power*). É a diferença entre o que é pago a um fator de produção e quanto seria necessário pagar para permanecer em seu uso atual. Por exemplo: pode-se pagar US $50.000 por semana a uma estrela de futebol para jogar em determinado time, mas este mesmo jogagor estaria disposto a receber US $10.000. Então sua renda econômica semanal é de US $40.000.[25]

Segundo Marcos Mendes, "se algum produtor conseguir um lucro acima do normal, diz-se que ele está recebendo uma 'renda', ou seja, um valor acima do retorno normal esperado para a sua atividade. (...) 'Renda' ou 'renda econômica' é, portanto, o montante que um fator de produção (capital, trabalho, terra) recebe acima do valor que seria suficiente para manter esse fator em sua atual ocupação",

---

22 BORSANI, Hugo. Relações entre política e economia: teoria da escolha pública. *In*: BIDERMAN, Ciro; ARVATE, Paulo (Orgs.). *Economia do setor público no Brasil*. Rio de Janeiro: Elsevier, 2004, p. 155 e 177.

23 BUCHANAN, James M. Rent seeking and profit seeking. *In*: *Toward a Theory os the Rent-Seeking Society*. Texas A&M University Press. College Station, p. 4; PARKIN, Michael. Macroeconomic requirements for prosperity. *Australian Economic Review*, p.13; HILLMAN, Ayre L. Political Economy and Political Correctness. Public Choice, 96, p. 220.

24 *Rent-Seeking e crescimento econômico*: teoria e evidências. Tese de Doutorado. USP, FEA, 2000, p. 38.

25 BISHOP, Matthew. *Essential Economics*. The Economist, 2004, p. 224.

ou seja, é o ganho extra, o retorno acima do esperado, o lucro que não afeta a sua disposição de se manter no mercado.[26]

Portanto, para se compreender o comportamento *rent-seeking* da forma como estudado pela Economia é primordial entender o conceito econômico de renda.

A ideia, portanto, é a seguinte: se o lucro *normal* – entendido este como o valor que determinado empresário recebe por ter empregado seu tempo e seu capital na organização e gestão de sua fábrica – de uma determinada empresa é R$10,00 por unidade e o empresário consegue a realização da venda por R$12,00, então diz-se que estará recebendo uma *renda econômica* de R$2,00 por unidade, ou seja, "um retorno acima daquele necessário para estimulá-lo a fabricar e vender"[27].

A renda econômica é o lucro *adicional*, o ganho *extra*, o retorno *acima* daquele necessário para estimular a empresa à produção.

De acordo com David R. Henderson, "isto significa o pagamento para um fator de produção a mais do que é necessário para manter este fator no uso atual. Então, por exemplo, se eu estou sendo pago 150 mil dólares no meu emprego atual, mas continuaria no emprego desde que eu recebesse qualquer salário acima de 130 mil, eu estou obtendo 20 mil dólares em 'renda'".[28]

Assim, questiona o referido autor: "o que há de errado com a busca de renda? Absolutamente nada. Eu estaria buscando renda (*rent-seeking*) se eu pedisse por um aumento. O meu empregador seria, então, livre para decidir se os meus serviços valem o que eu estou pedindo. Apesar de eu estar procurando renda ao pedir um aumento, não é isso que os economistas querem dizer com *rent-seeking*. Eles usam o termo para descrever pessoas que fazem *lobby* junto ao governo a fim de ganhar privilégios especiais. Um termo muito melhor é *privilege seeking*".

De acordo com o economista e cientista político Michael Munger, a definição técnica de "renda" seria qualquer retorno de um investimento ou esforço que exceda a taxa de custo de oportunidade do retorno. Tais "rendas" encorajariam a competição, sendo que, na maioria das situações, essa competição pelos lucros produziria benefícios.

---

[26] O que é *rent-seeking*? Disponível em: www.brasil-economia-governo.org.br, consultado em: 14 maio 2015.

[27] MENDES, Marcos. *O que é rent-seeking*? Disponível em: www.brasil-economia-governo.org.br, consultado em: 25 abr. 2014.

[28] Disponível em: http://www.libertarianismo.org/index.php/artigos/rent-seeking/, consultado em: 30 nov. 2016.

Ocorre que na política a competição por rendas é quase sempre destrutiva, de sorte que quanto maior a renda, maiores os custos que as pessoas se dispõem a pagar para obtê-la.

Quando o Estado distribui o que aparenta ser dinheiro gratuito, as pessoas competirão por uma parcela dele. Assim, elas arcam com os custos que possam aumentar as chances de se obter o benefício do dinheiro "gratuito".

Nesse contexto, conforme Munger, a competição por benesses governamentais - *rent-seeking* - é uma busca por uma agulha num palheiro, e não importa se a agulha é de ouro e aqueles que a procuram estão cheios de boas intenções. Mas a competição não deveria ser algo bom? Acontece que a "competição" pelo *rent-seeking* é uma *concorrência por um preço fixo*, um problema de soma zero que funciona, na melhor das hipóteses, como uma transferência. Enquanto a competição nos mercados não tem preços fixos e é largamente positiva, na política tenta apenas movimentar dinheiro e conseguir algum crédito por isso. Nos mercados, tenta-se criar valor e obter lucros[29].

Atualmente, como veremos nos conceitos formulados pelos economistas mais adiante, há um certo consenso no sentido de que esse tipo de atendimento fracionado e discriminatório é cenário típico para geração de substanciais *perdas sociais*, uma vez que este tipo de política econômica compõe-se de uma mistura de interferências políticas *ad hoc* nos mercados e tem, como contrapartida, a ação de grupos que influenciam a oportunidade, a dosagem e a instrumentação dessas interferências[30].

Mas o que pode originar tais rendas?

Para Marcos Mendes, a possibilidade mais evidente é que o mercado em que o produtor está trabalhando não funcione em concorrência perfeita como, por exemplo, em um caso de monopólio no qual o produtor único pode escolher o montante a ser produzido e fixar um preço acima daquele que seria obtido em concorrência perfeita[31].

De todo o modo, onde houver rendas haverá pessoas que as buscam (*rent-seekers*).

---

29 Disponível em: http://econlib.org/library/Columns/y2006/Mungerrentseeking.html, consultado em: 30 nov. 2016.

30 BUCHANAN, J. Same players, different game: how better rules make better politics. *Constitutional Political Economy*, v. 19, n. 3, p. 177-188, 2008.

31 O que é *rent-seeking*? Disponível em: www.brasil-economia-governo.org.br, consultado em: 14 maio 2015.

Inclui-se no contexto do comportamento *rent-seeking* tanto a conduta de busca da renda em sua *integralidade* (*v.g.*, rendas monopolistas; vultosos contratos administrativos; benefícios creditícios) como comportamentos de grupos ou indivíduos que investem recursos na competição para obter *parte* de uma renda divisível (*share of a divisible rent*), ou seja, uma fatia do bolo, em vez de toda uma renda indivisível[32]. Neste último caso poderíamos mencionar como exemplo os benefícios tributários favorecendo um específico setor econômico, mesmo empresas que não realizaram qualquer conduta no sentido de obter efetivamente este benefício, recebendo o benefício de carona (*free-rider*).

Vejamos, brevemente, como alguns economistas definem o comportamento *rent-seeking*:

a) Tullock: ocorre o comportamento *rent-seeking* quando se investe em algo que não irá melhorar a produtividade ou, em verdade, irá diminuí-la, aumentando apenas a renda do *rent-seeker* porque a finalidade de sua conduta é justamente garantir alguma posição especial ou poder monopolista.[33] Para o autor, o termo *rent-seeking* deve ser usado exclusivamente para casos nos quais, quaisquer que sejam os propósitos, tenha um *impacto social negativo*.[34]
b) Buchanan: *rent-seeking* é designação dada para descrever condutas em contextos institucionais em que esforços individuais são voltados para maximizar os desperdícios sociais em detrimento de um excedente social.[35]
c) Ekelund e Tollison: *rent-seeking* é a atividade na qual os indivíduos buscam retornos dos direitos monopolistas sancionados pelo Estado ou, ainda, o dispêndio de recursos escassos para capturar transferências puras.[36]
d) Tollison: *rent-seeking* é o gasto de recursos escassos para capturar transferências artificialmente criadas.[37]

---

32 LONG, Ngo Van; VOUSDEN, Neil. Risk-averse rent seeking with shared rents. *The Economic Journal*, 97 (December 1987), p. 971.

33 TULLOCK, Gondon. Rent-seeking as a negative-sum game. *In*: BUCHANAN, James M.; TOLISSON, Robert D.; TULLOCK, Gordon. *Towards a theory of rent-seeking society*. Texas A&M University Press. College Station, p. 17.

34 TULLOCK, Gordon. The rent-seeking society. *The selected works of Gordon Tullock*. Vol. 5, p. 9.

35 BUCHANAN, James M. Rent seeking and profit seeking. *In*: BUCHANAN, James M.; TOLISSON, Robert D.; TULLOCK, Gordon. *Towards a Theory os the Rent-Seeking Society*. Texas A&M University Press. College Station, p. 4.

36 EKELUND, Robert B.; TOLLISON, Robert T. *Mercantilism as a rent-seeking society*. College Station, Texas A&M University Pressa, p. 13 e 19.

37 TOLLISON, Robert. Rent-seeking: a survey. *Kylos*, 35 (4), p. 578.

e) Bhagwati: *rent-seeking* - ou como o autor designa, *directly unproductive activities* (DUP) - seria uma maneira de obter lucros ou rendas por meio de atividades que são diretamente improdutivas do ponto de vista social, mas que produzem retornos pecuniários.[38]

f) Hartle: *rent-seeking* é o investimento de recursos reais comprometidos por indivíduos ou grupos (coalizões) de indivíduos com interesses similares na expectativa de obter um aumento (ou evitar uma redução) em sua riqueza, com a finalidade de assegurar (bloquear) mudanças nos seus direitos legais ou maximizar os benefícios (minimizando os custos) da política inicial que criou os direitos não exclusivos.[39]

g) Looney: o comportamento *rent-seeking* surge dentro de um contexto institucional caracterizado por uma interferência artificial nos mercados e refere-se especificamente aos recursos gastos e/ou desperdiçados por indivíduos ou grupos de pressão que buscam transferências de riqueza através da proteção e suporte do Estado.[40]

h) Gallangher: *rent-seeking* é a utilização de recursos por indivíduos ou grupos de pressão que têm o objetivo de alterar, executar, manter ou impedir que políticas governamentais sejam um meio de transferir renda.[41]

i) Mangel, DeLorme e Kamerschen: comportamentos *rent-seeking* implicam em recursos gastos para estabelecer, manter ou adquirir um monopólio garantido pelo Estado.[42]

j) Anderson, Goeree e Holt: o comportamento *rent-seeking* está relacionado com alocações econômicas decididas em um contexto de competições que envolvem o dispêndio de recursos para a obtenção de um prêmio (*v.g.*, monopólio) e no qual os esforços dos perdedores são custosos e geralmente não são compensados.[43]

---

38 BHAGWATI, J. N. Directly Unproductive Profit Seeking Activities. *Jounal of Political Economy*, 90, p. 909.

39 HARTLE, Douglas G. The theory of rent-seeking: some reflections. *Canadian Journal of Economics*, 16(4), p. 539-540.

40 LOONEY, Robert E.The economic impact of rent seeking and military expenditures: a comparison of Third World military and civilian regimes. *American Journal of Economics and Sociology*, 48 (1), p. 11.

41 GALLANGHER, Mark. *Rent-seeking and economic growth in Africa*. George Mason University, Fairfax, Ph.D thesis, p.98.

42 MANGEL, John H.; DeLorme, Charles; KAMERSCHEN, David R. Rent-seeking and the byproduct theory of labor movements. *Rivista Internazionale di Scienze Economiche e Commerciali*, 41 (5), p. 400-401.

43 ANDERSON, Simon P.; GOEREE, Jacob K.; HOLT, Charles A. Rent seeking with bounded rationality: an analysis of the all-pay auction. *Journal of Political Economy*, 1998, vol. 106, n. 4, p. 828-829.

k) Ashoff: os comportamentos *rent-seeking* somente podem ser verificados se forem satisfeitas duas condições: 1) existência de restrições de acesso ao mercado e, portanto, ao processo competitivo, que são estabelecidos e feitos pelo Estado; 2) possibilidade de se obter um direito de monopólio fixado pelo Estado ou de realizar transferências de renda entre os grupos da sociedade.[44]

Algumas metodologias voltadas para especificar o grau de dissipação da renda e estimação, ainda que aproximada, do custo social da *rent-seeking* foram realizadas somente após o *insight* inicial de Tullock (1967), em meados da década de 1970 por Krueger (1974)[45] e Posner (1975)[46].

Interessante o esclarecimento de Giácomo Balbinotto Neto quando afirma que "a teoria da 'rent-seeking' está envolvida principalmente com o estudo e as implicações dos efeitos da criação de rendas quando elas têm origem num contexto institucional caracterizado por uma intervenção governamental e alocação política dos recursos, bem como ao modo como elas são buscadas, criadas, defendidas e quais as consequências em termos de bem-estar deste tipo de atividade".

Desse modo, conclui o autor, "a teoria econômica da 'rent-seeking' procura reavaliar, criticamente, os custos da intervenção governamental na economia (...). Na realidade, temos que a principal mensagem que a teoria 'rent-seeking' busca passar é que, quando há uma competição por rendas artificialmente criadas, ocorre uma perda em termos sociais. (...) a partir dos trabalhos seminais de Tullock (1967), Krueger (1974), Posner (1975) e Buchanan (1980), temos o surgimento de um novo programa de pesquisas, que adota os pressupostos do comportamento racional, mas que pode levar ao desperdício e à destruição de riqueza ao invés de sua criação".[47]

Em linhas didáticas, pode-se traçar a evolução da "teoria da rent-seeking" em quatro fases no que se refere aos desenvolvimentos teóricos e empíricos.[48]

---

44 ASHOFF, Guido. Rent-Seeking: A New Concept in the Theory of Politics. *Economics*, 40, p.10.

45 KRUEGER, Anne O. The political economy of rent-seeking society. *American Economic Reviw*, n. 64, 1974, p. 291-302.

46 POSNER, Richard. The social costs of monopoly and regulation. *Journal of Political Economy*, 83 (4): 807-827.

47 *Rent-Seeking e crescimento econômico: teoria e evidências*. Tese de Doutorado. USP, FEA, 2000, p. 42 e 53.

48 BALBINOTTO NETO, Giácomo. *Rent-Seeking e crescimento econômico*: teoria e evidências. Tese de Doutorado. USP, FEA, 2000, p. 54-55.

Num primeiro momento, houve a aplicação da teoria a vários tipos de intervenção do Estado na economia, procurando-se reinterpretar as situações e implicações decorrentes das políticas intervencionistas (tarifas, cotas, subsídios, regulamentações, monopólios). Ainda nesse primeiro período, os trabalhos procuraram medir os custos da atividade de *rent-seeking* utilizando-se a metodologia sugerida por Krueger (1974) e Posner (1975), sendo que, de um modo geral, os resultados indicaram que os custos não eram nada desprezíveis, especialmente para as economias em desenvolvimento.

Na segunda fase foram desenvolvidos modelos que procuraram descrever a atividade de *rent-seeking* com base em diferentes pressupostos, quanto ao tipo, intensidade e comportamento frente ao risco por parte dos agentes envolvidos na atividade de *rent-seeking*, sendo que a principal questão centrou-se no montante da renda que era realmente dissipada durante o processo de busca de rendas, que ficou conhecido pelo nome de "efficient rent-seeking".[49]

Uma terceira linha de pesquisa, iniciada por Buchanam, busca analisar os mecanismos e ações que visem reduzir ou inibir as atividades de *rent-seeking*, de modo a diminuir os custos para a economia.

Por fim, a teoria da *rent-seeking* passa a ser aplicada à teoria do crescimento econômico, buscando-se explicar como ela afeta o comportamento da taxa de crescimento econômico e quais os mecanismos pelos quais isto ocorre. Este desenvolvimento ocorreu principalmente durante a primeira metade dos anos 1990 e continua ainda hoje.

De acordo com Marcos Mendes, o conceito de *rent-seeking* é muito útil para se entender fenômenos importantes na economia como, por exemplo, "os motivos para haver proteção tarifária a alguns produtos fabricados no país, a concessão de crédito subsidiado a algumas empresas, a regulamentação de algumas profissões ou a existência de meia-entrada para estudantes em eventos culturais".[50]

Michael J. Sandel aborda um tema que nos parece muito íntimo com o comportamento *rent-seeking*: os limites morais do mercado. Sustenta o autor que nós vivemos em um tempo em que quase tudo pode ser comprado e vendido, sendo que nas últimas três décadas os mercados (e seus valores) passaram a governar nossas vidas como nunca. Hoje, salienta, a lógica de comprar e vender não mais

---

49 TULLOCK, Gordon. Efficient rent seeking. *In*: BUCHANAN, James M.; TOLISSON, Robert D.; TULLOCK, Gordon. *Towards a Theory os the Rent-Seeking Society.* Texas A&M University Press. College Station, p. 97-112.

50 MENDES, Marcos. O que é rent-seeking? Disponível em: www.brasil-economia-governo.org.br, consultado em: 25 abr. 2014.

tem aplicação apenas aos bens materiais mas governa a inteireza da vida. E arremata: é hora de indagar se nós queremos viver desta forma.[51]

O autor esclarece que nós frequentemente associamos corrupção com ganhos ilícitos. Para ele, corrupção é muito mais que propinas e pagamentos ilícitos. Ainda de acordo com Sandel, corromper uma prática social é degradá-la, ou seja, tratá-la de acordo com um modo de valoração mais baixo daquele que seria o apropriado[52].

Por exemplo: cobrar para se ter acesso às audiências no Congresso Nacional, o que nos Estados Unidos é feito através de empresas que exploram o chamado *line-standing business*, seria uma forma de corrupção pois trata o Congresso como se fosse um negócio em vez de uma instituição de governo representativo.[53]

Pois bem. Transpondo esta ideia para nosso foco de atenção, poderíamos afirmar que o comportamento de investir recursos para ter acesso exclusivo (ou quase) a escassos recursos públicos, gerando rendas exclusivamente privadas e ocasionando perdas sociais difusas, ou seja, praticar o *rent-seeking*, enquadra-se naquilo que Sandel define como corrupção.

Com efeito, contratos com a Administração Pública e receitas do sistema tributário para financiamento de determinadas políticas públicas (gasto público que corre por fora do sistema orçamentário mas que nele tem repercussão direta) passam a ser vistos como verdadeiros "negócios empresariais" com finalidade de obter ganhos privados exclusivos.

Em linha de princípio, nada há de errado ou ilícito nisto. Todavia, não se pode simplesmente fechar os olhos para a potencialidade de que tais negócios podem ocasionar prejuízos para toda a sociedade, para gerações presentes e futuras, afastando-se por completo das finalidades da despesa pública: atendimento de necessidades coletivas e garantia da efetivação de direitos fundamentais difusos, nos limites do planejamento.

Aliás, como será reforçado no próximo capítulo, a necessidade de um olhar prospectivo que leve em consideração as consequências práticas da decisão a ser tomada na esfera administrativa ou controladora passou a estar expressamente prevista na Lei de Introdução às Normas do Direito Brasileiro, sob pena de o

---

51 SANDEL, Michael J. *What Money can't buy*: The moral limits of markets. Farrar, Straus and Giroux/New York, 2012, p. 3-6.

52 SANDEL, Michael J. *What Money can't buy*: The moral limits of markets. Farrar, Straus and Giroux/New York, 2012, p. 34.

53 SANDEL, Michael J. *What Money can't buy*: The moral limits of markets. Farrar, Straus and Giroux/New York, 2012, p. 34-35.

agente público responder *pessoalmente* por suas decisões ou opiniões técnicas em caso de dolo ou erro grosseiro (arts. 20 e 28).

Assim, seja em forma do recebimento de algum incentivo tributário (benefícios tributários), de quantia obtida em decorrência de contrato administrativo que, na prática, equivale a verdadeiro monopólio (desembolso de despesa pública orçamentária) ou de créditos públicos subsidiados a taxas inferiores às de mercado gerando dívida pública (benefícios creditícios), o recurso público é visto pelos *rent-seekers* exclusivamente como uma oportunidade de um "ganho extra", de uma renda econômica exclusiva, mas que, ao fim e ao cabo, pode elevar o custo do direito atendido ou da política pública a ser executada, gerando ineficiência e antieconomicidade.

De acordo com Sandel, estas seriam questões morais e políticas, não meramente econômicas.

Para nós, todavia, são questões, igualmente, *jurídicas* e, assim sendo, torna-se imprescindível um ferramental normativo adequado para que o comportamento *rent-seeking* não permaneça invisível ao Direito Financeiro, que deve ser levado a sério, especialmente em se tratando da norma jurídica da despesa pública, como veremos adiante.

Nesta linha de raciocínio, podemos indagar até que ponto indivíduos ou grupos empresariais teriam o "direito de comprar", por exemplo, benefícios fiscais vultosos, longos contratos administrativos ou obter créditos subsidiados, causando perdas sociais difusas custeadas por inúmeros contribuintes, consumidores ou usuários de serviços públicos? A norma jurídica da despesa pública estaria sendo respeitada?

Parece-nos que nem mesmo uma postura normativa objetivista do início do século XIX, fulcrada na *voluntas legis,* seria capaz de aceitar juridicamente este tipo de despesa pública, pois o custo social da *rent-seeking* certamente ultrapassaria o custo nominal da despesa fixada no orçamento público ou dos planejamentos orçamentários para a consecução das políticas públicas.

De qualquer forma, pelos conceitos analisados até agora, uma primeira conclusão podemos apontar: a conduta *rent-seeking* no âmbito público (já que esse mesmo comportamento pode ser observado também nas relações privadas[54]) está diretamente relacionada à *intervenção do Estado no domínio econômico.*

---

[54] EDLIN, Aaron S. & STIGLITZ, Joseph E. (1995). Discouraging rivals: managerial rent seeking and economic inefficiencies. *American Economic Review* 85, 1301-1312; SCHARFSTEIN, David S. & STEIN, Jeremy C. (2000). The dark side of internal capital markets: divisional rent-seeking and inefficient investment. *The Journal of Finance* 55, 2527-2564; GLAZER, Amihai.

No âmbito do Direito Administrativo, poderíamos apontar a captura da agência reguladora com uma espécie de possível conduta *rent-seeking*, desde que fosse comprovada a perda social ocasionada pela decisão da agência no atendimento de específicos grupos de interesse em detrimento da coletividade.

Para fins de captura, o Direito Administrativo, de maneira geral, tem se contentado com o mero desvio de finalidade do coletivo para o particular (no caso, dos grupos de interesse), sem se enveredar pela existência ou, muito menos, mensuração de eventual perda social decorrente da captura[55]. Assim, nesse sentido mais estrito, não se poderia vincular automaticamente a captura ao comportamento *rent-seeking*, haja vista o necessário liame deste último às perdas sociais, conforme identificação dos economistas.

Surgida no Estados Unidos no fim da década de 1960, a teoria da captura mostrou-se evidente quando a intervenção estatal na economia passou mais acentuadamente para o terreno da regulação, o que no Brasil teve início nos anos 1990 com a reforma administrativa dando azo à criação das agências reguladoras, com seus poderes normativos sobre diversos setores da economia[56].

(2002). Allies as rivals: internal and external rent seeking. *Journal of Economic Behavior and Organization* 48, 155-62; LINDBECK, Assar & SNOWER, Dennis J. (1987) Efficiency wages versus insiders and outsiders. *European Economic Review* 31, 407-416; CONGLETON, Roger D. (1989). Monitoring rent-seeking managers: advantages of diffuse ownership. *Canadian Journal of Economics* 22, 662-672; MÜLLER, Holger M. & WÄRNERYD, Karl. (2001). Inside versus outside ownership: a political theory of the firm. *Rand Journal of Economics* 32, 527-541.

55 Apontando explicitamente para a necessidade de "evitar mecanismos que propiciem privilégios para alguns agentes econômicos em detrimento dos usuários, o que, sem sombra de dúvida, poderá acarretar em incontáveis prejuízos sociais", ver: MENEZELLO, Maria D'Assunção Costa. *Agências reguladoras e o direito b*rasileiro. São Paulo: Atlas, 2002, p. 159.

56 Sobre a teoria da captura, ver: STIGLER, George. The theory of economic regulation. *The Bell Journal of Economics and Management Science*. Volume 2, Issue 1, (Spring, 1971); MARTÍNEZ, Maria Salvador. Autoridades independientes. Barcelona: Ariel, 2002; JUSTEN FILHO, Marçal. *O direito das agências reguladoras independentes*. São Paulo: Dialética, 2002; MOREIRA, Vital. *Auto-regulação profissional e administração pública*. Coimbra: Almedina, 1997; MARQUES NETO, Floriano de Azevedo. A nova regulação estatal e as agências independentes. *In*: *Direito Administrativo Econômico* (Coordenação de Carlos Ari Sundfeld). São Paulo: Malheiros, 2000; MOREIRA NETO, Diogo de Figueiredo. *Direito regula*tório. Rio de janeiro: Renovar, 2003; ARAGÃO, Alexandre Santos de. *Agências reguladoras e a evolução do direito administrativo econômico*. Rio de Janeiro: Forense, 2005; MELO, Thiago Dellazari. *A "captura" das agências reguladoras*: uma análise do risco de ineficiência do Estado Regulador. 2010. 126 f. Dissertação (Mestrado em Direito). Data de defesa: 26/08/2010. 127 f. – Universidade Federal de Pernambuco. CCJ. Direito, 2010.

De acordo com essa teoria, a captura regulatória acontece quando uma agência reguladora, formada para agir no interesse do público, eventualmente atua de forma a beneficiar determinado setor que deveria ser regulamentado.[57]

Há, pois, a priorização de interesses de grupos políticos e empresas privadas sobre interesses da coletividade. De todo modo, trata-se de questão a ser enfrentada em pormenores no âmbito do Direito Administrativo, especialmente no capítulo do processo administrativo normativo ou adjudicatório.

Para Marcos Mendes, "em geral, quanto maior o grau de intervenção do governo na economia, maiores as oportunidades para que grupos se apropriem de riqueza por meio de atividades *rent-seeking*. No Brasil, o governo é grande, não apenas pelo alto nível dos gastos públicos e da carga tributária, mas também pela histórica tradição de regular fortemente a economia. Assim, é de se esperar que haja amplo espaço para o *rent-seeking*".[58]

De acordo com o autor, "o problema do *rent-seeking* é que ele leva à má alocação de recursos na economia, reduz a produtividade e prejudica o crescimento econômico de longo prazo".

Ainda conforme Mendes, isto ocorre por vários motivos: "tempo e dinheiro são gastos com vistas a subtrair renda de outros, sem criar riqueza nova. O mesmo dinheiro que é investido em *lobby* e financiamento de campanhas eleitorais poderia ser investido em pesquisa e desenvolvimento de novos produtos, por exemplo".

Além disso, "os limitados recursos da sociedade, disponíveis para investimento, não vão para as mãos das empresas que têm os projetos mais competentes e promissores, mas sim para as empresas que têm maior conexão política. As chances de criação de riqueza tornam-se menores".

Desta forma, conclui o autor, "o *rent-seeking* permite que se mantenham vivas empresas ineficientes. (...) cria restrições à livre concorrência, o que desestimula as empresas protegidas a buscar ganhos de produtividade para se manterem vivas no mercado, prejudicando a produtividade agregada da economia, ao mesmo tempo em que inibe o surgimento de outras empresas inovadoras".

Por outro lado, "a ação governamental deixa de ter por objetivo apenas a correção de falhas de mercado, atuando em áreas que o mercado privado não é capaz de fornecer bens e serviços adequados", de modo que ao invés de oferecer serviços públicos de qualidade, que aumentam a produtividade da economia

---

[57] Disponível em: http://www.investopedia.com/terms/r/regulatory-capture.asp, consultado em: 03 set. 2016.

[58] MENDES, Marcos. *O que é rent-seeking*? Disponível em: www.brasil-economia-governo.org.br, consultado em: 25 abr. 2014.

(como infraestrutura ou educação pública), "o governo passa a priorizar a criação de emprego, a distribuição de subsídios e privilégios, a transferência de riqueza de uma parcela da sociedade para outra".[59]

A pesquisa sobre o dispêndio de recursos para obtenção de privilégios especiais em que, ao final, os prejuízos coletivos podem acabar sendo maiores, espalhou-se para além da Economia, encontrando campo fértil de pesquisa na área da ciência política e sociologia[60], por exemplo.

O fato é que não há como fugir deste ponto de partida: a construção de um conceito de *rent-seeking* deve partir da observação de como a teoria econômica aborda o tema, porque é justamente na Economia que houve sua clara percepção e, principalmente, identificação de seus perversos efeitos sociais.

Tentando encontrar um denominador comum entre as conceituações colacionadas, ousamos oferecer um conceito de *rent-seeking* para que possamos prosseguir com nossas incursões no campo jurídico.

Desse modo, podemos afirmar que *rent-seeking é todo comportamento comissivo e intencional de pessoas que, atuando individualmente ou através de grupos por um determinado período de tempo, de modo isolado ou em conjunto, mediante a utilização de recursos pecuniários ou não, pressionam, direta ou indiretamente, agentes públicos com o propósito de obter, manter ou expandir a renda econômica disponibilizada a partir da intervenção estatal na ou sobre a economia, gerando perdas sociais em casos concretos.*

Façamos a depuração conceitual, com as necessárias explicações:

a) *Comportamento comissivo e intencional de pessoas que, atuando individualmente ou através de grupos*: a *rent-seeking* sempre retratará um comportamento positivo, ou seja, uma atuação, um fazer realizado por um indivíduo, isoladamente ou mediante ações de grupos e organizações que se articulam com uma intenção específica.

Não vislumbramos a possibilidade de *rent-seeking* por meio de condutas omissivas, pois é sempre através de comportamentos positivos – não é por outra razão o termo *seeking* – que os grupos de interesses podem eventualmente ser beneficiados com as rendas advindas da intervenção do Estado na economia, seja mediante influências políticas, amizades ou pagamento de vantagens econômicas a agentes públicos com poderes de decisão ou de ingerência política.

---

59 MENDES, Marcos. *O que é rent-seeking*? Disponível em: www.brasil-economia-governo.org.br, consultado em: 25 abr. 2014.

60 Nesse sentido: TULLOCK, Gordon. The rent-seeking society. *The selected works of Gordon Tullock*. Vol. 5, p. 28.

Quando muito, pode-se vislumbrar um *free-rider* em *rent-seeking*, ou seja, alguém "pegar carona" em conduta *rent-seeking* de outrem.

A busca pela renda, inequivocamente, é um comportamento doloso, intencional, voluntário. Ninguém vai atrás de uma renda disponibilizada pelo Estado por imprudência, mas tão somente porque tem *interesse direto* na renda econômica e, frise-se, não há ilicitude qualquer nesta busca.

A Constituição Federal não veda o lucro e nem o aumento do lucro, mas tão somente o aumento *arbitrário* do lucro (CF/88, art. 173, §4º). Não é, pois, qualquer aumento e nem, muito menos, o próprio lucro que é vedado.

b) *Por um determinado período de tempo, de modo isolado ou em conjunto*: a atuação dos indivíduos ou grupos empresariais ocorre por um determinado período de tempo, seja antes, durante ou mesmo após a obtenção efetiva da renda e pode ocorrer isoladamente, quando determinado indivíduo ou grupo, sozinho, emprega recursos na atividade de busca à renda, para si ou para outrem, o que pode inclusive favorecer terceiros que se beneficiarão pela atuação dos *rent-seekers*.

Imagine-se, por exemplo, determinadas empresas de construção civil que, através de condutas *rent-seeking*, conseguem obter isenção de determinado imposto para o ramo. Aquelas empresas que não realizaram tais condutas, ou seja, não buscaram diretamente qualquer renda do Estado, acabam obtendo também o benefício fiscal que, para a verificação da eventual perda social, deve ser igualmente computado.

Por outro lado, indivíduos ou grupos podem se unir a outros *rent-seekers* para dividir a fatia do bolo, articulando-se e dividindo tarefas para uma mesma finalidade.

Tendo como referência o orçamento público, é possível vislumbrar ações de rentistas (não necessariamente acarretando *rent-seeking*) antes mesmo da fixação da despesa pública no projeto de lei orçamentária, com a finalidade de obter o benefício, sua manutenção ou expansão. Nesta fase, a atividade dos *rent-seekers* pode ocorrer pressionando os responsáveis para *a fixação da despesa pública* num ou noutro sentido.

Também é possível, e de mais fácil visualização, a ocorrência de tais condutas após a fixação da despesa pública na lei orçamentária, portanto, quando da execução da despesa pública, com o escopo de obter concretamente o benefício, expandir ou manter aquele já obtido (inclusive contra outros grupos econômicos que também pleiteiam o benefício).

Isto pode se verificar no âmbito do Poder Executivo (*v.g.*, alguns contratos administrativos que se assemelham a verdadeiros monopólios; instrumentos de flexibilidade orçamentária com *pouca* ou *pouquíssima* intensidade parlamentar[61]), no Poder Legislativo (*v.g.*, através de instrumentos de flexibilidade orçamentária com *forte* intensidade parlamentar[62]; por meio de emendas parlamentares, especialmente nos procedimentos de conversão de Medidas Provisórias[63]) e, igualmente, no Poder Judiciário, por exemplo, mediante a utilização de ações *coletivas* (*v.g.*, ação civil pública; mandados de injunção coletivo) para atendimento de determinada política pública em benefício de específico grupo de pessoas ou, ainda, com o manejo de ações *individuais*, numa espécie de "captura orçamentária individual", carreando os custos dos atendimentos sempre ao orçamento público, ou seja, para toda coletividade[64].

Tullock bem demonstrou que ocorre nos processos judiciais quase exatamente o mesmo com os processos que envolvem uma luta entre dois lobistas. A diferença básica é que processos judiciais submetem-se a regras rigorosas, por um longo tempo.[65]

---

[61] Gabriel Loretto Lochagin diferencia os diversos instrumentos de flexibilidade orçamentária a partir de uma distinção que leva em conta o grau de participação do Poder Legislativo em sua aprovação. Desse modo, conforme a didática classificação do autor, há instrumentos de flexibilidade em que a intensidade da participação parlamentar é potencialmente fraquíssima (limitação de empenho e movimentação financeira), fraca (créditos suplementares abertos dentro dos limites de autorização prévia da lei orçamentária; créditos extraordinários) ou forte (créditos suplementares que ultrapassam os limites de autorização prévia da lei orçamentária; créditos especiais; transferências, transposições e remanejamentos) (*A execução do orçamento público: flexibilidade e orçamento impositivo*. São Paulo: Editora Edgard Blücher, 2016, p. 94).

[62] Para Gabriel Lochagin, a intensidade parlamentar é forte pois a aprovação de medidas de flexibilização da execução dependem de aprovação *prévia* e *específica* do Poder Legislativo (*A execução do orçamento público*: flexibilidade e orçamento impositivo. São Paulo: Editora Edgard Blücher, 2016, p. 94).

[63] CARAZZA, Bruno. *Dinheiro, eleições e poder*: as engrenagens do sistema político brasileiro. São Paulo: Companhia das Letras, 2018, p. 164-175.

[64] Para Marcos Mendes, "o ímpeto redistributivo e de promoção de justiça social existente no texto da nova Constituição, somado à ampliação dos meios de acesso à justiça, acabou, na verdade, por gerar espaços para que segmentos organizados, muitas vezes de classes média e alta, a esta recorressem para obter benefícios individuais (ou para grupos restritos). (...) Dado que o direito está 'garantido', um cidadão, um sindicato ou entidade de classe que sejam bem informados e tenham capacidade de contratar um bom advogado sempre que possível irão à justiça para 'fazer valer o seu direito'. Os juízes apreciam o direito do impetrante sem considerar o direito do restante da sociedade, que não é parte ativa da demanda judicial, e que acaba sendo negativamente afetada pela concessão do benefício" (MENDES, Marcos. *Por que o Brasil cresce pouco*: desigualdade, democracia e baixo crescimento no país do futuro. Rio de Janeiro: Elsevier, 2014, p. 191).

[65] *Rent-seeking and the law...*, p. 185.

Portanto, a conduta rentista, que é suscetível de dar azo ao *rent-seeking*, pode ocorrer tanto no momento que antecede a fixação da despesa no orçamento público, através de influências políticas tanto no Poder Executivo, que elabora a peça orçamentária e está na condução da execução orçamentária propriamente dita, como no Poder Legislativo, que apresenta emendas, aprova a proposta enviada pelo Executivo e créditos adicionais suplementares, como pode se verificar no decorrer procedimental da despesa pública.

Nessa linha de entendimento, por exemplo, é perfeitamente possível práticas rentistas quando a Administração Pública decide pela realização de despesa pública descontingenciando determinado gasto e publica o edital de licitação para a futura formalização de um contrato administrativo, de sorte que muitas vezes no chamado "contingenciamento preventivo" já se pode fazer uma espécie de prestidigitação de possíveis comportamentos rentistas que poderão ser direcionados ao gestor público visando, justamente, a liberação dos montantes contingenciados o que, ao fim e ao cabo, pode ensejar a *rent-seeking*.

O fato é que durante todo esse percurso, até o efetivo desembolso da quantia a título de despesa pública, haverá espaço para comportamentos *rent-seeking* que pode envolver, inclusive, prorrogação de prazo contratual (art. 57 da Lei Federal n. 8.666/96) ou acréscimos ao contrato administrativo (TCU, Decisão 215/1999). Aliás, em precedente do TCU, já fora admitido aditivo contratual de até 2.700% sobre o valor inicial do contrato (TCU, Acórdão 448/2011[66]).

---

[66] Neste processo, o Tribunal apurou possíveis irregularidades que teriam sido cometidas pela Empresa Brasileira de Hemoderivados e Biotecnologia - (Hemobrás), no âmbito do aditamento 01/2010, promovido ao contrato 22/2007, firmado entre aquela estatal e o Laboratoire Français du Fractionnement et des Biotechnologies - (LFB), tendo por objeto inicial a transferência de tecnologia referente ao processo de produção de hemoderivados. O aditivo em questão ensejou *acréscimo de, aproximadamente, 2.700% ao valor inicialmente constante do contrato*, o qual passou a prever que o LFB encarregar-se-ia não só da transferência de tecnologia referente ao processo de produção de hemoderivados, mas também da própria execução dos serviços de fracionamento de plasma captado no Brasil. Ao analisar a matéria, o relator destacou que, "embora a assinatura do aditivo 01/2010 não se coadune com a decisão 215/1999-Plenário e, por conseguinte, tenha representado, a princípio, afronta ao art. 65, §1º, da Lei 8.666, de 21/6/1993, o resultado prático da realização de processo licitatório distinto possivelmente seria o mesmo, qual seja, a contratação do Laboratoire Français du Fractionnement et des Biotechnologies, uma vez que este laboratório foi o único a participar da concorrência internacional que precedeu o contrato 22/2007". A essa possível inexistência de outras empresas interessadas, aditou o relator o fato de que o aditivo 01/2010, ao incumbir o LFB de executar o fracionamento de plasma sob o acompanhamento de técnicos da estatal contratante, ter possibilitado a imediata transferência de tecnologia relacionada ao processo de produção de hemoderivados, independentemente da conclusão das obras de construção da fábrica da Hemobrás, atrasada em decorrência da anulação de duas outras licitações. Acresceu, ainda o relator, que "a contratação de outro laboratório que não o LFB resultaria em retrabalho para a Hemobrás, eis que seus técnicos,

Mesmo após a obtenção da renda, é possível a existência de comportamentos *rent-seeking*, com a finalidade de *manter a renda obtida* como, por exemplo, nas hipóteses de renúncia tributária, especificamente isenções em caráter individual, em que a conduta rentista volta-se para que sejam mantidos os benefícios fiscais, inclusive contra comportamentos *rent-seeking* opostos.

c) *Mediante a utilização de recursos pecuniários ou não*: o comportamento *rent-seeking* pressupõe o dispêndio de recursos por parte dos *rent-seekers* para a futura obtenção, expansão ou manutenção da renda pretendida, o que não conduz necessariamente ao desembolso *de dinheiro*, podendo ser considerado no cômputo desta atividade, por exemplo, a utilização de talentos, gastos realizados para a realização de contatos e articulações políticas, tempo e energia despendida em todo o processo por parte dos *rent-seekers*.

O importante é que se tenha, ainda que por mera aproximação, uma ideia monetarizada de tudo que foi empregado pelo(s) *rent-seeker(s)* para a obtenção da renda disponibilizada pela intervenção estatal, seja em espécie ou não.

d) *Pressionam, direta ou indiretamente, agentes públicos*: existe toda uma força propulsora por parte dos *rent-seekers* para conseguirem o que buscam. Esta pressão pode ser direcionada diretamente a agentes estatais, no caso, aos tomadores de decisão acerca do gasto público ou indiretamente, quando, por exemplo, os *rent-seekers* fazem uso de lobistas ou intermediários para chegarem até aos tomadores de decisão e os influenciarem no sentido da decisão que lhes interessam.

e) *Com o propósito de obter, manter ou expandir a renda econômica:* a finalidade última da *rent-seeking* é a *obtenção* da renda econômica, mas também pode ser verificada quando o propósito for sua *manutenção*, ou seja, preservar o *status quo* da renda já obtida ou, ainda, a *expansão* ou aumento da renda econômica.

Muitas vezes, a expansão da renda pode ser considerada verdadeira obtenção, por exemplo, na ampliação do benefício tributário para outros setores econômicos, portanto, para novos grupos que não tinham acesso ao benefício.

O dolo, ou seja, a vontade consciente e deliberada do *rent-seeker* está exatamente na obtenção, manutenção ou expansão da renda econômica.

---

após a construção da fábrica, teriam de se adaptar a rotinas e fluxogramas distintos daqueles adotados até então, haja vista se diferenciarem, de laboratório para laboratório, muitos dos procedimentos afetos ao processo de fracionamento de plasma, inclusive com relação à coleta e ao controle de qualidade". Assim, diante das peculiaridades do caso, o PLenário do TCU entendeu pelo não apenamento do signatário do termo aditivo 01/2010 do contrato 22/2007, o qual, em caráter excepcional, deveria ser considerado válido.

f) *Disponibilizada a partir da intervenção estatal na e sobre a economia:* no âmbito público, o comportamento *rent-seeking* pressupõe a intervenção do Estado *na* economia (Estado atuando como agente econômico, participando diretamente do domínio econômico, seja exclusivamente ou em concorrência) ou *sobre* a economia (o Estado regulamentando a atividade econômica, de modo determinante ou indutivo).[67]

Já deixamos claro que não é objeto de nossa preocupação comportamentos *rent-seeking* no âmbito das relações privadas (*private rent-seeking*), o que pode perfeitamente ocorrer (*v.g.*, pirataria, litígios judiciais, furtos, roubos e outras formas de transferência entre partes privadas).

Assim, quando o Estado intervém no domínio econômico, seja incentivando determinado setor com isenções tributárias, fomentando certas atividades, concedendo créditos subsidiados a específicas empresas ou firmando contratos administrativos com particulares para a prestação de serviços públicos ou construções de obras públicas, dá margem para a busca ou a competição pela eventual renda econômica.

g) *Gerando perdas sociais em casos concretos*: a conduta *rent-seeking*, a partir da concepção que Tullock lhe deu, não prescinde de um resultado, que é a *perda social*.

A ideia de perda social em razão da *rent-seeking* é construída a partir da constatação de que todo esforço e energia para a obtenção da renda econômica disponibilizada pelo Estado estariam voltados exclusivamente para sua *simples transferência para determinados grupos de pressão*, ao invés de produção de novas riquezas, estímulos à competitividade e inovação no mercado de produtos e serviços, ou seja, as rendas auferidas por poucos seriam custeadas por toda a sociedade mas sem qualquer retorno *social*, pelo contrário, gerando efetivas perdas sociais.

---

[67] De acordo com a útil classificação de Eros Roberto Grau, o Estado pode intervir na economia de duas formas: *no* ou *sobre* o domínio econômico. Quando intervém *no* domínio econômico age como se fosse um agente econômico, como uma empresa. Nesse caso, a intervenção pode ocorrer *por absorção* (exploração da atividade pelo Estado em regime de monopólio) ou *por participação* (Estado concorrendo com outros agentes econômicos privados). A intervenção estatal ocorre *sobre* o domínio econômico quando há regulamentação estatal, seja por lei ou atos infralegais. Esta intervenção se dá através de uma normatização *diretiva* (determinam, impõem comportamento que devem ser observados pelos agentes privados) ou indutiva (induzem, através de um sistema de incentivos, os agentes privados a agirem de acordo com as orientações estatais) (GRAU, Eros Roberto. *Elementos de Direito Econômico*. São Paulo: RT, 1981, p. 63 e s.).

É importante ressaltar que perdas sociais podem *ou não* ser consequências de comportamentos rentistas, daí a conhecida distinção entre *rent-seeking* e *profit-seeking*, sendo este último o comportamento de pessoas que tentam maximizar seus retornos a partir de suas próprias capacidades ou oportunidades, mas, ao contrário da *rent-seeking*, é benéfico socialmente[68], ou seja, produzem-se riquezas e não apenas transferem-nas do Estado para o particular.

Vê-se, portanto, que a ideia de que externalidades negativas superam as positivas está na base do conceito de *rent-seeking*. É o divisor de águas.

A externalidade surge como problema exatamente "quando as firmas ou indivíduos realizam suas ações, levam em consideração somente os benefícios e os custos privados, e não os benefícios e os custos sociais".[69]

De acordo com Eduardo Andrade, "o benefício social pode ser maior ou igual ao benefício privado. Quando ele é maior, diz-se que existe uma externalidade positiva. Esse é certamente o caso quando um indivíduo cuida do jardim de sua casa, beneficiando não somente ele mesmo, como também os outros moradores da vizinhança".[70]

O comportamento rentista, por si só, não significa necessariamente *rent-seeking*. Ao contrário, por exemplo, de um crime de corrupção ativa (*oferecer* ou *prometer* vantagem indevida) no qual o efetivo recebimento da quantia pelo funcionário público representa apenas o *exaurimento* (e não a consumação propriamente) do delito, na conduta *rent-seeking* o resultado lhe é inerente e indispensável para sua própria configuração.

Nesse sentido, a existência de perdas sociais é o verdadeiro busílis da *rent-seeking*, de sorte que sem a verificação concreta de tais perdas, não se pode falar em *rent-seeking*.

Com isso, estamos afirmando que a conduta *rent-seeking*, como nos chamados crimes materiais, apenas se consuma com a *produção do resultado naturalístico* que, no caso, ocorre com a *verificação em concreto da perda social*, exigindo-se *pelo menos* a culpa do rentista em relação a este resultado, ou seja, dolo na conduta rentista e, pelo menos, culpa no resultado socialmente danoso.

---

[68] BUCHANAN, James M. Rent seeking and profit seeking. *In*: BUCHANAN, James M.; TOLISSON, Robert D.; TULLOCK, Gordon. *Towards a Theory os the Rent-Seeking Society*. Texas A&M University Press. College Station, p. 4.

[69] ANDRADE, Eduardo de Carvalho. Externalidade. *In*: *Economia do setor público no Brasil...*, p. 17.

[70] Externalidade. *In*: *Economia do setor público no Brasil...*, p. 17.

Deve ficar devidamente comprovado o liame entre a perda social e a conduta rentista, sob pena de termos que considerar como *rent-seeking* casos fortuitos ou de força maior que ocasionem perdas sociais.

A responsabilidade financeira, em se tratando de *rent-seeking*, não é objetiva, de sorte que se torna imprecindível, pelo menos, a comprovação da culpa do rentista para responsabilizá-lo, como veremos no capítulo final do trabalho.

Em outras palavras: não é a perda social ou a mera conduta rentista de busca à renda disponibilizada pelo Estado que, *per se*, terá o condão de configurar a *rent-seeking*, como se tratasse de uma espécie de "crime de mera conduta" ou "crime formal" em que, a despeito de ser possível a ocorrência do resultado, este é dispensável para a consumação.

Por isto que não podemos aceitar a argumentação de que qualquer busca à renda configura *rent-seeking*, ainda que esta busca deságue em criminalidade como, por exemplo, no crime de corrupção.

Todavia, se para a conduta o dolo é imprescindível, para o resultado basta a culpa. Esta ilação parece ser uma decorrência direta e lógica da adoção da República (CF/88, arts. 1º e 34, inciso VII, "a"), comando que se espraia como vetor interpretativo de todo o ordenamento jurídico, especialmente quando estamos no âmbito de uma relação jurídica envolvendo o Estado e, mais especificamente ainda, quando esta relação concerne à atividade *financeira* do Estado, indispensável à consecução de direitos sociais fundamentais.

Assim, quando a Constituição Federal expressa que o Brasil é uma República constituída em Estado Democrático de Direito, tal comando tem uma inescondível força normativa[71] que ilumina toda e qualquer norma jurídica, em especial aquelas nas quais o Estado se faz presente como uma das partes na relação jurídica prescrita no consequente normativo.

Trata-se, não de uma mera sugestão ou recomendação constitucional com o trato da coisa pública, mas de uma determinação, uma prescrição, um comando, uma ordem para que assim seja feito, não podendo a Administração Pública ou o particular que com ela se relaciona fazer vista grossa às sérias implicações jurídicas decorrentes da adoção da forma republicana de governo.

---

[71] De acordo com a ensinança de Konrad Hesse, "embora a Constituição não possa, por si só, realizar nada, ela impõe tarefas. A Constituição transforma-se em força ativa se essas tarefas forem efetivamente realizadas, se existir disposição de orientar a própria conduta segundo a ordem nela estabelecida (...)" (*A força normativa da Constituição*. Tradução de Gilmar Ferreira Mendes. Porto Alegre: Sergio Antonio Fabris Editor, 1991, p. 19).

Esta percepção é necessária pois torna-se imperioso sempre um compromisso com a *res publica* por parte daquele que se dispõe, voluntariamente, a se relacionar com a Administração Pública quando esta tem a prerrogativa de se valer de seus "deveres-poderes", portanto, quando exerce *função* administrativa[72].

Desse modo, quem se relaciona com o Estado quando este exerce função administrativa deve estar bem ciente das consequências jurídicas que disso pode advir, de sua responsabilidade social e, no nosso caso, financeira. Esta análise deve fazer parte do risco do empreendedor ao decidir se relacionar com o Estado, especialmente nessas situações privilegiadas do particular (*v.g.*, contratos administrativos de grande monta; benefícios fiscais ou creditícios).

Isto significa que se houver *indiferença* do rentista em relação ao resultado (perda social), restará configurado seu *dolo*, na modalidade eventual, que ocorre justamente quando o sujeito, com sua conduta, muito embora não queira diretamente o resultado, *assume o risco de sua produção*, sendo-lhe indiferente se haverá ou não perda social advinda de sua conduta.

Com efeito, por trás desta indiferença do rentista, leia-se: dolo eventual, reside nada menos do que uma típica atitude antirepublicana, alimento de toda conduta *rent-seeking*.

Esta ideia é importante pois não se pode simplesmente colocar num mesmo recipiente a conduta *rent-seeking*, que necessariamente tem como consequência determinada *perda social*, e várias outras situações que com ela não se confunde rigorosamente, tais como a prática de *lobbying*[73] (entendida aqui como conduta

---

[72] BANDEIRA DE MELLO, Celso Antônio. *Curso de direito administrativo*. São Paulo: Malheiros, 2005, p. 60-65. De acordo com o autor, "a Administração exerce *função*: a função administrativa. Existe função quando alguéme está investido no *dever* de satisfazer dadas finalidades em prol do *interesse de outrem*, necessitando, para tanto, manejar os poderes requeridos para supri-las. Logo, tais poderes são instrumentais ao alcance das sobreditas finalidades. (...) Quem exerce 'função administrativa' está adstrito a satisfazer interesses públicos, ou seja, interesses de outrem: a coletividade" (p. 62-63).

[73] Sobre a atividade de *lobbying* como instrumento democrático de representação de interesses, advogando um conceito "não-maniqueísta" do termo e não exclusivamente marginalizado, defendendo a regulamentação da atividade no Brasil, ver: MANCUSO, Wagner Pralon; GOZETTO, Andréa Cristina Oliveira. *Lobby*: instrumento democrático de representação de interesses? *In*: *Organicom* - Revista Brasileira de Comunicação Organizacional e Relações Públicas v. 8, n. 14, 2011. Também nesse sentido é o entendimento de Alexandre Sanson que, em sua tese de doutorado, assim afirma: "A grande dificuldade no estudo dos grupos de pressão é que, erroneamente, os mesmos são frequentemente compreendidos como representantes de potestades que somente obtêm benefícios do Estado em detrimento da coletividade. Assim, as atuações desses grupos certamente sofrem diuturnas e ásperas críticas, como a possibilidade de ameaça à atuação independente dos órgãos públicos, denotativa de função desintegradora, e a utilização de meios ilícitos, como o suborno e a violência. Em que pese o uso pejorativo do

voltada para influenciar decisões políticas[74]), as práticas apontadas pelo Direito Administrativo como "distorção das funcionalidades teoricamente inerentes à participação"[75], condutas voltadas para a obtenção de fomentos estatais[76], determinados atos de improbidade administrativa que se configuram independentemente da comprovação de danos[77], atos lesivos à Administração Pública implicando responsabilização *objetiva* no âmbito civil e administrativo[78] ou mesmo fatos tipificados criminalmente como, por exemplo, alguns crimes contra a Administração

termo lobby, que é uma pressão racionalizada, sua legalização obrigará os lobistas a prestarem contas de suas ações e dos procedimentos adotados para o convencimento dos órgãos estatais a decidirem de conformidade com os interesses setoriais que sustentam. (...) A necessidade de regras escritas com limitações objetivas às atuações dos grupos de pressão identifica e torna públicos os fins por eles defendidos na sua esfera, sendo que tais informações devem ser públicas, de livre acesso ao cidadão. A norma regulatória não deve inviabilizar a intermediação de interesses, elemento essencial às democracias representativas contemporâneas. Entretanto, não pode permitir o desenvolvimento dessa interferência no poder sem quaisquer limites éticos, principalmente após o período de redemocratização. (...) defende-se, na presente tese, uma legislação limitadora dos desvirtuamentos dos grupos de pressão, contudo, aberta a uma ampla participação, sob o binômio transparência-controle" (SANSON, Alexandre. *Dos grupos de pressão na democracia representativa*: os limites jurídicos. Tese de Doutorado, São Paulo, FDUSP, 2013, p. 285-286, 289).

74 Originalmente, no sentido político, *lobby* se referia a um dos espaços (*lobbies*) na House of Commons. O Dicionário Oxford de Inglês menciona o termo, nos idos de 1640, como um lugar onde o público poderia ir para falar com os membros da House of Commons. Todavia, o sentido que o termo tem atualmente, ligado ao fato de as pessoas se dirigirem ao *lobby* especificamente para *exercer influência na política*, adviria da América, no início do século XIX (Disponível em: http://www.npr.org/templates/story/story.php?storyId=5167187, consultado em: 03 set. 2016).

75 PEREZ, Marcos Augusto. *A Administração Pública Democrática*: Institutos de Participação Popular na Administração Pública. Belo Horizonte: Fórum, 2009, p. 226-231. O autor aponta que a participação é um princípio de estruturação da Administração Pública, ou seja, "que é por meio de processos de decisão que permitam o diálogo entre a sociedade e a Administração Pública que esta aumenta o grau de eficiência de sua atuação". Nesse sentido, aponta também para "os perigos da participação", mostrando que esta abertura da decisão administrativa à participação popular também teria um lado negro que poderia ser verificado nos eguintes comportamento: "captura pelo governo", "corrupção", "captura pelo mercado", "deficiência de análise" e "falhas de coordenação".

76 Sobre a necessidade de se controlar de perto as atividades de fomento, tudo porque constituem "ayudas que, en definitiva, constituyen gastos públicos y que, por tanto, han de ser asignadas no sólo de manera equitativa (esto es, conforme al principio de igualdad), sino también eficiente y austera" (PASTOR, Juan Alfonso Santamaría. *Principios de derecho administrativo*. 2. ed., vol. II, Madrid, Editorial Centro de Estudios Ramón Areces, 2000, p. 350).

77 Lei n. 8.429/92, art. 9º (atos de improbidade que importam enriquecimento ilícito) e art. 11 (atos de improbidade que atentam contra princípios da Administração Pública).

78 Conforme Lei Federal n. 12.846/2013 que prevê, expressamente, várias hipóteses de responsabilização objetiva administrativa e civil de pessoas jurídicas pela prática de atos contra a administração pública, nacional ou estrangeira.

Pública, especialmente corrupção ativa (CP, art. 333[79]), tráfico de influência (CP, art. 332[80]) e crimes previstos na Lei Federal n. 8.666/93 (arts. 90[81], 91[82], 93[83] e 95[84]).

Portanto, o que queremos deixar registrado com tintas fortes é que *nem sempre lobbying*, atos de improbidade administrativa ou mesmo crimes contra a Administração Pública configurarão *rent-seeking*. Não há uma relação linear entre esses conceitos.

Se, a despeito da existência destas condutas, não ficar minimamente comprovada a *perda social*, não há falar em *rent-seeking*. Os conceitos, portanto, não são necessariamente correspondentes.

Assim, é imprescindível a verificação e a mensuração, ainda que aproximativa, das eventuais perdas sociais, o que, de longe, também não se confunde com perdas *ao erário* (art. 10 da Lei Federal n. 8.429/1992).

Perda social diz respeito à perda *da sociedade*, portanto, atinge diretamente um *direito difuso* que pertence a toda uma coletividade. Perdas ao erário, por outro lado, têm uma conotação *mais res*trita, repercutindo *diretamente* no direito de cada pessoa jurídica de direito público, muito embora também tenha reflexos nos direitos difusos.

Assim, a perda social exigida para a configuração da *rent-seeking* representa muito mais que perdas *ao erário*.

No caso da *rent-seeking*, as perdas são *difusamente* sentidas por toda a sociedade, reverberando inclusive intergeracionalmente, daí a sua grande dificuldade de quantificação.

Dizemos intergeracionalmente porque uma das perdas sociais mais apontadas pela Economia em razão da prática de *rent-seeking* é justamente o não crescimento econômico *no longo prazo*.

---

79 Art. 333. Oferecer ou prometer vantagem indevida a funcionário público, para determiná-lo a praticar, omitir ou retardar ato de ofício.

80 Art. 332. Solicitar, exigir, cobrar ou obter, para si ou para outrem, vantagem ou promessa de vantagem, a pretexto de influir em ato praticado por funcionário público no exercício da função.

81 Art. 90. Frustrar ou fraudar, mediante ajuste, combinação ou qualquer outro expediente, o caráter competitivo do procedimento licitatório, com o intuito de obter, para si ou para outrem, vantagem decorrente da adjudicação do objeto da licitação.

82 Patrocinar, direta ou indiretamente, interesse privado perante a Administração, dando causa à instauração de licitação ou à celebração de contrato, cuja invalidação vier a ser decretada pelo Poder Judiciário.

83 Art. 93. Impedir, perturbar ou fraudar a realização de qualquer ato de procedimento licitatório.

84 Art. 95. Afastar ou procurar afastar licitante, por meio de violência, grave ameaça, fraude ou oferecimento de vantagem de qualquer tipo.

Quando se fala em crescimento econômico, portanto, "o interesse protegido não é o da atual geração, mas sua preservação para as futuras gerações. Não é mais um interesse do *indivíduo contra o Estado*, ou inerente apenas a certa *coletividade*, mas um interesse *difuso* e que abrange não apenas as atuais, mas as *futuras gerações* (...)".[85]

Nesse sentido, observa Marcos Mendes que "ainda que no curto-prazo uma expansão dos gastos do governo estimule o crescimento; no longo prazo um governo que imponha alta carga tributária, e que tenha *deficit* e dívida elevados, acaba prejudicando importantes propulsores do crescimento econômico, quais sejam: o aumento da produtividade, a inovação, a concorrência, a flexibilidade do mercado de trabalho e a competitividade dos exportadores no mercado externo".[86]

Assim, deve ser fortemente ressaltado que quando mencionamos crescimento ou desenvolvimento econômico estamos nos referindo a um "direito humano inalienável e que a igualdade de oportunidade para o desenvolvimento é uma prerrogativa tanto das nações quanto dos indivíduos que compõem as nações", tudo porque o "desenvolvimento é um processo econômico, social, cultural e político abrangente, que visa a melhoria constante do bem-estar de toda a população (...)".[87]

De acordo com Cristiane Derani, o desenvolvimento econômico é garantia de melhor nível de vida coordenada com um equilíbrio na distribuição de renda e de qualidade de vida mais saudáveis, sendo que o grau de desenvolvimento é aferido, sobretudo, pelas condições materiais de que dispõe uma população para o seu bem-estar.[88]

É nesta linha, também, o que aponta Amartya Sen quando afirma que "os fins e os meios do desenvolvimento requerem análise e exame minuciosos para uma compreensão mais plena do processo de desenvolvimento; é sem dúvida inadequado adotar como nosso objetivo básico apenas a maximização da renda ou da riqueza (...). Sendo assim, o desenvolvimento deve estar relacionado sobretudo com a melhora da vida que levamos e das liberdades que desfrutamos".[89]

---

85 SCAFF, Fernando Facury; TUPIASSU, Lise Vieira da Costa. Tributação e políticas públicas: o ICMS ecológico. *In*: TÔRRES, Heleno Taveira (Org.). *Direito tributário ambiental*. São Paulo: Malheiros, 2005, p. 729.

86 MENDES, Marcos. Por que é importante controlar o gasto público? Disponível em: http://www.brasil-economia-governo.org.br/2011/06/28/por-que-e-importante-controlar-o-gasto-publico/, consultado em: 09 out. 2016.

87 *Declaração sobre o Direito ao Desenvolvimento*. ONU, 1986, preâmbulo. Disponível em: http://direitoshumanos.gddc.pt/3_16/IIIPAG3_16_5.htm, consultado em: 27 out. 2016.

88 DERANI, Cristiane. *Direito Ambiental Econômico*. São Paulo: Max Limonad, 2001, p. 32-34.

89 SEN, Amartya. *Desenvolvimento como liberdade*. São Paulo: Companhia das Letras, 1999, p. 50-60.

Assim, seguimos o entendimento de que o resultado da conduta rentista, a perda social, é elemento indispensável para que se possa falar em *rent-seeking*, sendo necessário, pelo menos, a demonstração de culpa (negligência, imprudência ou imperícia) do rentista quanto a este resultado.

Nesse sentido é o trabalho de Mario Prestes Mozoni Neto ao sustentar que "o termo caçar renda é designado justamente para descrever o comportamento que procura maximizar retornos e gera perda de bem estar social. Portanto, o que distingue o conceito de caçar renda do conceito de maximizar lucros são as consequências produzidas. (...) Caçar renda refere-se a esta atividade motivada pela renda, mas com consequências indesejáveis socialmente. (...) o comportamento caçador de renda generalizado gera uma competição dentro da sociedade cujos resultados se equivalem a um jogo de soma negativa, ou seja, os ganhos dos privilegiados são menores do que as perdas do resto da sociedade".[90]

Estamos em total concordância com essa ideia de vincular o comportamento *rent-seeking* apenas àquelas situações nas quais a busca da renda ocasiona um "negative social impact"[91], não sendo inerente a toda e qualquer forma de competição por renda.

Pensemos no atual caso da conhecida Operação Lava Jato, envolvendo esquemas bilionários de corrupção, organização criminosa e lavagem de dinheiro na estatal Petrobras.

Pensemos, ainda, na denúncia ofertada pelo Ministério Público Federal, no âmbito da chamada Operação Zelotes, em desfavor do ex-Presidente Luiz Inácio Lula da Silva, Luis Cláudio Lula da Silva, Mauto Marcondes e Cristina Mautoni por tráfico de influência, lavagem de dinheiro, organização criminosa e evasão de divisas, sendo que um dos fatos descritos na denúncia é justamente a *prorrogação de benefícios fiscais a empresas do setor automotivo*, o que teria ocorrido a partir da "negociação" do texto da Medida Provisória 627, cuja lei foi sancionada em maio de 2014. A Medida Provisória garantiu a prorrogação de benefícios fiscais às montadoras MMC e Caoa até 2020.

Pois bem. Ainda que haja condenação transitada em julgado dos supostos envolvidos nos crimes, não se pode falar, por causa disso, que necessariamente tenha havido *rent-seeking*, tudo porque para isto é necessário que se verifique e

---

90 MOZONI NETO, Mario Prestes. *Caçadores de renda*: uma investigação sobre a teoria do rent-seeking. São Paulo: FGV/EAESP, 2001 (Dissertação de Mestrado), p. 06, 09 e 11.

91 TULLOCK, Gordon. Rent-seeking: the problem of definition. *In*: *The rent-seeking society*. Liberty Fund. 2005, p. 09.

apure eventuais perdas sociais decorrentes de comportamentos rentistas, agora também configurados como crimes pelo Código Penal e legislação extravagante.

Em outras palavras: o crime também pode, eventualmente, configurar uma conduta *rent-seeking*, mas desde que seja aferida a perda social e é exatamente nesse ponto que o papel dos órgãos de controle da atividade financeira do Estado ganham extraordinário destaque pois, de acordo com texto expresso da Constituição Federal, cabe exatamente a eles o dever constitucional de realizar fiscalização financeira e orçamentária não apenas a partir de um viés legalista, mas, expressamente, passando também pelo crivo da *economicidade* e da *eficiência* (CF/88, art. 70, *caput e* art. 74, inciso II), o que guarda absoluta pertinência para a identificação e quantificação de eventual perda social, ou seja, para a própria constatação da *rent-seeking*.

O filtro da economicidade/eficiência constitucional relacionada à atividade financeira do Estado nada mais é que a vedação de gasto público antieconômico ou ineficiente o que, para tanto, torna indispensável que se leve em conta todas as possíveis externalidades, positivas e negativas, especialmente aquelas sociais.

Desse modo, cabe ao Poder Legislativo, com auxílio dos Tribunais de Contas, a importantíssima missão de analisar os custos e os benefícios *sociais* dos gastos públicos, a eficiência social, o retorno (ou o transtorno!) social das políticas públicas financiadas por benefícios fiscais e creditícios, o atendimento à real necessidade pública do gasto realizado pelo Estado, construindo, por ocasião do controle externo, a norma jurídica da despesa pública e a respectiva norma de decisão a ser comunicada, *incontinenti*, aos gestores públicos.

Marcos Mendes afirma que "as pessoas desperdiçam tempo e recursos em atividades *rent-seeking*: disputam entre si riquezas já existentes (em vez de se concentrarem na produção de novas riquezas ou em atividades 'defensivas' (o suborno, a barganha política, a segurança privada etc.)".[92]

Para o autor, "o tempo e os recursos financeiros e materiais empregados nessas atividades poderiam ser alternativamente investidos na produção de bens e serviços mais úteis à sociedade".

Além disso, arremata, "o governo é usado por pessoas abastadas como um instrumento para transferir rendas a grupos privilegiados, em vez de ser um provedor de bens públicos que são essenciais para o desenvolvimento, como infraestrutura e educação pública".

---

[92] *Por que o Brasil cresce pouco?*: desigualdade, democracia e baixo crescimento no país do futuro. Rio de Janeiro: Elsevier, 2014, p. 116.

Estamos de acordo com tudo o que o autor menciona, mas não podemos afirmar que a mera disputa entre riquezas já existente, o tempo e o recurso financeiro e materiais empregados na busca de renda configure *rent-seeking* sem antes saber se houve, *concretamente*, alguma perda social.

De uma vez por todas: *rent-seeking* é conceito que exige *resultado naturalístico*, pressupõe análises empíricas, averiguações concretas com cotejos dos possíveis cenários. É como um crime material que deixa seus vestígios, de sorte que o debate sobre *rent-seeking* não pode ficar restrito às condutas de busca de renda, tudo em um nível abstrato e metafísico que, para nós, apenas reforçaria a invisibilidade do tema pelo Direito Financeiro.

Por isto uma perspectiva normativa pós-positivista, como veremos adiante, parece-nos imprescindível para a observação do fenômeno em termos jurídicos.

Não se pode, juridicamente, falar em *rent-seeking* sem o caso concreto, assim como não se pode equiparar lei à norma ou, no nosso caso, à norma jurídica da despesa pública com a simples previsão da despesa na lei orçamentária.

Não há direito sem fato. Ambos, direito e realidade, são coconstitutivos da norma jurídica. Devem, pois, ser feitas as possíveis contas, levados em consideração os possíveis aspectos, linguísticos ou não, textos de normas e o caso, programa e âmbito da norma.

Torna-se absolutamente indispensável que se "passe o risco em baixo", pois sem que o resultado final alcançado aponte para perda social não é correto afirmar a existência de *rent-seeking*. Quando muito poder-se-ia falar de *indícios* de *rent-seeking*. Do contrário, é simplesmente cair em uma abstração barata, num vazio inútil que não leva ninguém a qualquer lugar.

De acordo com Hugo Borsani, "as atividades de *rent seeking* não geram somente transferência de renda, elas agregam custo social. Os recursos gastos em *rent seeking* têm também um custo de oportunidade determinado pelo rendimento que esses recursos teriam gerado se empregados em atividades verdadeiramente produtivas, incrementando destarte a riqueza da sociedade. Além de transferir renda dos consumidores e usuários para os produtores desses bens e serviços, as atividades *rent seeking* gastam recursos de forma ineficiente. O custo de oportunidade se traduz num gasto. Se a atividade *rent seeking* tem sucesso, isto é, obtém do governo a regulação desejada, a sociedade em geral perde por duas razões: em primeiro lugar, pelo aumento do preço do produto ou serviço protegido; em segundo lugar, porque os recursos utilizados para conseguir o favor do poder público poderiam ter sido empregados em atividades produtivas".[93]

Sanford Ikeda é bastante preciso nesta distinção entre a busca do lucro e a busca da renda. Para o professor de Economia da Purchase College da Universidade, a diferença entre fins lucrativos e *rent-seeking* é semelhante ao que ocorre entre o comércio regular e o assalto à mão armada. Ambos requerem tempo, energia e habilidade, mas um cria riqueza, enquanto o outro destrói; um incentiva a cooperação pacífica, o outro mina essa cooperação.[94]

Pois bem. A perda social causada por comportamento *rent-seeking* pode ser visualizada materialmente na diminuição do crescimento econômico[95], em serviços, compras ou obras públicas de baixa qualidade com preços elevados, na falta de inovação e competitividade empresarial, em prejuízos a consumidores e usuários de serviços públicos.

Todavia, para além de todas essas perdas apontadas, podemos mencionar a maior de todas ocasionada pelo comportamento *rent-seeking*: *perda da higidez da gestão das finanças públicas*, reforçando a vetusta lição de que o orçamento é mera peça de ficção!

---

93 BORSANI, Hugo. Relações entre política e economia: teoria da escolha pública. *In*: BIDERMAN, Ciro; ARVATE, Paulo (Orgs.). *Economia do setor público no Brasil*. Rio de Janeiro: Elsevier, 2004, p. 117.

94 Tradução livre: A diferença entre a "profit-seeking" e "rent-seeking" é parecida com aquela entre o comércio pacífico e o assalto a mão armada. Ambos demandam tempo e energia. Porém, um cria riqueza enquanto outro a destrói; um encoraja a cooperação pacífica, outro a enfraquece" (*Rent-seeking*: a primer. Disponível em: https://fee.org/media/4553/ikeda1103.pdf, consultado em: 30 nov. 2016.

95 Uma maneira de se mensurar a perda de crescimento econômico, a despeito de suas dificuldades práticas, pode ser através do PIB potencial. O PIB efetivo é o valor total dos bens e serviços finais produzidos no país durante um determinado período de tempo. O PIB potencial é o nível de produto que pode ser obtido com a plena utilização dos recursos disponíveis na economia, sem gerar pressões sobre a taxa de inflação. O PIB efetivo é um agregado mensurável diretamente, enquanto o potencial só pode ser estimado, pois não é observável. O PIB potencial "também pode ser definido como a capacidade de crescimento da economia sem causar pressões inflacionárias - se a economia crescer além do PIB potencial, surgem pressões inflacionárias. Para mensurá-lo, há várias medidas indiretas, como capacidade instalada da indústria, infra-estrutura, geração de energia elétrica, etc., mas faltam medidas diretas, e os resultados dependem fortemente das metodologias escolhidas. Vários métodos são usados para calcular essa variável e todos são considerados problemáticos, uma vez que ela não é observável no mundo real. Abaixo, dois exemplos: o método de Hodrick e Prescott (HP), filtro estatístico utilizado pelo Banco Central (BC), e o método de função de produção, preferido pelos pesquisadores do Instituto de Pesquisa Econômica Aplicada (Ipea)" (Disponível em: http://www.ipea.gov.br/desafios/index.php?option=com_content&view=article&id=2150:catid=28&Itemid=23, consultado em: 31 out. 2016).

A higidez na gestão das finanças públicas é, quiçá, o mais importante direito fundamental, pois sem ele resta prejudicada a concretização ótima de todo e qualquer direito social fundamental.

Conforme Friedrich Müller, "los derechos fundamentales son garantías de protección definidas de forma objetiva y referidas a situaciones materiales de carácter individual u organizativo o de índole social".[96]

Embora não esteja explicitamente elencado no rol do art. 5º da Constituição Federal, a higidez na gestão das finanças públicas é decorrência direta e imediata do princípio republicano (CF/88, art. 1º e art. 34, inciso VII, "a") e, de acordo com o §2º do art. 5º da Constituição Federal, os direitos e garantias expressos na Constituição não excluem outros decorrentes dos princípios por ela adotados.

Mario Prestes Mozoni Neto afirma que "cada unidade de renda transferida para um grupo pequeno de produtores na forma e pretexto de políticas industriais e comerciais é uma unidade de renda perdida por um grupo grande de consumidores".[97]

Somente comprovando-se a conduta rentista, o liame e a perda social é que a *rent-seeking* se aflora em perfeição, toma sua feição propriamente dita e mostra-se apta a espraiar seus deletérios e sorrateiros efeitos sobre o gasto público, maculando-o com a mais severa consequência jurídica: sua inconstitucionalidade.

Além disso, em decorrência direta e indeclinável do princípio republicano, aflora a exigência de responsabilidades de gestores e de rentistas.

O pano de fundo é que o comportamento *rent-seeking* bloqueia o processo competitivo de inovações[98], deixando os consumidores menos conscientes de métodos mais eficientes ou melhores fornecedores.

---

[96] MÜLLER, Friedrich. *La positividad de los derechos fundamentales*: cuestiones para una dogmática práctica de los derechos fundamentales. Madris: Dykinson, 2016, p.51.

[97] MOZONI NETO, Mario Prestes. *Caçadores de renda*: uma investigação sobre a teoria do rent-seeking. São Paulo: FGV/EAESP, 2001 (Dissertação de Mestrado), p. 109-110.

[98] De acordo com Kevin M. Murphy, Andrei Shleifer e Robert W. Vishny, "(...) economic growth often depends critically on investment and innovation. This raises the obvious questions: is rent-seeking likely to attack the innovation sector or the production sector more severely? That is, is rent-seeking particularly bad for growth? To address this question, it is useful to distinguish between private and public rent-seeking. Private rent-seeking takes the form of theft, piracy, litigation, and other forms of transfer between private parties. Public rent-seeking is either redistribution from the private sector to the state, such as taxation, or alternatively from the private sector to the government bureaucrats who affect the fortunes of the private sector. The latter kind of public rent-seeking takes the form of lobbying, corruption, and so on. Private rent-seeking, such as that described in our model,attacks the production, rather than the innovative sector of the economy. (...) In contrast, public rent-seeking attacks innovation, since innovators need government-supplied goods, such as permits, licenses, import quotas,

Como observam Cláudio D. Shikida e Ari Francisco de Araújo Jr. "em uma sociedade onde é baixa a possibilidade de captura de rendas, uma empresa, para ampliar seus lucros, irá investir em pesquisa e desenvolvimento de novos produtos, gerando inovações e maior produtividade".[99]

Por outro lado, asseveram, "em uma sociedade onde há espaço para capturar rendas através de influência política, essa mesma empresa terá incentivos para investir seu dinheiro em propinas a políticos que tenham poder para, por exemplo, criar leis de reserva de mercado".[100]

Veja-se que a inovação é uma prática valorizada em *diversos* dispositivos da Constituição Federal e torna-se evidentemente espicaçada pela *rent-seeking*.

No início de 2015, veio a lume a Emenda Constitucional n. 85/15, também conhecida como Emenda da Inovação, representado um marco no estreitamento das relações entre Estado e sociedade civil.

O texto constitucional foi alterado em diversos dispositivos com o propósito justamente de o Poder Público fomentar o desenvolvimento nas áreas de pesquisa e inovação.

A inovação foi acrescida aos temas que fazem parte da ordem social brasileira (título VIII), juntamente à ciência e tecnologia.

Houve alterações no nome do capítulo IV desse título, passando a ser denominado "Da Ciência, Tecnologia e Inovação", e em vários dispositivos do artigo 218, iniciando-se pela obrigação que agora o Estado brasileiro tem de promover a capacitação também em inovação (*caput*) e dar a este tema *tratamento prioritário para seu progresso* (parágrafo 1º).

Na seara orçamentária, por exemplo, a EC 85/2015 acrescentou o parágrafo 5º no artigo 167, excetuando a necessidade de autorização legislativa (contida no inciso IV) para transposição, remanejamento ou transferência de uma categoria

---

and so on, much more so than established producers. (...) Of course, the govenment can also try to blackmail the established producers into getting some new licenses and permits. If the government makes no commitments, established and potential producers are in the same boat. Even so, more likely tha not, new producers are more vulnerable to public rent-seeking" (Why is rent-seeking so costly to growth? *The American Economic Review*, vol. 83, n. 2, Papers and Proceedings of the Hundred and Fifth Annual Meeting of the American Economic Association (May, 1993), p. 409-414).

99 SHIKIDA, Cláudio D.; ARAÚJO JR., Ari Francisco de. Por que o Estado cresce e qual seria o tamanho ótimo do Estado brasileiro? *In*: MENDES, Marcos (Org.). *Gasto público eficiente*: 91 propostas para o desenvolvimento do Brasil. São Paulo: Instituto Braudel, 2006, p. 79-80.

100 SHIKIDA, Cláudio D.; ARAÚJO JR., Ari Francisco de. Por que o Estado cresce e qual seria o tamanho ótimo do Estado brasileiro? *In*: MENDES, Marcos (Org.). *Gasto público eficiente*: 91 propostas para o desenvolvimento do Brasil. São Paulo: Instituto Braudel, 2006, p. 79-80.

de programação para outra quando se tratar de atividades de ciência, tecnologia e inovação.

Determina o art. 219, parágrafo único da Constituição Federal, que o Estado (União, Estados, DF e Municípios) *estimulará a formação e o fortalecimento da inovação nas empresas, bem como nos demais entes, públicos ou privados.*

O conceito legal de inovação foi modificado para significar a "introdução de novidade ou aperfeiçoamento no ambiente produtivo e social que resulte em novos produtos, serviços ou processos ou que compreenda a agregação de novas funcionalidades ou características a produto, serviço ou processo já existente que possa resultar em melhorias e em efetivo ganho de qualidade ou desempenho" (nova redação do artigo 2º da Lei n. 10.973/04 dada pela Lei n. 13.243/16).

A *rent-seeking* é avessa à inovação, valor constitucional expressamente consagrado. Disto fica reforçada a ideia de que tal conduta *não tem* suporte no sistema jurídico e, especificamente em relação ao Direito Financeiro, encontra óbice expresso no art. 70, *caput* e art. 74, II, da Constituição, tisnando a norma jurídica da despesa pública com o vício da inconstitucionalidade.

A necessidade de se constatar concretamente a perda social para a configuração do comportamento *rent-seeking* afasta deste conceito figuras assemelhadas como, por exemplo, o chamado efeito carona (*free-rider*).

O comportamento *free rider*, introduzido inicialmente na Economia pela teoria dos bens públicos, ocorre em situações nas quais uma pessoa extrai uma "externalidade positiva" das ações de terceiros – isto é, um benefício pelo qual ela não pagou. Isso ocorre em situações em que o efeito benéfico de uma ação *não é exclusivo*, o que significa que pessoas que nada têm a ver com a ação não podem ser impedidas de usufruir esses benefícios, bem como *não implica rivalidade* (quando o consumo de determinado bem não implica a redução do montante disponível para outros).

Desse modo, pessoas acabam "pegando carona" na ação alheia. Não há neste tipo de comportamento uma perda social ou qualquer violação de norma jurídica, ambos verificados no *rent-seeking.*

Conforme Hugo Borsani, "o comportamento *free rider* implica se beneficiar dos logros do grupo sem pagar os custos, isto é, sem contribuir para o bem coletivo. O problema do *free rider* permeia toda a análise da ação coletiva".[101] Com efeito, salienta o autor que "a dificuldade da ação coletiva é fundamentalmente

---

[101] BORSANI, Hugo. Relações entre política e economia: teoria da escolha pública. *In*: BIDERMAN, Ciro; ARVATE, Paulo (Orgs.). *Economia do setor público no Brasil.* Rio de Janeiro: Elsevier, 2004, p. 115.

um problema nos grupos grandes. Em grupos pequenos (ou 'privilegiados'), a não contribuição de um dos membros é facilmente percebida por todos os integrantes do grupo, o que reduz as possibilidades de que isso aconteça" e, ao contrário, "em grupos grandes, o *free rider* não é facilmente identificado, e sua negativa a contribuir não impede que o bem coletivo seja produzido".[102]

Ben O'Neill é bastante esclarecedor ao dar o seguinte exemplo: "um apicultor pode cultivar abelhas unicamente com o intuito de produzir mel. Entretanto, um efeito subsidiário dessa atividade – uma externalidade – é que as abelhas irão polinizar as flores das propriedades adjacentes, beneficiando os donos dessas propriedades sem que eles tenham custo algum. Tampouco há alguma maneira prática por meio da qual o apicultor pode produzir seu mel sem conceder esse benefício aos seus vizinhos. Assim, o 'bem' fornecido aos proprietários adjacentes é não excludente. (...) O apicultor opta por comprar abelhas porque espera ficar em melhor situação em decorrência de sua ação. Ademais, como consequência involuntária dessa sua compra, os donos das propriedades adjacentes usufruirão o benefício trazido por essas abelhas, a custo zero. Isso pode parecer um evento fortuito – até mesmo algo a ser celebrado. Entretanto, há um 'problema' – ou, para ser mais exato, um 'problema' do carona. O problema não é que alguém tenha agredido outro alguém. Não é que os direitos de alguém tenham sido violados. Não é nem mesmo que alguém tenha sofrido qualquer tipo de dano. Particularmente, há aí um 'problema' apenas quando se compara ao que *poderia* ter sido feito para impedir essa situação – um problema de uma suposta subprodução ineficiente do bem em questão. Em outras palavras, o problema é que, não fosse o caráter de não exclusividade do bem, as coisas *potencialmente* poderiam ter sido ainda melhores".[103]

Portanto, o carona (ou *free-rider*) é um agente que usufrui de determinado benefício sem que tenha arcado com os respectivos custos, ou seja, uma pessoa que recebe o benefício de um bem, mas não paga por isto.[104]

A relação do tema com nosso trabalho ocorre porque o *free-rider* pode simplesmente pegar carona no comportamento *rent-seeking* de outrem como, por exemplo uma determinada empresa que, embora não buscando qualquer benefício tributário, acaba se beneficiando com o mesmo benefício buscado por outras empresas do mesmo ramo.

---

[102] BORSANI, Hugo. Relações entre política e economia: teoria da escolha pública. *In*: BIDERMAN, Ciro; ARVATE, Paulo (Orgs.). *Economia do setor público no Brasil*. Rio de Janeiro: Elsevier, 2004, p. 115.

[103] *Resolvendo o "problema" do carona*. Disponível em: http://www.mises.org.br/Article.aspx?id=724, consultado em: 13 jul. 2016.

[104] MANKIW, N. Gregory; TAYLOR, Mark P. *Microeconimics*. Thomson Learning, 2006, p. 209.

Pois bem, feita a distinção conceitual, é importante deixar claro que o comportamento *rent-seeking* deve ser analisado, necessariamente, sempre dentro de um contexto concreto, pois só assim entendemos ser possível eventual conclusão de que referida atividade causa perdas sociais.

Sem a análise de custo-benefício e da eficiência, ou seja, sem o controle da economicidade/eficiência do gasto público em determinada situação concreta a *rent-seeking* permanecerá na sombra do Direito Financeiro e o controle da despesa pública quedará num plano eminentemente formal e exegético, no melhor estilo kelseniano.

Nesta toada, é imprescindível uma constatação empírica, uma verificação histórico-temporal, ou seja, uma avaliação séria sobre a qualidade do gasto público, o que deve ser realizado pelos setores técnicos dos órgãos de controle da atividade financeira do Estado, especialmente Tribunal de Contas e Ministério Público de Contas, quando se analisa a economicidade/eficiência do gasto público (CF/88, art. 70, *caput* e art. 74, inciso II).

O controle do *rent-seeking* a partir de cada específica situação em concreto é fundamental pois todo o recurso empregado pelos rentistas para a aquisição, manutenção ou expansão da renda disponibilizada em razão da intervenção estatal, o que *em tese* poderia ter um custo social em vista da improdutividade de riqueza, pode ter uma significância apequenada diante dos eventuais benefícios advindos à sociedade no decorrer, por exemplo, da execução do contrato administrativo que deu azo à competição pela renda. Tudo isto é necessário que seja analisado.

Todas as possíveis externalidades devem ser devidamente colocadas na balança ao ser realizado o controle da economicidade/eficiência do gasto público.

De acordo com Roberto Mercado Lebrão, Emerson Cesar da Silva Gomes e Licurgo Mourão, "o controle da economicidade está relacionado à ideia de desempenho qualitativo, isto é, à busca da melhor equação custo/benefício nas receitas e dispêndios públicos".[105]

O controle da atividade financeira de Estado realizado pelo viés da economicidade, de acordo com José Mauricio Conti, "analisa os atos administrativos do ponto de vista econômico, no sentido de verificar-se se, por ocasião de sua realização, houve adequada observância da relação custo-benefício, de modo que

[105] LEBRÃO, Roberto Mercado; GOMES, Emerson Cesar da Silva; MOURÃO, Licurgo. Fiscalização financeira e orçamentária. *In*: HORVATH, Estevão; CONTI, José Mauricio; SCAFF, Fernando Facury (Coords.). Coord. Geral Regis Fernandes de Oliveira. *Lições de direito financeiro*. São Paulo: RT, 2015, p. 142.

os recursos públicos tenham sido utilizados da forma mais vantajosa e eficiente para o Poder Público".[106]

No caso do comportamento *rent-seeking*, há uma prejuízo social que, conforme Marcos Lisboa e Samuel Pessoa, "é disseminado por toda a sociedade, prejudicando a produtividade e o crescimento econômico. Sobretudo, esse custo é pago pela maioria invisível, a que não escreve nos jornais, não frequenta as universidades públicas, não recebe crédito subsidiado, não se beneficia de medidas de proteção setorial e não se aposenta como funcionário público. (...) Dado que o custo da criação do privilégio ou sinecura recai sobre o Tesouro e se dilui na forma de um *deficit* público ou uma carga tributária um pouco maior, não há mecanismos de defesa do interesse comum. Ou seja, temos o confronto entre o pequeno e aguerrido grupo forçando o seu interesse particular contra a maioria desorganizada que tem dificuldades em perceber os efeitos maléficos da sinecura sobre o bem comum. (...) A maioria dos indivíduos de nossa sociedade se beneficia de alguma meia-entrada. Todos, porém, pagam a conta dos privilégios e benefícios concedidos aos grupos selecionados. O resultado é a imensa complexidade institucional, resultado das múltiplas regras para garantir o tratamento diferenciado aos grupos selecionados. Essa complexidade e suas diversas distorções geram custos difusos para toda a sociedade, o custo Brasil, nome genérico para a dificuldade adicional de produzir e trabalhar no país. O custo que torna todos nós mais pobres. Infelizmente, as famílias sem representação organizada, em geral as mais pobres, sofrem ainda mais os custos de um país excessivamente sensível aos grupos de interesse".[107]

A inafastabilidade do conceito de *rent-seeking* acerca dos efeitos deletérios desta atividade à sociedade (perdas sociais) é diretamente proporcional à dificuldade que a Economia tem para mensurar concretamente essas perdas sociais.

Com efeito, a grande dificuldade que a Teoria da Escolha Pública aponta quando se trata de *rent-seeking* é justamente a mensuração de seu custo social.

Observa Hugo Borsani que "geralmente ele é medido pelo crescimento provável do PIB se os gastos empregados em obter o privilégio do governo tivessem sido empregados de forma mais produtiva". As dificuldades empíricas desta

---

[106] CONTI, José Mauricio. *Direito financeiro na Constituição de 1988*. São Paulo: Oliveira Mendes, 1998, p. 05.

[107] As meias-entradas no caminho do ajuste econômico. *Jornal Folha de S. Paulo*. Disponível em: http://www1.folha.uol.com.br/ilustrissima/2016/06/1777909-as-meias-entradas-no-caminho-do-ajuste-economico.shtml, consultado em: 21 jul. 2016.

mensuração acabam se traduzindo "numa grande variedade de resultados em diferentes pesquisas".[108]

Todavia, é preciso que deixemos bem remarcado que o fato de ser difícil esta mensuração da perda social não pode, jamais, ter o condão de deixar a *rent-seeking* simplesmente inócua aos olhos do Direito Financeiro, até mesmo porque a própria Constituição Federal determina expressamente que, no exercício do controle externo realizado pelo Congresso Nacional, com o auxílio do Tribunal de Contas da União, qualquer despesa pública deve ser avaliada pelo critério da economicidade (CF/88, art. 70, *caput*), fiscalizando-se, ainda, o aspecto operacional, que é aquele no qual se avalia o resultado.

Na análise da economicidade, portanto, é preciso considerar o custo de comportamentos rentistas que ocasionam perdas sociais, podendo mascarar o verdadeiro custo da necessidade pública atendida pela despesa pública fixada no orçamento.

Do contrário, a norma jurídica da despesa pública fica capenga, em descompasso com o texto constitucional e, no limite, acarretando a inconstitucionalidade da norma de decisão sobre o gasto público, com toda consequência que disto decorre (*v.g.*, responsabilidade financeira).

Para nós, esta invisibilidade do Direito Financeiro para com a *rent-seeking* decorre basicamente de uma postura que ainda preponderante na doutrina e jurisprudência de considerar a despesa pública apenas sob um aspecto meramente formal e contábil, ou seja, como fixação de montante pecuniário no orçamento público, *considerando a lei orçamentária anual a própria norma jurídica da despesa*, equiparando lei e norma e, portanto, fazendo vista grossa à toda realidade circundante que sempre está por trás da despesa pública formalmente considerada, ou seja, ignorando os possíveis efeitos sociais negativos da *rent-seeking* que, no limite, poderiam negar os próprios montantes fixados no orçamento a título de despesa pública se fossem considerados seus custos.

Nosso intuito é justamente lançar luzes sobre este lado escuro do gasto público, sugerindo uma possível resposta jurídica do Direito Financeiro, a partir da construção de uma norma jurídica da despesa pública que leve realmente a sério o texto da Constituição Federal, como veremos no capítulo seguinte.

---

108 BORSANI, Hugo. Relações entre política e economia: teoria da escolha pública. *In*: BIDERMAN, Ciro; ARVATE, Paulo (Orgs.). *Economia do setor público no Brasil*. Rio de Janeiro: Elsevier, 2004, p. 119.

1.2 Propensão ao *Rent-seeking* no Brasil?

Comportamentos voltados para a exclusiva exploração de riquezas, sem quaisquer compromissos com seus possíveis impactos sociais negativos, parecem estar incrustados no DNA das instituições brasileiras desde os primeiros momentos do período colonial[109].

Desde sua primeira edição, em 1936, o apontamento de Sérgio Buarque de Holanda em seu "Raízes do Brasil", verdadeiro clássico da historiografia e da sociologia brasileira, continua sempre atual.

De acordo com o autor, "no Brasil, pode dizer-se que só excepcionalmente tivemos um sistema administrativo e um corpo de funcionários puramente dedicados a interesses objetivos e fundados nesses interesses. Ao contrário, é possível acompanhar, ao longo de nossa história, o predomínio constante das vontades particulares que encontram seu ambiente próprio em círculos fechados e pouco acessíveis a uma ordenação impessoal. (...) A contribuição brasileira para a civilização será de cordialidade - daremos ao mundo o 'homem cordial'".[110]

Este relato parece acompanhar todo o desenrolar da história brasileira até os dias atuais, dando azo ao internacionalmente conhecido *jeitinho brasileiro*, que ensina precisamente "a arte de ser mais igual que os outros".[111]

É preciosa e sempre atual a observação de Raymundo Faoro no sentido de que "em lugar da renovação, o abraço lusitano produziu uma *social enormity*, segundo a qual velhos quadros e instituições anacrônicas frustram o florescimento do mundo virgem".[112]

E explica:

> De D. João a Getúlio Vargas, numa viagem de seis séculos, uma estrutura político-social resistiu a todas as transformações fundamentais, aos desafio mais profundos, à travessia do oceano largo. O capitalismo politicamente orientado - o capitalismo político ou o pré-capitalismo -, centro da aventura, da conquista e da colonização moldou a realidade estatal, sobrevivendo e incorporando na sobrevivência, o capitalismo moderno, de índole industrial, racional na técnica e fundado na liberdade do indivíduo - liberdade de negociar, de contratar, de gerir a propriedade son a garantia das instituições.

---

[109] MENDES, Marcos. *Por que o Brasil cresce pouco? Desigualdade, democracia e baixo crescimento no país do futuro.* Rio de janeiro: Elsevier, 2014, p. 123-124.

[110] HOLANDA, Sérgio Buarque de. *Raízes do Brasil.* São Paulo: Companhia das Letras, 2015, p. 175-176.

[111] BARBOSA, Lívia. *O jeitinho brasileiro* - A arte de ser mais igual que os outros. São Paulo: Campus, 1992.

[112] FAORO, Raymundo. *Os donos do poder.* Porto Alegre: Editora Globo, 2001.

> A comunidade política conduz, comanda, supervisiona os negócios, como negócios privados seus, na origem, como negócios públicos depois, em linhas que se demarcam gradualmente O súdito, a sociedade, se compreendem no âmbito de um aparelhamento a explorar, a manipular, a tosquiar nos casos extremos. Dessa realidade se projeta, em florescimento natural, a forma de poder, institucionalizada num tipo de domínio: o patrimonialismo, cuja legitimidade assenta no tradicionalismo – assim é porque sempre foi.

Como aponta Mailson da Nóbrega, "o Brasil herdou de Portugal patrimonialista uma cultura de baixa ou de nenhuma valorização do processo orçamentário e das instituições fiscais. As posses dos reis portugueses se confundiam com as finanças do país".[113]

É possível perceber constantemente este patrimonialismo a que alude Raymundo Faoro, esta falta de distinção entre o público e o privado nas tomadas de decisões políticas e jurídicas[114], fruto desta "cordialidade" do homem brasileiro a partir de uma colonização aventureira e patriarcal, em uma propensão para sobrepor as relações familiares e pessoais às relações públicas.

---

[113] NÓBREGA, Mailson da. Construção e desmonte das instituições fiscais. *In*: SALTO, Felipe; ALMEIDA, Mansueto (Orgs.). *Finanças Públicas: da contabilidade criativa ao resgate da credibilidade*. Rio de janeiro: Record, 2016, p. 27.

[114] De acordo coma teoria dos sistemas sociais autopoiéticos de Luhmann, esta cordialidade significa nada menos do que a desdiferenciação do sistema do direito frente aos demais subsistemas sociais. Como assevera seu autor, "un sistema juridico expuesto frecuentemente a las intromisiones - y quién negaría que esto sucede a menudo? – opera en el estado de corrupción. (...) El sistema se mantiene simulando legalidad, aunque no renuncia a la normatividad en general. No obstante, mediatiza el código derecho/no derecho anteponiendo una distinción al recurrir a *un valor de rechazo* (Gothard Günther), que permite la subordinación oportunista a las elites capaces de imponerse" (*El derecho de la sociedad*..., p.137-138). De acordo com Rafael Lazzarotto Simioni "o problema da corrupção do código surge, portanto, quando uma instância de decisão acoplada estruturalmente a um sistema produz operações de outro sistema. Uma decisão corrupta é, por exemplo, uma decisão judicial (sistema de organização judiciária) que, ao invés de decidir sob a diferença direito/não direito, decide com base na diferença lucro/prejuízo (economia), sustentável/não sustentável (ecologia), amigo/inimigo (afetividade), situação/oposição (política), moral/imoral (ética) e etc. Como também será corrupta uma decisão bancária que não operou com base no código lucro/prejuízo, mas no código direito/não direito, poder/sujeição, moral/imoral e etc. A diferenciação funcional de cada sistema da sociedade garante a unidade operacional como unidade da diferença entre identidade e diferença. Qualquer violação a essa diferença, provocada por uma instância de decisão, pode então ser chamada corrupção" (*Direito Ambiental e Sustentabilidade*..., p.178); Marcelo Neves aborda o tema da (falta da) autonomia do sistema do direito e sua autopoiese diante dos códigos das "boas relações" (Do pluralismo jurídico à miscelênea social: O problemas da falta de identidade da(s) esfera(s) de juridicidade na modernidade periférica e suas implicações na América Latina. *Revista Direito em Debate*, v. 4, n. 5, 1995, p. 17-18). No mesmo sentido, Guilherme Leite Gonçalves tematiza a interpretação jurídica baseada na 'hermenêutica da cordialidade" (Função interpretativa, alopoiese do direito e hermenêutica da cordialidade. Rio de Janeiro. *Revista Direito e Práxis*, v.1, n. 1, 2010, p. 16-31).

Conforme Marcos Mendes, "no caso brasileiro, o grande 'extrator' de rendas era a metrópole portuguesa, que utilizava as atividades econômicas da colônia como fonte de renda para seu sustento. Procedimentos típicos de uma regulação extrativa de renda, utilizadas por Portugal e por outros países colonizadores, são: proibição à colônia de comercializar com outros países que não a metrópole; restrições ao cultivo de outros produtos que não o da monocultura de interesse da metrópole; exigências de autorizações e alvarás para que colonos abrissem novos negócios; concessão de monopólio para exploração de serviços (navegação, por exemplo) a empresas e pessoas ligadas aos governantes; tributação excessiva. A consequência de um modelo colonial extrativista é o surgimento de uma classe próxima ao centro de poder metropolitano (corte real, burocracia de Estado) que passa a viver das rendas extraídas pelos procedimentos listados. A outra consequência é a criação de um mercado de influência, no qual indivíduos de alta renda, que exploram atividades econômicas nas colônias, passam a buscar meios de ter acesso ao Rei para obter favores, concessões, monopólios e redução da regulação que recai sobre eles".[115]

Mesmo ao longo de todo o período pós-colonial foram estruturadas "instituições voltadas para forte controle e extração de rendas do governo, mecanismos de acesso privilegiado a essas rendas pelos grupos sociais mais ricos, e a consequente realimentação de um alto grau de desigualdade social".[116]

Muito embora o intuito extrativista que acompanha nossa história desde os períodos coloniais, por si só, não permite que se afirme que o Brasil seja uma "sociedade *rent-seeking*", o fato é que "o espaço para *rent-seeking* dentro desse modelo de ação governamental é grande. O grau de proteção de cada setor depende da influência dos interessados junto ao governo".[117]

No mínimo, podemos afirmar que o histórico político-cultural brasileiro enseja "cacoetes culturais que acabam se enraizando na população, com indivíduos mais preocupados, na procura da melhoria do seu nível de vida, em reivindicar o 'cumprimento dos direitos' do que em contribuir com seu esforço para a criação de riquezas do país".[118]

---

[115] MENDES, Marcos. *Por que o Brasil cresce pouco?* Desigualdade, democracia e baixo crescimento no país do futuro. Rio de Janeiro: Elsevier, 2014, p. 119.

[116] MENDES, Marcos. *Por que o Brasil cresce pouco?* Desigualdade, democracia e baixo crescimento no país do futuro. Rio de Janeiro: Elsevier, 2014, p. 121.

[117] MENDES, Marcos. *Por que o Brasil cresce pouco?* Desigualdade, democracia e baixo crescimento no país do futuro. Rio de Janeiro: Elsevier, 2014, p. 122.

[118] GIAMBIAGI, Fábio; SCHWARTSMAN, Alexandre. *Complacência*: entenda por que o Brasil cresce menos do que pode. Rio de Janeiro: Elsevier, 2014, p. 123.

Após um longo período de repressão militar, a Constituição Federal de 1988, na esteira das modernas constituições democráticas, possibilita o acesso à renda disponibilizada pelo Estado por uma incomensurável gama de grupos de interesses dos mais diversos níveis sociais possíveis, recrudescendo a caça à renda, o que deveria exigir, proporcionalmente, um recrudescimento do controle qualitativo das mesmas rendas pelos órgãos de controle interno e externo das finanças públicas.

Talvez não por outra razão, a mesma Constituição inovou exigindo que a fiscalização financeira e orçamentária seja realizada, também, pelo critério da economicidade, considerada por alguns como verdadeiro controle da própria "moralidade pública e justiça financeira".[119]

Como aponta Marcos Mendes, "ao transitar de um regime fechado, sem espaço para pressões políticas por redistribuição, para um regime aberto, com ampla representação política, a sociedade brasileira viu explodir as demandas de diversos grupos de interesse".[120]

Ainda de acordo com o autor, "a combinação da grande heterogeneidade social com a ampla liberdade de reivindicação e de representação política acaba levando a forte conflito distributivo. (...) O resultado é o baixo crescimento econômico".[121]

Assim, arremata: "o bolo de renda a ser dividido fica menor do que poderia ser, o que reforça o conflito original, colocando o país em uma armadilha de baixo crescimento e limitada capacidade de fazer reformas capazes de quebrar privilégios e de aumentar a eficiência e o crescimento".[122]

De modo irônico, Cláudio D. Shikida e Ari Francisco de Araújo Jr. afirmam que "uma sociedade onde predomina o comportamento *rent-seeking* é aquela em que muitas vezes vale mais a pena ir a um jantar com autoridades e pessoas influentes, onde se pode fazer relacionamentos valiosos, do que ficar em casa estudando para se tornar um profissional mais eficiente".[123]

---

119 TORRES, Ricardo Lobo. *Tratado de direito constitucional, financeiro e tributário*. Rio de Janeiro: Renovar, 2000, p. 378.

120 MENDES, Marcos. Os conflitos federativos na democracia brasileira. *In*: SALTO, Felipe; ALMEIDA, Mansueto (Orgs.). *Finanças públicas*: da contabilidade criativa ao resgate da credibilidade. Rio de Janeiro: Record, 2016, p. 286.

121 MENDES, Marcos. Os conflitos federativos na democracia brasileira. *In*: SALTO, Felipe; ALMEIDA, Mansueto (Orgs.). *Finanças públicas*: da contabilidade criativa ao resgate da credibilidade. Rio de Janeiro: Record, 2016, p. 286.

122 MENDES, Marcos. Os conflitos federativos na democracia brasileira. *In*: SALTO, Felipe; ALMEIDA, Mansueto (Orgs.). *Finanças públicas*: da contabilidade criativa ao resgate da credibilidade. Rio de Janeiro: Record, 2016, p. 286.

123 SHIKIDA, Cláudio D.; ARAÚJO JR., Ari Francisco de. Por que o Estado cresce e qual seria o tamanho ótimo do Estado brasileiro? *In*: MENDES, Marcos (Org.). *Gasto público eficiente*: 91 propostas para o desenvolvimento do Brasil. São Paulo: Instituto Braudel, 2006, p. 80.

É nesse sentido que se torna pertinente a indagação acerca da propensão do Brasil para a *rent-seeking*, pois na raiz de tais comportamentos encontramos verdadeiras práticas antirrepublicanas arraigadas na gestão da coisa pública.

Comportamentos *rent-seeking* bebem desta fonte e, muitas vezes em nome do atendimento retórico de um suposto interesse coletivo, escondem perversos interesses privados e egoísticos que obnubilam e maculam legítimos interesses difusos de uma comunidade inteira, de populações presentes e vindouras.

Se, por um lado, parece-nos bastante evidente que, em decorrência da ausência de uma sólida cultura republicana em solo brasileiro, haja uma fortíssima *propensão* ao *rent-seeking*, por outro, entendemos que enquanto inexistir no Brasil um controle, interno e externo, da atividade financeira do Estado que verdadeiramente atenda às exigências da Constituição Federal (CF/88, arts. 70, 71 e 74), em especial a análise da economicidade e eficiência do gasto público, ou seja, daquilo que (não) está tendo retorno positivo para a sociedade, simplesmente não há como se afirmar a existência de *rent-seeking*.

Queremos deixar bem remarcado, mais uma vez, o equívoco de fazer uma vinculação necessária, abstrata e apriorística entre atividades rentistas e condutas *rent-seeking*, como se toda e qualquer busca ou caça à renda acarretasse perdas sociais e, portanto, pudesse ser entendida como *rent-seeking*.

Joana Naritomi, Rodrigo Soares e Juliano Assunção, por exemplo, consideram que os dois mais importantes períodos de expansão econômica durante a história colonial brasileira - os conhecidos ciclos da cana-de-açúcar e do ouro - estavam intrinsecamente conectados com os comportamentos *rent-seeking* por parte de Portugal, o que, segundo os autores,seria a razão atual de desigualdades na distribuição de terras (para aqueles municípios ligados ao ciclo da cana-de-açúcar), de piores práticas governamentais e menos acesso à justiça (para os municípios com origens relacionadas ao ciclo colonial do ouro), bem como menor renda *per capita* e menor provisão de utilidades públicas.[124]

Para Fernando Zanella, Robert Ekelund e David Laband, no período colonial, Portugal dependia fortemente das receitas brasileiras para sustentar a Coroa Portuguesa e por esta razão o aparato burucrático foi desenvolvido para maximixar a extração da renda.[125]

---

[124] Institutional development and colonial heritage within Brazil. *IZA Discussion Paper n. 4276*, July 2009.

[125] ZANELLA, Fernando C.; EKELUND, Robert B.; LABAND, David N. Monarchy, monopoly and mercantilism: Brazil versus the United States in the 1800s. *Public Choice*, 116, 2003, p. 385.

A Corte de nobres que chegou ao Brasil, em março de 1808, não tinha recursos financeiros. Como meio de fazer dinheiro, o príncipe Dom João VI vendeu 119 títulos de nobreza não hereditários para os comerciantes locais: 25 Barões, 30 Viscondes, 49 Condes, 13 Marqueses e 2 Duques, sendo que tais títulos, conforme os autores, permitiam a entrada no mercado *rent-seeking* da Coroa.[126]

Os autores fazem um comparativo entre o período colonial brasileiro e o norte-americano, caracterizando ambos como "sociedades *rent-seeking*", muito embora com diferenças que acarretaram consequências no crescimento econômico do século XIX, especialmente porque, no Brasil, em razão do contexto histórico do início do século XVIII (vinda da Família Real, burocracia e a "independência" brasileira sob o domínio da Coroa Portuguesa) desenvolveu-se uma estrutura na qual os comportamentos *rent-seeking* poderiam ser efetivamente controlados.[127]

Como dito e com todo o respeito aos entendimentos mencionados, não podemos afirmar que houve *rent-seeking* desde o Brasil Colônia ou que assim esteja acontecendo no Brasil atual, por mais intransparente e aparentemente ineficiente que tenha sido a realização do gasto público (e do próprio controle interno e externo das finanças públicas), pela simples ausência de um verdadeiro controle da economicidade e eficiência, seja antes ou atualmente, conforme exigido pela Constituição Federal.

Assim, melhor afirmar a existência de *fortes indícios* de *rent-seeking*, especialmente tendo em vista o modelo assentado no uso de relações para explorar oportunidades de mercado ou para influenciar decisões de interesse, que sempre existiu e mais do nunca ainda existe, especialemnte após o período de privatização nos anos 1990.

---

126 ZANELLA, Fernando C.; EKELUND, Robert B.; LABAND, David N. Monarchy, monopoly and mercantilism: Brazil versus the United States in the 1800s. *Public Choice*, 116, 2003, p. 386.

127 "We have characterized both colonial U.S. and Brazil as mercantile, rent-seeking societies. But while superficially similar, flagrant opportunistic behavior under English mercantilism ensured its ultimate demise and the creation of an entrepreneurial profit-seeking society supportive of economic growth in the 19th century. In Brazil, the conditions affecting mercantile rent seeking were quite different. Movement en masse of the Portuguese Crown and bureaucracy to Brazil in 1808 and the ensuing Brazilian 'independence' under Crown dominance provided a structure through which opportunistic behavior could be effectively controlled" (ZANELLA, Fernando C.; EKELUND, Robert B.; LABAND, David N. Monarchy, monopoly and mercantilism: Brazil versus the United States in the 1800s. *Public Choice*, 116, 2003, p. 394).

Sérgio Lazzarini denominou referido modelo de *capitalismo de laços*, ou seja, um emaranhado de contatos, alianças e estratégias de apoio gravitando em torno de interesses políticos e econômicos, em que a relação empresariado-governo torna-se cada vez mais íntima e imbricada.

De acordo com o autor, "o termo 'laços' pode denotar relações próximas, íntimas, duradouras. Aqui, entretanto, o significado é mais no sentido de relações sociais valiosas: um contato pessoal que é estabelecido para obter algum benefício particular ou, ainda, um gesto de apoio visando algo em troca no futuro. (...) Sob a influência de contatos - incluindo contatos com políticos e governantes -, os recursos poderiam ser mal alocados na sociedade, favorecendo os interesses das partes envolvidas. Essa má alocação pode ocorrer de duas formas. Primeiro, induzindo decisões empresariais pautadas por ideologias particulares ou motivos políticos dos governantes. (...) Segundo, conferindo vantagens àqueles que têm 'contatos certos', independentemente do seu mérito pessoal. Sem esses contatos, empreendedores com projetos tão ou mais meritórios podem ser alijados do jogo econômico. (...) Trata-se, segundo críticos, de um desperdício real e direto de recursos da sociedade, recursos que poderiam ser destinados a fins e usos mais produtivos".[128]

Para Lazzarini, esta nova feição do capitalismo tem consequências positivas e negativas. Do lado positivo, as aglomerações econômicas, muitas vezes com a presença do Estado, permite uma junção de forças para executar projetos de larga escala e com prazos mais longos.[129] Do lado negativo, o capitalismo de laços cria incentivos para empresários buscarem ativamente laços com atores governamentais como estratégia única de obter recursos diferenciados, vários tipos de proteção e outras vantagens não disponíveis a empreendedores menos conectados (menos tributos, relações trabalhistas menos rígidas, apoio a determinado setor industrial, créditos subsidiados a taxas de juros inferiores às de mercado etc.).[130]

---

128 LAZZARINI, Sérgio G. *Capitalismo de laços*: os donos do Brasil e suas conexões. Rio de janeiro: Elsevier, 2011, p. 4-5.

129 Mariana Mazzucato, por exemplo, menciona que os revolucionários produtos da Apple, Iphone e Ipad, talvez não existissem "sem o maciço investimento público por trás das revoluções da informática e da internet", de sorte que "a genialidade e o 'espírito louco' de Steve Jobs só produziram sucesso e lucros maciços porque a Apple conseguiu surfar na onda de investimentos enormes feitos pelo Estado em tecnologias 'revolucionárias' que deram sustentação ao iPhone e ao iPad: a internet, o GPS, telas sensíveis ao toque [*touch-screen*] e tecnologias de comunicação. Sem essas tecnologias financiadas com recursos públicos, não teria havido nenhuma onda para surfar tolamente" (MAZZUCATO, Mariana. *O Estado empreendedor*: desmascarando o mito do setor público *vs.* setor privado. São Paulo: Portfolio-Penguin, 2014, p. 127).

130 LAZZARINI, Sérgio G. *Capitalismo de laços*: os donos do Brasil e suas conexões. Rio de janeiro: Elsevier, 2011, p. 11.

É justamente nesse lado negativo do capitalismo de laços apontado por Lazzarini que pode residir a *rent-seeking*, ou seja, a busca empregada por grupos econômicos exclusivamente para obtenção de vantagens ou privilégios decorrentes da intervenção do Estado no domínio econômico como, por exemplo, isenções tributárias específicas a determinados setores, créditos subsidiados a determinadas empresas a juros inferiores ao de mercado ou contratos administrativos garantindo, na prática, "equivalentes" de monopólios aos que forem vencedores nas concorridas e vultosas licitações (*v.g.*, contratos de concessão de serviços ou obras públicas).

De acordo com Aldo Musacchio e Sérgio Lazzarini, o processo de privatização que começou na década de 1980 na Europa e se difundiu mundo afora na década de 1990, atingindo o governo Fernando Henrique Cardoso, na década de 1990, "não redundou na plena desarticulação dos sistemas de capitalismo de Estado desenvolvidos no século XX, mas, sim, na transformação da maneira como os governos gerenciam as grandes empresas estatais".[131]

Aliás, este processo de abertura econômica e privatização verificado na década de 1990 no Brasil acabou formando uma rede de negócios ainda mais centralizada e aglomerada, reafirmando o "small-world pattern" caracterizado pela *densidade local* (grupos de proprietários extensamente conectados uns aos outros) e *conectividade entre os grupos.*[132]

A partir desta percepção, Aldo Musacchio e Sérgio Lazzarini ampliam "o espectro da intervenção do Estado para incluir não só modelo em que o Leviatã é empreendedor - controlando e gerenciando as empresas estatais -, mas também os modelos em que o Leviatã é investidor majoritário ou investidor minoritário".[133]

O modelo do Leviatã como investidor majoritário é uma forma de privatização parcial em que o Estado retém o controle acionário enquanto atrai investidores privados minoritários.

Por outro lado, o governo também exerce uma influência indireta na economia. Nesse sentido, atua como "acionista minoritário e fornecedor de empréstimos de empresas privadas". Esse modelo os autores denominam de Leviatã como

---

[131] MUSACCHIO, Aldo; LAZZARINI, Sérgio G. *Reinventando o capitalismo de Estado*: O Leviatã nos negócios: Brasil e outros países. São Paulo: Portfolio-Penguin, 2015, p. 35.

[132] BROOKFIELD, Jon; CHANG, Sea-Jin; DRORI, Israel; ELLIS, Shmuel; LAZZARINI, Sérgio G.; SIEGEL, Jordan I.; BARDINA, Juan Pablo von Bernath. The small worlds of business groups: liberalization and network dynamics. *In*: *The small worlds of corporate governance*. London: Bruce Kogut, 2012, p. 77, 99-102.

[133] MUSACCHIO, Aldo; LAZZARINI, Sérgio G. *Reinventando o capitalismo de Estado*: O Leviatã nos negócios: Brasil e outros países. São Paulo: Portfolio-Penguin, 2015, p. 18.

investidor minoritário, ou seja, um "capitalismo de Estado mais matizado e híbrido em que participantes privados gerenciam a empresa que o governo deseja apoiar com recursos financeiros".[134]

Neste último modelo de organização do capitalismo de Estado podem ser mencionados os exemplos de empresas parcialmente privatizadas com capital próprio residual e minoritário estatal, empresas com investimentos de fundos soberanos (*sovereign wealth funds*) e de outros fundos controlados pelo Estado (fundos de pensão e empresas seguradoras) e, para o que nos diz mais de perto, empresas que recebem empréstimos e capital próprios de bancos de desenvolvimento estatais, caso brasileiro de créditos subsidiados concedidos pelo BNDES.

Estas novas concepções do capitalismo de Estado mostram que, mesmo após o *boom* das privatizações nos anos 1980 e 1990 do século passado, a participação e a influência do Estado na economia prosseguiu e permanece mais forte do que nunca[135]. À reboque disso, evidentemente, a atividade empresarial de *rent-seeking* tende a crescer proporcionalmente a esta intervenção cada vez mais difusa do Estado no domínio econômico.

Um empresariado que queria se conectar com o governo e um governo que propõe benefícios ao empresariado, seja na forma de empréstimos a juros menores que os de mercado, seja na forma de prestação de serviços em regime praticamente monopolista, investimentos acionários por meio de fundos públicos ou ainda de benefícios fiscais: eis um ambiente bastante propício para a *rent-seeking*!

Todavia, como já deixamos registrado ao depurarmos o conceito de *rent-seeking*, para que se esteja diante desta atividade é indispensável a verificação concreta e a mensuração, ainda que aproximativa, da perda social ocasionada. Sem estas informações, qualquer alusão ao *rent-seeking* torna-se equivocada e distante da realidade.

De todo o modo, como acentua Pedro Cavalvanti Ferreira, "há pouca racionalidade econômica na política comercial brasileira, que acaba refletindo, em grande parte, a pressão de setores organizados por maior proteção", sendo

---

[134] MUSACCHIO, Aldo; LAZZARINI, Sérgio G. *Reinventando o capitalismo de Estado*: O Leviatã nos negócios: Brasil e outros países. São Paulo: Portfolio-Penguin, 2015, p. 19.

[135] Jon Brookfield, Sea-Jin Chang, Israel Drori, Shmuel Ellis, Sérgio G. Lazzarini, Jordan I. Siegel e Juan Pablo von Bernath Bardina apontam que "the Brazilian government intended to maintain its presence in the economy despite the intense privatization programs of the 1990s. After the privatization auctions, the federal government preserved its indirect ownership stakes, particularly via its development bank, BNDES, and pension funds of state-owned companies". The small worlds of business groups: liberalization and network dynamics (*In*: *The small worlds of corporate governance*. London: Bruce Kogut, 2012, p. 101).

que "as vantagens obtidas por estes grupos implicam em perdas para o resto da sociedade".[136]

Ao se referir ao fato de que no final de 2008 os bancos ligados às montadoras de veículos automotores receberiam R$ 4 bilhões do Banco do Brasil para manterem seus programas de financiamento de carros novos e usados, a baixas taxas de juros e prazos de crediário mais longos, Jorge Vianna Monteiro assevera que "uma possibilidade para o atendimento dessa ocorrência é que a indústria automotiva tem capacidade para fazer uma *ameaça política com credibilidade*", restando evidente que "a provisão de benefícios por via governamental tem o poder de criar atendimentos não disponíveis por outro mecanismo que não o das escolhas públicas".[137]

O autor ressalta que "para garantir que seja a destinatária desses ganhos que a indústria automotiva (como, de resto, qualquer outro segmento privado que consegue se organizar como grupo de interesses) empreende *lobbyng* junto às diversas instâncias do processo decisório público".[138]

No cenário histórico atual da política brasileira, muito embora ainda não haja uma mensuração das efetivas perdas sociais, de modo a poder afirmar a existência de *rent-seeking*, Sérgio Lazzarini sustenta ter havido um escancaramento do capitalismo de laços com a "Operação Lava Jato"[139], a partir de imbricadas relações entre empresa-Estado revelando "um leque de operações ilícitas envolvendo empresários, gestores públicos e políticos".

De acordo com a certada observação de Lazzarini, "é fato que corrupção e transações opacas no Brasil sempre existiram. Mas, até pouco tempo, o discurso era de que 'é assim que o Brasil funciona'. Se quisermos mudar o que aí está, muitos diziam, o País correria o risco de parar. É claro, um discurso que interessava tanto a uma elite empresarial entrelaçada com o governo quanto a uma elite política dependente de patrocínio empresarial – o cerne do nosso capitalismo

---

[136] FERREIRA, Pedro Cavalcanti. Proteção comercial: racionalidade econômica ou interesses privados? Disponível em: http://www.fgv.br/professor/ferreira/papersaplicados.htm, consultado em: 25 abr. 2014.

[137] MONTEIRO, Jorge Vianna. *Governo e crise*. Escolhas públicas no Brasil e no mundo, 2007-2011. Rio de Janeiro: FGV, 2011, p. 132.

[138] MONTEIRO, Jorge Vianna. *Governo e crise*. Escolhas públicas no Brasil e no mundo, 2007-2011. Rio de Janeiro: FGV, 2011, p. 132.

[139] Os processos da "operação lava jato" tiveram origem em crimes de lavagem de dinheiro cometidos por Alberto Youssef, que aparecia na história como doleiro que lavava dinheiro para a empresa Dunel, de propriedade do ex-deputado federal José Janene (PP-SP), morto em 2010. No entanto, no decorrer das investigações foi descoberto que Youssef não prestava serviços apenas para a Dunel, mas também para diretores da Petrobras, que recebiam propina para fraudar licitações e superfaturar obras em benefício de um cartel de empreiteiras.

de laços. Com maior pressão para transparência e punição, entretanto, não há mais espaço para esse modelo. É hora de repensarmos nossas estratégias privadas, orientado-as para maior produtividade e menos dependência de suporte público, e as formas de atuação de governo, buscando maior disciplina na análise dos custos e benefícios de suas políticas".[140]

A pressão política de determinados setores para a obtenção, expansão ou manutenção de isenções tributárias é uma espécie de comportamento que *pode* se caracterizar como *rent-seeking*.

Por outro lado, a busca por um naco orçamentário recrudesce ainda mais quando se parte da constatação de que a margem de opção discricionária não chega a 10% do orçamento, haja vista as vinculações constitucionais e legais, bem como existência das despesas obrigatórias ou "quase-obrigatórias"[141], portanto, que não podem ser contingenciadas[142], mas que, diga-se de passagem, também *não estão* eventualmente a salvo de condutas *rent-seeking*[143], especialmente na fase da execução orçamentária.

Se, por um lado, esta diminuta margem de discricionariedade quanto à alocação acentua eventuais conflitos pela obtenção de uma parcela do orçamento público, por outro, faz-nos indagar até que ponto a outra grande parte do bolo orçamentário, relacionada, por exemplo, a vinculações legais/constitucionais e despesas obrigatórias (serviços da dívida e gastos com pessoas e encargos) está efetivamente atendendo às normas constitucionais e eventuais planejamentos governamentais ou, em outras palavras, passam pelo teste de constitucionalidade da norma da despesa pública que prevê a eficiência e economicidade do gasto público, especialmente de uma despesa pública livre de *rent-seeking*.

---

140 Escancarando o capitalismo de laços. *O Estado de S. Paulo*, 26 de junho de 2015.

141 Para Marcos Mendes, quase-obrigatórias seriam aquelas despesas que, a despeito de podrem ser contingenciadas, tem maior flexibilidade que as "obrigatórias" (*v.g.*, benefícios previdenciários e assistenciais, abono salarial, seguro desemprego, gasto mínimo em ações e serviços de saúde, despesas do Judiciário, Legislativo e Ministério Público), podendo ser mencionadas as despesas com pessoal e encargos sociais (exceto do Judiciário, Legislativo e Ministério Público), despesas do programa "bolsa família" (pois existe a possibilidade de limitar o número de beneficiários-participantes a cada ano, subsídios creditícios e apoio financeiro à agricultura (*Sistema orçamentário brasileiro*: planejamento, equilíbrio fiscal e qualidade do gasto público. Texto para discussão 39. Brasília: Consultoria Legislativa do Senado Federal, 2008, p. 24-28).

142 MENDES, Marcos J. *Sistema orçamentário brasileiro*: planejamento, equilíbrio fiscal e qualidade do gasto público. Texto para discussão 39. Brasília: Consultoria Legislativa do Senado Federal, 2008, p. 32.

143 Nesse sentido, Marcos Mendes menciona a força política dos servidores públicos para aumento de seus subsídios. Para o autor, típico comportamento *rent-seeking*. *In*: *Porque o Brasil cresce pouco?*... p. 189 e 206-218.

O alto grau de rigidez do orçamento público brasileiro faz com que seja imprescindível um cotejo efetivo entre as escolhas que o Estado faz para concretizar seus programas orçamentários com as normas constitucionais[144], tornando extremamente importante a verificação ou não da *rent-seeking*, posto que tais comportamentos, estimulados pelo Estado às custas do orçamento público, estão na evidente contramão dos mais comezinhos ideais republicanos.

Como vimos, este tipo de atendimento fracionado e discriminatório pode ser um cenário típico para geração de perdas sociais, uma vez que esta política econômica compõe-se de uma mistura de interferências políticas *ad hoc* nos mercados e tem, como contrapartida, a ação de grupos que influenciam a oportunidade, a dosagem e a instrumentação dessas interferências.[145]

Tudo isto tem implicação direta no orçamento público e, mais amplamente, nos gastos públicos, orçamentários ou não, tornando-se pertinente e sempre atual a reflexão sobre se o Direito Financeiro teria "algo a dizer" em relação a este fenômeno já bem identificado pela Economia.

Em período recente da história brasileira pode ser mencionado como *possível* exemplo de *rent-seeking* o caso das "campeãs nacionais", empresas que foram patrocinadas com volumosos recursos públicos, mais especificamente com créditos subsidiados através do BNDES e, muitas delas, em pouco tempo após, acabaram em recuperação judicial.

A política de promoção da competitividade de grandes empresas de expressão internacional teve início em 2007 e acabou, segundo Sérgio Lazzarini, no primeiro mandato da presidente Dilma Roussef, tendo como divisor de águas a tentativa do empresário Abílio Diniz de fundir o Carrefour e o Pão de Açúcar com o dinheiro do BNDES, tendo sido extremamente criticado à época[146].

Grandes empresas como Fibria, Brasil Foods, JBS (Friboi), EBX (do empresário Eike Batista), além da própria Oi nasceram ou cresceram graças a este "empurrãozinho" do Estado, recheado de elevados recursos públicos.

---

[144] Todavia, esta não tem sido a lógica que preside a elaboração no orçamento, que segue obedecendo ao incrementalismo, "pelo qual o orçamento de um ano é sempre elaborado com base no orçamento do ano anterior, com ajustes marginais em função de pequenas variações nas disponibilidades de recursos" (*Disciplina Fiscal e Qualidade do Gasto Público. Fundamentos da Reforma Orçamentária*. Coord. Fernando Rezende; Armando Cunha. Rio de Janeiro: Editora FGV, 2005, p. 14).

[145] BUCHANAN, J. Same players, different game: how better rules make better politics. *Constitutional Political Economy*, v. 19, n. 3, p. 177-188, 2008.

[146] "Oi, 'campeã nacional', sucumbiu à crise". *Jornal O Estado de S. Paulo*, 20 de junho de 2016.

Com empréstimos em condições generosas e compras de participação, o banco injetou cerca de R$ 18 bilhões nos frigoríficos JBS e Marfrig, na Lácteos Brasil (LBR), na Oi e na Fibria. Algumas dessas empresas ficaram em situação financeira delicada, como a LBR, que pediu recuperação judicial, e o Marfrig.

No caso da empresa Oi, por exemplo, para criar a "super-tele", bancos públicos emprestaram ao todo R$ 6,9 bilhões, sendo que em 2014 a Portugal Telecom, detentora de 25,6% da Oi, sofreu um prejuízo de R$ 3,5 bilhões em investimentos em uma empresa portuguesa (o grupo Espírito Santo) e acabou tendo de reduzir sua fatia na Oi para compensar. Com uma dívida de R$ 50 bilhões, a Oi decidiu entrar com um processo de recuperação judicial.[147]

Ao contrário do programa semelhante e exitoso implementado pela Coreia, no caso brasileiro a política de estímulo ao surgimento de "campeões nacionais" contabiliza grandes perdas financeiras que devem ser custeadas por todos, na conta do sempre cordial orçamento público.

Sérgio Lazzarini esclarece que "as empresas coreanas sempre tiveram de seguir metas agressivas de competitividade e internacionalização. O governo coreano dava a cenoura com uma mão, mas segurava o chicote com a outra. A gente nunca fez isso. Nunca chegou às empresas e disse que, se não fosse cumprido isso ou aquilo, o apoio seria abortado".[148]

No caso brasileiro, conclui Lazzarini, "quando houve metas e elas foram descumpridas, executivos do próprio BNDES disseram: 'Não há problema, as metas têm de ser flexíveis mesmo, vamos tocar a vida'. Não pode. A Coréia foi muito disciplinada. Nós não. Aqui, faltou chicote e sobrou cenoura".[149]

Esta observação demonstra a completa ausência de um compromisso republicano ou, na linha de Sérgio Buarque de Holanda, a cordialidade dos gestores brasileiros com a *res publica.*

De acordo com Marcos Lisboa e Samuel Pessoa, "o Tesouro se financia com juros acima de 10% e emprestou, nos últimos anos, para o setor privado, por meio do BNDES, cobrando juros médios de 3,5%, quando a inflação estava acima de 6% ao ano. Segundo dados oficiais, o custo para o setor público dessas operações

---

[147] Disponível em: http://spotniks.com/oi-quebrou-e-quem-vai-pagar-conta-por-isso-e-voce/, consultado em: 05 set. 2016.

[148] Disponível em: http://epoca.globo.com/tempo/noticia/2016/06/faltou-chicote-e-sobrou-cenoura-diz-sergio-lazzarini-sobre-quebra-da-oi.html, consultado em: 04 set. 2016.

[149] Disponível em: http://epoca.globo.com/tempo/noticia/2016/06/faltou-chicote-e-sobrou-cenoura-diz-sergio-lazzarini-sobre-quebra-da-oi.html, consultado em: 04 set. 2016.

entre 2009 e 2014 foi de R$ 323 bilhões, o que equivale a 13 anos do programa Bolsa Família".[150]

Há, pois, uma competição entre diversos grupos organizados para a obtenção de suas respectivas vantagens e privilégios materializados em rendas econômicas garantidas pelo orçamento público. Isto, no Brasil, tem ocorrido desde sempre, como visto. Esta competição pode representar um resultado bastante negativo para a sociedade, o que torna este comportamento merecedor de todas as atenções dos órgãos de controle da atividade financeira do Estado.

Mais recentemente, está na pauta a crise fiscal brasileira.

De acordo com Marcos Lisboa, "o gasto público cresce sistematicamente além da economia, causando dinâmica explosiva do endividamento público e risco real de, se nada for feito, retornarmos ao cenário de inflação acelerada e crônica, vigente nos anos 80".[151]

E conclui que "a luta de cada grupo por seu naco no orçamento – seja na forma de uma garantia de gasto ou renda, ou de uma garantia de desoneração tributária – resulta em situação ruim para o conjunto da sociedade: juros reais elevados, baixo crescimento, em função da contínua pressão por aumento da carga tributária, e risco de descontrole inflacionário".

Para nós, o caminho jurídico para a observação dessas questões não passa necessariamente por reformulações de lei, conforme propõe o renomado economista, mas pela *aplicação da Constituição Federal*, como abordaremos melhor no capítulo seguinte.

Trata-se, com efeito, de um caminho, ao mesmo tempo, mais simples e mais complexo: mais simples, porque não é necessária qualquer alteração legislativa, bastando que se faça valer o que já está disposto na Constituição Federal há mais de trinta anos; mais complexo, porque exige dos gestores públicos e tomadores de decisão no âmbito público um comprometimento republicano que nem sempre (ou quase nunca) se fez (faz) presente na história de nosso país.

Estamos convencidos que condutas rentistas que se enquadrem como *rent-seeking* realmente sejam um dos grandes pontos de estrangulamento da política econômica brasileira, impedindo que nosso país combine crescimento da produtividade com avanços sociais, tornando-se, verdadeiramente, uma sociedade

---

150 As meias-entradas no caminho do ajuste econômico. *Jornal Folha de S. Paulo*. Disponível em: http://www1.folha.uol.com.br/ilustrissima/2016/06/1777909-as-meias-entradas-no-caminho-do-ajuste-economico.shtml, consultado em: 21 jul. 2016.

151 Disciplinar o conflito distributivo. Disponível em: http://www.institutomillenium.org.br/artigos/disciplinar-conflito-distributivo/, consultado em: 23 jul. 2016.

inclusiva e deixando para a história seu passado de sociedade extrativista, o que exige, necessariamente, instituições econômicas inclusivas.[152]

Assim, muito mais inteligente (e jurídico) do que pensar em contenção de gastos para a concretização de direitos fundamentais, quiçá esteja na hora de abrir os olhos ao *rent-seeking* e exercer um efetivo e verdadeiro controle da qualidade do gasto público, exigindo de gestores e rentistas suas respectivas responsabilidades para com a sociedade.

Conforme Marcos Mendes aponta, "limitar o espaço para a prática de *rent-seeking* seria, então, uma forma de aumentar o crescimento de longo prazo e a justiça distributiva em uma sociedade, evitando que alguns 'espertos, organizados ou conectados' extraiam renda do restante da sociedade".[153]

Passemos, adiante, a examinar a relação da *rent-seeking* com o direito e, especialmente, com o Direito Financeiro.

---

[152] De acordo com Daron Acemoglu e James Robinson, "instituições econômicas inclusivas, como as encontradas na Coreia do Sul ou nos Estados Unidos, são aquelas que possibilitam e estimulam a participação da grande massa da população em atividades econômicas que façam o melhor uso possível de seus talentos e habilidades e permitam aos indivíduos fazer as escolhas que bem entenderem. Para serem inclusivas, as instituições econômicas devem incluir segurança da propriedade privada, sistema jurídico imparcial e uma gama de serviços que proporcionem condições igualitárias para que as pessoas possam realizar intercâmbios e estabelecer contratos, além de possibilitar o ingresso de novas empresas e permitir a cada um escolher sua profissão" (ACEMOGLU, Daron; ROBINSON, James. *Por que as nações fracassam*:as origens do poder, da prosperidade e da pobreza. Rio de Janeiro: Elsevier, 2012, p. 58-59).

[153] O que é "*rent-seeking*"? Disponível em: http://www.brasil-economia-governo.org.br/2014/03/25/o-que-e-rent-seeking/, consultado em: 02 nov. 2016.

2

DIREITO FINANCEIRO E *RENT-SEEKING*

Como vimos, a *rent-seeking* foi identificada originariamente pela Economia e, pelos estudos desta seara, foi possível delimitarmos um conceito, traçando seus contornos fundamentais e diferenciando de outros conceitos semelhantes.

Neste capítulo, nossa atenção volta-se para o Direito Financeiro e, mais especificamente, como este ramo do direito pode contribuir para a observação jurídica do comportamento *rent-seeking*.

Nossa análise será eminentemente jurídica, mais especificamente, jurídico-financeira, já que condutas *rent-seeking* podem eventualmente ter repercussões em outros ramos do direito como, por exemplo, no direito penal (*v.g.*, crimes contra a Administração Pública) e no direito administrativo (*v.g.*, infrações administrativas e responsabilidade civil do Estado).

Desse modo, que fique bem registrado, não vamos nos enveredar por questões metodológicas para *quantificação do gasto social* gerado pela *rent-seeking* ou indagações se toda a renda realmente é dissipada por completo.

Certamente estas são temáticas cruciais que outros setores do conhecimento devem (e podem) enfrentar, por exemplo, a Contabilidade, a Economia, a Sociologia, a Antropologia.

O direito, quando muito, pode se valer dessas análises para que gestores públicos possam tomar decisões jurídicas menos arriscadas e órgãos administrativos possam exercer, de forma minimamente adequada, o controle da economicidade e da eficiência de toda e qualquer despesa pública, nos termos exigidos pelo art. 70, *caput* da Constituição Federal.

Afinal, a indagação que fazemos é bastante pontual: deve o Direito Financeiro ficar inerte diante da *rent-seeking* ou devemos esperar alguma reação? Haveria alguma consequência no Direito Financeiro quando da comprovação da *rent-seeking* ou tais condutas não teriam qualquer importância jurídica para este ramo do Direito?

Vejamos, pois, como tais questões podem ser encaminhadas.

2.1 Um olhar jurídico sobre o *rent-seeking*

A ideia central deste livro é, a partir dos aportes da Economia sobre a *rent-seeking* tangenciados no capítulo antecedente, verificar até que ponto esta conduta pode (ou não) acarretar consequências jurídico-financeiras e, em caso positivo, como o Direito Financeiro poderia oferecer reações a este fato econômico que tem, sim, repercussões no ambiente jurídico, portanto, um verdadeiro fato jurídico.

Partimos de um ponto bastante claro: para nós, a *rent-seeking* só deixará de ser algo invisível ao Direito Financeiro, como desde sempre tem ocorrido, no momento em que a despesa pública for efetivamente encarada como *norma jurídica* a ser construída caso a caso e não apenas como um montante ou uma quantia em dinheiro, contábil e formalmente fixada no orçamento público.

Além disso, é imprescindível que os órgãos incumbidos pelo controle interno (CF/88, art. 74)[154] e externo (CF/88, art. 71) da atividade financeira do Estado rezem rigorosamente a cartilha constitucional (CF/88, art. 70), realizando uma verdadeira e conteudística fiscalização financeira, orçamentária e operacional que leve em conta aspectos da economicidade e eficiência do gasto público.

---

[154] Em relação ao controle interno, chamamos atenção para dois achados contidos no *Acórdão TCU n. 1074*. No referido Acórdão foram analisadas estruturas de governança dos órgãos e unidades de controle interno dos Poderes Executivo (órgãos setoriais do Ministério da Defesa e do Ministério das Relações Exteriores; e as unidades de controle interno dos Comandos Militares. A Advocacia-Geral da União não possui Secretaria de Controle Interno formalmente organizada. O órgão de controle interno da Casa Civil não foi avaliado), Legislativo e Judiciário: *54% das unidades de controle interno pesquisadas informaram que não estão vinculadas diretamente ao dirigente máximo do órgão*, providência que, evidentemente, asseguraria, um mínimo de independência que deve ter o sistema de controle interno para que possa desincumbir satisfatoriamente sua missão constitucional; *40% das unidades de controle interno pesquisadas informaram que não realizam planejamento anual dos trabalhos*, ou seja, o planejamento anual não está registrado em documento formal, aprovado pelo dirigente (ou colegiado) máximo do órgão/unidade de controle interno, sendo que é justamente neste planejamento anual onde são estabelecidos os objetivos, os recursos disponíveis e as áreas, processos e atividades que serão auditadas com base em critérios objetivamente definidos.

José Mauricio Conti ensina que "inicialmente, o controle interno era exercido pelo Poder Executivo, aperfeiçoando-se sua estrutura após a Constituição de 1988, quando passou a ser exigido no âmbito de cada um dos poderes". Além disso, "em sua origem, exercia uma avaliação meramente formal da atividade financeira do Estado, baseada na legalidade e regularidade documental dos atos de despesa pública".[155]

Ainda de acordo com o autor, "esta forma de atuação não se mostra mais compatível com a modernização da administração pública, hoje com suas preocupações voltadas ao planejamento e à qualidade do gasto público (...)".[156]

Assim, "a Constituição de 1988 andou bem em estabelecer esse novo sistema de controle interno, com uma atuação que tenha por foco não a forma, mas sim a finalidade do gasto público".[157]

Ainda em relação ao art. 74 da CF, estamos em total acordo com José Mauricio Conti e André Castro Carvalho quando afirmam que o referido dispositivo "correlaciona o sistema de controle interno com a *qualidade do gasto público*, obrigando que a Administração realize a avaliação do efetivo cumprimento das metas estabelecidas, bem como a *eficiência da gestão orçamentária*"[158] (destacamos).

Portanto, além do atendimento formal das metas previstas nas leis que compõem o sistema orçamentário brasileiro (PPA, LDO e LOA), é imprescindível que os órgãos de controle avaliem a eficiência da gestão orçamentária, o que guarda estreitíssima relação com a *rent-seeking* pois, como vimos, sem perda social não faz sentido falar em *rent-seeking* e justamente a perda social é que poderá ser detectada em uma gestão orçamentária eficiente, quando o ciclo orçamentário é sempre retroalimentado com as necessárias correções e avaliações do controle.

A *rent-seeking* no âmbito público, como vimos no capítulo anterior, guarda uma íntima relação com a intervenção do Estado na/sobre a Economia e, em termos financeiros, com o gasto público, seja orçamentário ou os denominados *off-budget expeditures*, tais como os créditos subsidiados (benefícios creditícios) e as renúncias tributárias (benefícios tributários) que, na prática, revelam impactos

---

155 CONTI, José Mauricio. *Levando o Direito Financeiro a sério*. São Paulo: Blucher, 2016, p. 177-180.

156 CONTI, José Mauricio. *Levando o Direito Financeiro a sério*. São Paulo: Blucher, 2016, p. 177-180.

157 CONTI, José Mauricio. *Levando o Direito Financeiro a sério*. São Paulo: Blucher, 2016, p. 177-180.

158 CONTI, José Mauricio; CARVALHO, André Castro. O controle interno na Administração Pública brasileira: qualidade do gasto público e responsabilidade fiscal. *In*: *DPU n. 37*, jan-fev/2011, seção especial, teorias e estudos científicos, p. 214.

diretos e relevantes no orçamento público, especialmente na receita e dívida pública[159].

Nesse sentido, as renúncias tributárias, embora "escapando" da lei orçamentária anual[160], "resultam em redução de receitas pelo não pagamento de tributo e *devem ser interpretadas como verdadeiras despesas públicas*"[161] (destacamos).

Portanto, o *link* da *rent-seeking* com o Direito Financeiro passa, impreterivelmente, pela despesa pública em sentido estrito.

Não existe, no Brasil, um conceito legal de despesa pública.

A própria Lei Federal n. 4.320/64[162], que estabelece normas gerais de direito financeiro, não apresenta uma definição de despesa pública, muito embora classifique-a por categorias econômicas (arts. 12 e 13).

A doutrina que se debruça sobre o tema, por seu turno, considera a despesa pública, basicamente, como um *conjunto de dispêndios ou gastos públicos*[163] ou como uma *atividade administrativa de aplicação de certa quantia*, em dinheiro, para a satisfação de necessidades públicas[164].

---

[159] GOMES, Emerson Cesar da Silva. *O direito dos gastos públicos no Brasil*. São Paulo: Almedina, 2015, p. 59.

[160] O art. 165, §6º da Constituição Federal determina que o projeto de lei orçamentária "será acompanhado de demonstrativo regionalizado do efeito, sobre receitas e despesas, decorrente de isenções, anistias, remissões, subsídios e benefícios de natureza financeira, tributária e creditícia".

[161] CONTI, José Mauricio. Afinal, quanto custou a copa do mundo para a sociedade brasileira? *In*: *Levando o direito financeiro...*, p. 46.

[162] O Projeto de Lei da Qualidade Fiscal, na redação final aprovada pelo Senado e encaminhada no junho de 2016 à Câmara dos Deputados traz a definição de *despesa orçamentária* como sendo "aquela que depende de autorização legislativa para ser realizada pela administração pública" (art. 2º, inciso XVI).

[163] BALEEIRO, Aliomar. *Uma introdução à ciência das finanças*. Rio de Janeiro: Forense, 1996, p. 65; MEIRELLES, Hely Lopes. *Finanças municipais*. São Paulo: RT, 1979, p. 176; TÔRRES, Heleno Taveira. *Direito constitucional financeiro*: teoria da constituição financeira. São Paulo: RT, 2014, p. 417; JARDIM, Eduardo Marcial Ferreira. *Manual de direito financeiro e tributário*. São Paulo: Saraiva, 1999, p. 40-41; TÔRRES, Ricardo Lobo. *Curso de direito financeiro e tributário*. Rio de Janeiro: Renovar, 1993, p. 154; PISCITELLI, Tathiane. *Direito financeiro esquetatizado*. São Paulo: Método, 2011, p. 92.

[164] BALEEIRO, Aliomar. *Uma introdução à ciência das finanças*. Rio de Janeiro: Forense, 1996, p. 65; HABER, Michel; CHRISTOPOULOS, Basile Georges Campos; TORRES, Ricardo Ezequiel. Despesa pública. *In*: *Lições de direito financeiro*. Coord. Geral Regis Fernandes de Oliveira. Coords. Estevão Horvath; José Mauricio Conti; Fernando Facury Scaff. São Paulo: RT, 2015, p. 38; GOMES, Emerson Cesar da Silva. *O direito dos gastos públicos no Brasil*. São Paulo: Almedina, 2015, p. 50.

Tais conceitos, todavia, parecem-nos juridicamente insuficientes, especialmente se partirmos de uma abordagem normativa que leve em consideração a Constituição Federal, especialmente de um viés jurídico que sepulte de vez a sinonímia lei/norma e, consequentemente, a ideia de decisão jurídica como produto de subsunção do fato a uma norma abstrata, metafísica, pronta e acabada para ser acoplada, tudo fruto do velho positivismo exegético no século XIX, mas que ainda resiste com força em muitos rincões jus-financeiros.

É inegável a insensibilidade do Direito Financeiro em relação à *rent-seeking*. Muito do atraso do Direito em relação à Economia neste assunto tem origem na equivocada equiparação que parte da doutrina faz entre lei orçamentária e norma jurídica, ou seja, da mera alocação orçamentária da despesa pública em sentido estrito à norma jurídica da despesa pública.

É imprescindível, pois, que nos escoremos em algum sistema de referência para formular nossas proposições, pois, inexistindo sistema de referência, o conhecimento torna-se desconhecimento. Nesse sentido, o sistema de referência é verdadeira condição do conhecimento[165].

Assim sendo, observaremos a despesa pública *como norma jurídica* e, nesse contexto, procuraremos apresentar a compreensão mínima desta norma a partir dos enunciados prescritivos de nosso ordenamento jurídico[166], especialmente aqueles existentes na extensa e analítica Constituição Federal.

Uma forma de estudar o direito sem ter que enfrentar o problema de sua ontologia é justamente isolando as manifestações normativas.[167]

Estamos, pois, com aqueles que entendem que o melhor modo para se aproximar da experiência jurídica e apreender seus traços característicos é considerar o direito como um conjunto de normas ou regras de conduta[168].

Para uma aproximação adequada da norma jurídica da despesa pública, faremos aportes no chamado constructivismo lógico-semântico bem como na teoria estruturante do direito.

---

[165] TELLES JR., Gofredo da Silva. *O direito quântico*. São Paulo: Max Limonad, 1974, p. 73.

[166] Bem oportuna a observação de Lourival Vilanova de que nem sempre a proposição normativa está em toda sua integralidade num só artigo de lei ou decreto, nem sempre a norma jurídica completa se encontra num dispositivo da Constituição (*Lógica jurídica*. São Paulo: José Bushatsky Editor, 1976, p. 113).

[167] CARVALHO, Paulo de Barros. *Fundamentos jurídicos da incidência tributária*. Tese (Concurso para professor-titular do Departamento de Direito Econômico e Financeiro) – Faculdade de Direito da Universidade de São Paulo, São Paulo, 1996, p. 22.

[168] BOBBIO, Norberto. *Teoria da norma jurídica*. São Paulo: Edipro, 2003, p. 23.

Parece-nos que, a despeito de o constructivismo lógico-semântico manter a separação entre ser e dever-ser[169], nada obsta a que possamos aproveitar o aspecto *sintático* desta teoria com as incursões *conteudísticas* da teoria estruturante do direito, sem incorrermos em uma inconciliável "mixagem teórica"[170].

De acordo com o constructivismo lógico-semântico, em *todas* as normas e, acrescentamos, inclusive naquelas construídas a partir da metódica estruturante, pode-se vislumbrar uma *mesma construção sintática* posta em simbolismo lógico na forma D[F→(S'RS")]: deve ser que, dado o fato F, então se instale a relação jurídica R, entre os sujeitos S' e S".[171]

Portanto, aproveitamos desta teoria normativa seu aspecto sintático bem delineado e construído, para trabalharmos, conjuntamente com a teoria de Friedrich Müller, na elaboração de um esboço da norma jurídica da despesa pública e seu conteúdo.

2.2 A despesa pública para além do montante fixado em lei orçamentária

O sistema de referência que adotamos para a abordar juridicamente a temática da *rent-seeking* é normativo, de modo que consideramos a experiência jurídica como uma experiência normativa.

O estudo e a compreensão da história humana, por exemplo, pode ser observada do ponto de vista normativo e, nesse viés, "as civilizações são caracterizadas pelos ordenamentos de regras nas quais as ações dos homens que as criaram estão contidas".[172]

---

169 Contudo, conforme o próprio Lourival Vilanova deixou bem claro, "a radical contraposição entre o direito como fato e o direito como norma, como fundamento para a distinção entre a sociologia do direito e a Ciência do Direito, não é exata como técnica metodológica, pois contraria a ontologia mesma do direito. (...) O universo social é uma multiplicidade contínua: não é uma multiplicidade homogênea, como a série de números inteiros (...). No universo social distinguimos as formas sociais e os conteúdos objetivados, os modos de entrelaçar-se sociologicamente e as regras de conduta, os bens produzidos, as pautas éticas de comportamento coletivo, as teorias científicas, os dogmas e os símbolos, o poder e suas concretizações tipológicas, as formas estéticas e sua materialização na conduta e nos materiais disponíveis no mundo físico exterior. Não há conteúdo objetivado que prescinda dos círculos sociais e da complexa trama de interações sociais" (VILANOVA, Lourival. *Causalidade e relação no direito*.São Paulo: Saraiva, 1989, p. 09, 11-12).

170 A expressão é de Lenio Luiz Streck referindo-se às miscelâneas teóricas comuns no direito brasileiro decorrentes de recepções acríticas e equivocadas da Jurisprudência dos Valores, ativismo norte-americano e ponderação alexyana (*Verdade e Consenso*: Constituição, Hermenêutica e teorias discursivas. São Paulo: Saraiva, 2012, p. 47-55).

171 CARVALHO, Paulo de Barros. *Direito tributário, linguagem e método...*, p. 628.

172 BOBBIO, Norberto. *Teoria da norma jurídica*. São Paulo: Edipro, 2003, p. 25.

Desse modo, "a história se apresenta então como um complexo de ordenamentos normativos que se sucedem, se sobrepõem, se contrapõem, se integram".[173]

Importante a percepção de que "estudar uma civilização do ponto de vista normativo significa, afinal, perguntar-se quais ações foram, naquela determinada sociedade, proibidas, quais ordenadas, quais permitidas; significa, em outras palavras, descobrir a direção ou as direções fundamentais em que se conduzia a vida de cada indivíduo".[174]

De acordo com a observação de Norberto Bobbio, "um dos primeiros resultados do estudo do direito é o de nos tornar conscientes da importância do 'normativo' na nossa experiência individual e social".[175]

É exatamente para esta consciência da importância do normativo, especialmente em nossa experiência social ou coletiva, que queremos lançar luzes quando o assunto é *rent-seeking*.

Sim, porque nesta perspectiva podemos fazer a seguinte indagação: na sociedade brasileira atual, que se funda juridicamente em um Estado Democrático de Direito e adota explicitamente a forma republicana de governo, inclusive como um de seus princípios sensíveis (CF/88, art. 34, VII, "a"), as condutas *rent-seeking* seriam permitidas pelas normas jurídicas financeiras?

Somente a partir do despertar da consciência acerca da importância do normativo em nossa experiência coletiva é que o Direito Financeiro poderá ser efetivamente visto como uma "praça" (esfera pública) e não como um "jardim" (esfera privada), para utilizarmos o pensamento de Nelson Saldanha.[176]

Portanto, especialmente através do texto constitucional, devemos evitar este descaso com o coletivo, ou seja, a "jardinização" da praça com a colonização do espaço público mediante soluções egoísticas, que ocorrem em todas as situações em que a despesa pública em sentido estrito não seja adequadamente (constitucionalmente) observada como norma jurídica.

Quando, num Estado Democrático de Direito, fazemos a opção por observar a despesa pública como norma jurídica, a responsabilidade e a tarefa de construção desta norma fica enormemente redobrada, pois devemos levar seriamente em consideração os enunciados trazidos pela CF/88 e não apenas a literalidade de enunciados contidos nas leis orçamentárias.

---

173 BOBBIO, Norberto. *Teoria da norma jurídica*. São Paulo: Edipro, 2003, p. 25.

174 BOBBIO, Norberto. *Teoria da norma jurídica*. São Paulo: Edipro, 2003, p. 25.

175 BOBBIO, Norberto. *Teoria da norma jurídica*. São Paulo: Edipro, 2003, p. 24.

176 SALDANHA, Nelson. *O jardim e a praça*. Ensaio sobre o lado privado e o lado público da vida social e histórica. Porto Alegre: Fabris, 1986.

Uma das dificuldades é que nem sempre a proposição normativa estará, em toda a sua integridade, em um único artigo de lei ou dispositivo constitucional.[177] Esta é uma passagem clara do constructivismo lógico-semântico que se coaduna com a proposta mülleriana.

Nesse sentido, podemos afirmar que as leis orçamentárias, isoladamente, não são suficientes para a construção da norma jurídica da despesa pública.

Como veremos adiante, um dos mais importantes dispositivos constitucionais, verdadeira pedra de toque para compor semanticamente as variáveis do consequente da norma jurídica da despesa pública, sequer encontra-se topologicamente no capítulo das Finanças Públicas (Capítulo II do Título VI) e também não se dirige, diretamente, à despesa pública em sentido estrito, mas à fiscalização ou controle exercido pelo Poder Legislativo, com o auxílio do Tribunal de Contas: trata-se do art. 70 da Constituição Federal.

Por outro lado, estamos convencidos de que somente quando a gestão pública levar realmente a sério os postulados republicanos plasmados em diversos enunciados de nossa Constituição Federal é que poderemos evitar que o texto constitucional se transforme, na feliz expressão de Lenio Streck, em um "latifúndio improdutivo vítima de grilhagem hermenêutica e seu sentido seja só-negado".

Conforme o autor, "a crise do Direito e da dogmática jurídica - onde se inclui a crise dos operadores do Direito (Judiciário, Ministério Público) - decorre do hiato que se forma a partir das demandas provenientes de uma sociedade complexa e díspar e o não-cumprimento dos direitos previstos no ordenamento jurídico".[178]

O que queremos deixar remarcado é que existe uma configuração constitucional da despesa pública que, de forma alguma, pode ser menosprezada no desenvolver da atividade financeira do Estado.

Exatamente nessa toada é a lição de Heleno Taveira Torres quando assevera que "como norma jurídica, pode-se falar no *conceito constitucional de despesa pública*, na medida em que todo o agir do Estado encontra-se submetido à Constituição neste domínio".[179]

---

[177] VILANOVA, Lourival. *Lógica jurídica*. São Paulo: Bushatsky, 1976, p. 113.

[178] STRECK, Lenio Luiz. E que o Texto Constitucional não se transforme em um latifúndio improdutivo... - Uma crítica à ineficácia do Direito. *In*: *O direito público em tempos de crise. Estudos em homenagem a Ruy Ruben Ruschel*. Porto Alegre: Livraria do Advogado, 1999, p. 183 (175-188).

[179] TÔRRES, Heleno Taveira. *Direito constitucional financeiro*: teoria da constituição financeira. São Paulo: Revista dos Tribunais, 2014, p. 414.

De acordo com a acertada observação do autor, "a normatividade acompanha todo o percurso da despesa pública, segundo normas constitucionais que distribuem as competências relativa a cada uma das suas etapas".

A norma jurídica da despesa pública, portanto, deve ser construída necessariamente em conexão com a chamada Constituição Financeira, na qual "a atividade financeira do Estado vê-se concebida como conteúdo das normas constitucionais que a instruem e regulam".[180]

Estas ideias vêm a reboque de toda construção jurídica que está sendo desenvolvida a partir do constitucionalismo da segunda metade do século XX, ocasião em que se acentua a supremacia normativa da Constituição, não apenas como uma norma fundamental de proteção aos direitos, mas especialmente como uma "norma directiva fundamental". Nesse viés, a Constituição "solidariamente compromete a todos en la obra dinámica de realización de los valores constitucionales".[181]

É mais que imperioso que gestores públicos e órgãos de controle interno e externo tenham a "vontade de Constituição", verdadeiro alimento da força normativa da Constituição desenvolvida pela práxis jurídica.[182]

A lição do saudoso Ricardo Lobo Torres também é nesse sentido quando afirma que "todo o direito orçamentário se subordina às normas constitucionais, tornando-se suscetível de controle jurisdicional o contraste entre as regras orçamentárias e as do texto fundamental".[183]

Desse modo, há uma exigência normativa no sentido de que a atividade financeira do Estado esteja *contextualizada constitucionalmente*.

Ademais, e aqui se apresenta um dos pontos centrais para a boa compreensão deste livro, "este fenômeno de *constitucionalização* da atividade financeira do Estado Democrático de Direito rompe com o modelo clássico do direito financeiro, limitado a subsistemas legais fragmentados e não articulados segundo os fundamentos constitucionais".[184]

---

[180] TÔRRES, Heleno Taveira. *Direito constitucional financeiro*: teoria da constituição financeira. São Paulo: Revista dos Tribunais, 2014, p. 90.

[181] FIORAVANTI, Maurizio. *Los derechos fundamentales*: apuntes de historia de las constituciones. Madrid: Editorial Trotta, 2009, p. 128.

[182] HESSE, Konrad. *A força normativa...*, p. 19-21.

[183] TORRES, Ricardo Lobo. *In*: J.J. Gomes Canotilho; Gilmar Ferreira Mendes; Ingo Wolfgang Sarlet; Lenio Luiz Streck (Coords.). *Comentários à Constituição do Brasil*. São Paulo: Saraiva/Almedina, 2013, p. 808.

[184] TÔRRES, Heleno Taveira. *Direito constitucional financeiro*: teoria da constituição financeira. São Paulo: Revista dos Tribunais, 2014, p. 90.

Somente a partir desse pano de fundo é que podemos construir a noção de despesa pública como verdadeira norma jurídica, para além de meras fixações quantitativas nas leis orçamentárias.

Já passa a hora de conceber a atividade financeira do Estado e, em particular, a despesa pública, a partir de um viés jurídico-normativo em que se considere, primeiramente, os enunciados da Constituição Federal para que seja minimamente viável apresentar a relação jurídica prescrita pela norma jurídica da despesa.

A impressão que fica é que o Direito Financeiro ainda não superou por completo o "primeiro momento" do positivismo jurídico[185], quedando-se preso ao exegetismo, o que se torna mais evidente, ao nosso sentir, quando se equipara a despesa pública com o montante pecuniário alocado no orçamento público[186] ou com a atividade administrativa de aplicação de certa quantia, em dinheiro, para a satisfação de necessidades públicas[187], em outras palavras, iguala-se norma e texto.

Assim, é preciso deixar claro se ao se referir ao termo "gasto público" ou "despesa pública" está-se a indicar o *montante em pecúnia* destinado para determinada necessidade pública ou a *norma jurídica* construída a partir dos textos e do caso concreto que dará suporte para eventual subsunção da norma de decisão dos gestores públicos e dos órgãos de controle.

Conforme afirma Rodrigo Mioto dos Santos, seguindo o caminho da teoria estruturante do direito, "a norma jurídica, em que pese somente ser passível de construção diante de um caso real ou hipotético, não é o estágio final do processo de concretização, ou não precisa necessariamente sê-lo. Para além dela, há um último estágio, único no qual Müller admite que se fale em subsunção (mas somente aqui), que é a norma de decisão. Em termos processuais, a norma de decisão é o que conhecemos por parte dispositiva da sentença. Nessa derradeira fase

---

185 STRECK, Lenio Luiz. *Hermenêutica jurídica e(m) crise*: uma exploração hermenêutica da construção do direito. Porto Alegre: Livraria do Advogado, 2011, p. 120.

186 BALEEIRO, Aliomar. *Uma introdução à ciência das finanças*. Rio de Janeiro: Forense, 1996, p. 65; MEIRELLES, Hely Lopes. *Finanças municipais*. São Paulo: RT, 1979, p. 176; TÔRRES, Heleno Taveira. *Direito constitucional financeiro*: teoria da constituição financeira. São Paulo: RT, 2014, p. 417; JARDIM, Eduardo Marcial Ferreira. *Manual de direito financeiro e tributário*. São Paulo: Saraiva, 1999, p. 40-41; TORRES, Ricardo Lobo. *Curso de direito financeiro e tributário*. Rio de Janeiro: Renovar, 1993, p. 154; PISCITELLI, Tathiane. *Direito financeiro esquetatizado*. São Paulo: Método, 2011, p. 92.

187 BALEEIRO, Aliomar. Uma introdução à ciência das finanças. Rio de Janeiro: Forense, 1996, p. 65; HABER, Michel; CHRISTOPOULOS, Basile Georges Campos; TORRES, Ricardo Ezequiel. Despesa pública. *In*: *Lições de direito financeiro*. Coord. Geral Regis Fernandes de Oliveira. Coords. Estevão Horvath; José Mauricio Conti; Fernando Facury Scaff. São Paulo: RT, 2015, p. 38; GOMES, Emerson Cesar da Silva. *O direito dos gastos públicos no Brasil*. São Paulo: Almedina, 2015, p. 50.

do processo de concretização, o responsável pela decisão individualiza a norma jurídica, aplicando-a a um caso concreto pontual".[188]

O atendimento ao princípio da legalidade da despesa pública é apenas a ponta do *iceberg* da norma jurídica da despesa pública e da respectiva norma de decisão. Em outro português: não é suficiente a previsão orçamentária da despesa para que se esteja diante da integralidade da norma jurídica da despesa pública.

Coerente com esta linha de entendimento, referindo-se ao controle do gasto público, José Mauricio Conti e André Castro Carvalho afirmam que "o controle moderno envolve a questão de avaliação dos aspectos formais, mas também, e principalmente, da eficiência dos atos administrativos".[189]

Pois bem. Consoante premissa reconhecida no âmbito da Filosofia do Direito, "toda norma jurídica tem estrutura lógica de um juízo hipotético, em que o legislador (sentido amplo) enlaça uma consequência (relação deôntica entre dois ou mais sujeitos), desde que acontecido o fato previsto no antecedente".[190]

De acordo com a lição de Eros Roberto Grau, "a norma jurídica (proposição jurídica) é dotada de uma estrutura peculiar: representa determinada situação objetiva, hipotética (o *Tatbestand*, hipótese, pressuposto de fato, *Jacti species*) à qual estão ligadas certas conseqüências práticas, ou seja, os efeitos por ela prescritos (*Rechtsjolge*, estatuição, injunção)".

Assim, "a norma jurídica prescreve os efeitos enunciados na estatuição ou injunção em relação à situação objetiva que prevê possa vir a se verificar, desde que ela se verifique. Por isso é dotada de caráter logicamente hipotético: enuncia hipótese que produz consequências jurídicas. O caráter formal das proposições jurídicas é expresso na conexão entre uma hipótese e uma estatuição de consequência jurídica".[191]

---

188 *In*: *Método, racionalidade e legitimidade da decisão judicial*: uma análise a partir da teoria estruturante de Fridrich Müller. Florianópolis: Universidade Federal de Santa Catarina-UFSC (Dissertação de Mestrado), 2006, p. 68. No mesmo sentido: GOMES, Nestor Castilho. *A teoria da norma de Friedrich Müller*: reflexos na metódica jurídica. Florianópolis: Universidade Federal de Santa Catarina-UFSC (Dissertação de Mestrado), 2009, p.79-80.

189 *O controle interno na Administração Pública...*, p. 203.

190 CARVALHO, Paulo de Barros. *Direito tributário*: linguagem e método. São Paulo: Noeses, 2015, p. 154; DINIZ, Maria Helena. *Compêndio de introdução à ciência do direito*. São Paulo: Saraiva, 2005, p. 371.

191 *In*: Parecer: Despesa pública. Principio da legalidade. Decisão judicial. Em caso de exaustão da capacidade orçamentária deve a Administração Pública demonstrar, perante o Supremo Tribunal Federal, a impossibilidade do cumprimento de decisão judicial condenatória. Boletim de Direito Administrativo – Fevereiro/1994.

Torna-se possível, pois, falar em antecedente e consequente, hipótese e tese, descritor e prescritor.

De acordo com Paulo de Barros Carvalho, "a regulação da conduta se dá com a aplicação dos modais deônticos (permitido, proibido e obrigatório), mas sempre na dependência do acontecimento factual previsto na hipótese".[192]

As leis selecionam determinados fatos e lhes atribui respectivas consequências jurídicas.

Seguindo uma estrutura dual da norma jurídica, teríamos a denominada norma primária, na qual a hipótese será sempre a *descrição de um fato implicando uma consequência que instaura uma relação jurídica vinculando dois ou mais sujeitos*. Nesta relação jurídica o dever-ser é necessariamente modalizado, ou seja, permitido, proibido ou obrigatório.

Esta norma primária pode ser formalizada da seguinte maneira: "p→q", onde a hipótese (p) descreve um fato que, uma vez verificado concretamente, faz instaurar a consequência (q), que prescreve os efeitos jurídicos que o acontecimento irá provocar.

A hipótese da norma primária seleciona um fato e atribui-lhe consequências jurídicas. É exatamente aquilo que Lourival Vilanova chama de "caráter seletivo do descritor".[193] Com efeito, "o fato se torna jurídico porque ingressa no universo do direito através da porta aberta que é a hipótese".[194]

Verificada no mundo fenomênico a ocorrência da hipótese, instaura-se a relação jurídica prevista no consequente normativo. O descumprimento da conduta prescrita no consequente normativo dá azo à chamada norma secundária ou sancionatória, ou seja, "não-q→r".

Portanto, sintaticamente, a norma jurídica completa é composta destas duas proposições[195] ou "norma-parte"[196], sendo que no interior de cada proposição, há antecedentes (hipóteses ou descritores) e consequentes (teses ou prescritores).

---

[192] CARVALHO, Paulo de Barros. *Direito tributário*: linguagem e método. São Paulo: Noeses, 2015, p. 154.

[193] VILANOVA, Lourival. *As estruturas lógicas e o sistema do direito positivo*. São Paulo: Max Limonad, 1997, p. 88-90.

[194] VILANOVA, Lourival. *As estruturas lógicas e o sistema do direito positivo*. São Paulo: Max Limonad, 1997, p. 89.

[195] CARVALHO, Paulo de Barros. *Direito tributário*: linguagem e método. São Paulo: Noeses, 2015, p. 146.

[196] VILANOVA, Lourival. *As estruturas lógicas e o sistema do direito positivo*. São Paulo: Max Limonad, 1997, p. 157.

Os consequentes são sempre relacionais, ou seja, nos consequentes de ambas as proposições normativas estão prescritas, em modais deônticos, as relações jurídicas *entre dois ou mais sujeitos*.

Toda e qualquer norma jurídica é dotada desta *mesma estrutura sintática*, de modo que há uma idêntica esquematização formal para todas as normas. É o cânone na "homogeneidade sintática" das normas jurídicas.[197]

Seguindo o entendimento de Paulo de Barros Carvalho, "construir a norma aplicável é tomar os sentidos de enunciados prescritos no contexto do sistema de que fazem parte. A norma é proposição prescritiva decorrente do todo que é o ordenamento jurídico".[198]

Este também é o entendimento de Ricardo Guastini quando distingue disposição (enunciado que faz parte de um documento normativo; texto ainda a ser interpretado) de norma (sentido ou significado atribuído a uma disposição; texto já interpretado).[199]

É nesta linha e aliado conteudisticamente aos aportes da teoria estruturante do direito de Friedrich Müller que pretendemos observar a despesa pública.

Apenas a partir de um paradigma como este é possível o Direito Financeiro tirar o atraso em relação à Economia quanto à observação da *rent-seeking*.

Observamos a despesa pública não como um ato ou procedimento (administrativo) de aplicação por parte da Administração Pública e nem, muito menos, como uma quantia ou montante em pecúnia fixado em lei orçamentária, mas como uma *norma jurídica* que, sintaticamente, é composta por duas proposições (norma primária e norma secundária).[200]

Tenhamos em mente, ademais, que a norma jurídica é sempre significação, ou seja, construção de sentido que sempre toma "como ponto de referência a plataforma textual do direito posto".[201]

---

197 CARVALHO, Paulo de Barros. *Direito tributário*: linguagem e método. São Paulo: Noeses, 2015, p. 135.

198 *Direito tributário*: linguagem e método. São Paulo: Noeses, 2015, p. 144.

199 GUASTINI, Ricardo. *Das fontes às normas*. São Paulo: Quartier Latin, 2005, p. 24-26.

200 Nesse sentido, por exemplo: KELSEN, Hans. *Teoria geral das normas*. Porto Alegre: Fabris, 1986, p. 67; VILANOVA, Lourival. *Causalidade e relação no direito*. São Paulo: Saraiva, 1989, p. 112; CARVALHO, Paulo de Barros. *Direito tributário*: linguagem e método. São Paulo: Noeses, 2015, p. 143-146.

201 CARVALHO, Paulo de Barros. *Direito tributário*: linguagem e método. São Paulo: Noeses, 2015, p. 136.

Norma jurídica não é texto legal. Aquela é a interpretação deste, de sorte que "não existe norma antes da interpretação ou independentemente dela. Interpretar é produzir uma norma e ela é produto do intérprete"[202] ou, como prefere Paulo de Barros Carvalho, a partir de seu viés analítico, "interpretar é atribuir valores aos símbolos (...). Normas são as significações construídas a partir dos suportes físicos dos enunciados prescritivos".[203]

Quando essas significações se articulam na forma lógica dos juízos hipotético-condicionais (se ocorrer o fato F, instaurar-se-á a relação R entre dois ou mais sujeitos de direito) fala-se em norma jurídica em acepção estrita.[204]

De acordo com Eros Roberto Grau, "não interpretamos normas. O que em verdade se interpreta são os textos normativos. Da interpretação dos textos resultam as normas. Texto e norma não se identificam. A norma é a interpretação do texto normativo".[205]

Nesse sentido, fala-se que o direito é alográfico, pois "o texto normativo não se completa no sentido nele impresso pelo legislador. A completude do texto somente é atingida quando o sentido por ele expressado é produzido, como nova forma de expressão, pelo intérprete".[206]

A distinção texto-norma, diga-se de passagem, não é nova e remonta ao denominado giro linguístico, com a superação da filosofia da consciência[207], ou seja, quando "a linguagem deixa de ser um meio, algo que estaria entre o sujeito e a realidade, para se converter num léxico capaz de criar tanto o sujeito como a realidade".[208]

Pelo menos desde o século XX, com a superação do positivismo legalista, exegético ou primevo[209], especialmente com as contribuições de Hans Kelsen e

---

[202] ABBOUD, Georges. *Jurisdição constitucional e direitos fundamentais*. São Paulo: RT, 2011, p. 64.

[203] CARVALHO, Paulo de Barros. *Direito tributário*: linguagem e método. São Paulo: Noeses, 2015, p. 188 e 193.

[204] CARVALHO, Paulo de Barros. *Direito tributário: linguagem e mét*odo... p. 193.

[205] O novo velho tema da interpretação do direito. *In*: *Ontem, os códigos! Hoje, as constituições!*: homenagem a Paulo Bonavides. Coords. George Salomão Leite; Glauco Salomão Leite; Ingo Wolfgang Sarlet; Lenio Luiz Streck, p. 22.

[206] GRAU, Eros Roberto. O novo velho tema da interpretação do direito. *In*: *Ontem, os códigos! Hoje, as constituições!*: homenagem a Paulo Bonavides. Coords. George Salomão Leite; Glauco Salomão Leite; Ingo Wolfgang Sarlet; Lenio Luiz Streck, p. 24.

[207] CARVALHO, Aurora Tomazini de. *Curso de teoria geral do direito:* o constructivismo lógico-semântico. São Paulo: Noeses, 2010, p. 13.

[208] SCAVINO, Dado. *La filosofía actual: pensar sin cer*tezas. Buenos Aires: Paidós Postales, 1999, p. 12.

[209] STRECK, Lenio Luiz. *Hermenêutica jurídica e(m) crise:* uma exploração hermenêutica da construção do direito. Porto Alegre: Livraria do Advogado, 2011, p. 120.

seu positivismo "normativista"[210], não se pode confundir norma jurídica com o texto e, conforme a precisa lição de Lourival Vilanova, "nem sempre está a proposição normativa em toda a sua integridade num só artigo de lei ou decreto, nem sempre toda uma norma se encontra presente num dispositivo da Constituição ou de um estatuto de ente público ou privado".[211]

Para Friedrich Müller, "o positivismo que caracteriza o universo jurídico dos países desenvolvidos desde meados do séc. XIX confunde a norma jurídica com o texto da norma no código legal",[212] sendo que "esse modelo fracassa diante de inúmeros problemas individuais, o que ficou patente no final do séc. XIX e conduziu às conhecidas tentativas de 'superação' no decorrer do séc. XX".[213]

Por outro lado, "(...) os discursos antipositivistas do século – a Escola do Livre Direito até o sociologismo e a análise econômica do direito, da Hermenêutica até a teoria do discurso neufrankfurtiano – caem na armadilha do paradigma positivista, nesse sentido, não superado", ou seja, "eles corrigem em cima de fenômenos de superfície, *não transcendem o paradigma positivista a partir da concepção da norma*".[214]

Nesse contexto é que Müller propõe o avanço da questão, mas não de modo antipositivista, senão *pós-positivista* do direito e, nesse sentido, concebe sua teoria considerando "o trabalho jurídico como um *processo* a ser realizado no tempo e os enunciados nas codificações como *textos de normas* (...), i.é., como *pré-formas* legislativas da norma jurídica, que por sua vez *está por ser produzida* no decurso temporal da decisão".[215]

De acordo com Müller, o trabalho jurídico, que envolve "o estabelecimento de regras jurídicas, a aplicação de regras, a sua interpretação, a valoração jurídica, a decisão jurídica e a discussão", "deve ser pesquisado liminarmente a partir do

---

210 De acordo com Friedrich Müller, "a denominação usual da teoria kelseniana de 'normativismo' é excessivamente otimista; ordens isoladas sem referência material carecem de acesso à normatividade". Müller observa que em Kelsen fica "expurgada da norma jurídica a pergunta pela correção do seu conteúdo", a despeito de, a partir da segunda edição da sua Teoria Pura do Direito, Kelsen distinguir a norma jurídica do enunciado. *In*: *Teoria estruturante do direito*. São Paulo: RT, 2011, p. 28-29.

211 VILANOVA, Lourival. *Lógica jurídica*. São Paulo: Bushatsky, 1976, p. 113.

212 MÜLLER, Friedrich. *O novo paradigma do direito*: introdução à teoria e metódica estruturantes. São Paulo: RT, 2013, p. 10.

213 MÜLLER, Friedrich. *O novo paradigma do direito*: introdução à teoria e metódica estruturantes. São Paulo: RT, 2013, p. 10.

214 MÜLLER, Friedrich. *O novo paradigma do direito*: introdução à teoria e metódica estruturantes. São Paulo: RT, 2013, p. 10.

215 MÜLLER, Friedrich. *O novo paradigma do direito*: introdução à teoria e metódica estruturantes. São Paulo: RT, 2013, p. 10-11.

seu *contexto social*, a partir da sua relação com outras tarefas, causadas e formuladas pelo convívio social".[216]

A teoria estruturante do direito é *realista* mas sem dissolver a pretensão normativa do direito. Trabalha-se o direito "de baixo para cima" e não com a teoria abstrata, o que põe o direito *sempre em contato com a realidade* e, desse modo, desenvolve-se gradualmente "esquemas conceituais teóricos".[217]

Como observa o autor, "a norma jurídica não existe *ante casum*: o caso da decisão é coconstitutivo. O texto da norma no código legal é (apenas) um dado de entrada do processo de trabalho chamado 'concretização'. A norma jurídica criada no caso está estruturada segundo 'programa da norma' e 'âmbito da norma'. (...) Com isso os dualismos irrealistas do passado do direito, tais como 'norma/caso', 'direito/realidade' podem ser aposentados assim como a ilusão da 'aplicação' do direito enquanto subsunção puramente lógica ou silogismo (...). Todos esses dualismos são representações centrais fracassadas do positivismo histórico".[218]

Nesta trilha é também a observação de Georges Abboud quando afirma que "a norma somente existe diante da problematização de um caso concreto, seja real ou fictício. A norma não está contida na lei. Somente após a interpretação a norma é produzida (...)".[219]

O teor literal da lei expressa, juntamente com todos os recursos interpretativos auxiliares, aquilo que a teoria estruturante denominada de *programa da norma*. Este, juntamente com a *área ou âmbito da norma* (a estrutura básica do segmento da realidade social que o programa da norma "escolheu para si" como a "sua" área de regulamentação ou que ele, em parte "criou") formam a *estrutura da norma jurídica*.[220]

Eros Roberto Grau afirma que "inexistem soluções previamente estruturadas, como produtos semi-industrializados em uma linha de montagem, para os problemas jurídicos. O trabalho jurídico de construção da norma aplicável a cada caso é trabalho artesanal".[221]

---

216 MÜLLER, Friedrich. *Direito, Linguagem, violência*: elementos de uma teoria constitucional I. Porto Alegre: Sergio Antonio Fabris Editor, 1995, p. 15.

217 MÜLLER, Friedrich. *O novo paradigma do direito*: introdução à teoria e metódica estruturantes. São Paulo: RT, 2013, p. 11.

218 MÜLLER, Friedrich. *O novo paradigma do direito*: introdução à teoria e metódica estruturantes. São Paulo: RT, 2013, p. 11.

219 ABBOUD, Georges. *Jurisdição constitucional e direitos fundamentais*. São Paulo: RT, 2011, p. 64.

220 MÜLLER, Friedrich. *Direito, Linguagem, violência: elementos de uma teoria constitucional* I. Porto Alegre: Sergio Antonio Fabris Editor, 1995, p. 42-44.

221 GRAU, Eros Roberto. O novo velho tema da interpretação do direito. *In*: *Ontem, os códigos! Hoje, as constituições!*: homenagem a Paulo Bonavides. Coords. George Salomão Leite; Glauco

Todavia, é preciso que fique clara a importância do texto legislado, o que não infirma uma abordagem *pós*-positivista do direito, até porque ser pós-positivista não é ser *anti*-positivista.

Nesse sentido, esclarece Lenio Streck que "cumprir a letra (*sic*) da lei significa sim, nos marcos de um regime democrático como o nosso, um avanço considerável. A isso, deve-se agregar a seguinte consequência: é positivista tanto aquele que diz que texto e norma (ou vigência e validade) são a mesma coisa, como aquele que diz que 'texto e norma estão descolados' (no caso, as posturas axiológicas, realistas, pragmaticistas etc.). (...) Apegar-se à letra da lei pode ser uma atitude positivista ou pode não ser. Do mesmo, não apegar-se à letra da lei pode caracterizar uma atitude positivista ou antipositivista. (...) O que não podemos fazer é cumprir a lei só quando nos interessa".[222]

Normas jurídicas não dependem do caso, mas, necessariamente, a ele se referem.[223]

Como pontua Müller, "não é possível descolar a norma jurídica do caso jurídico por ela regulamentado nem o caso da norma. Ambos fornecem de modo distinto, mas complementar, os elementos necessários à decisão jurídica. (...) Toda e qualquer norma somente faz sentido com vistas a um caso a ser (co) solucionado por ela".[224]

A inerência do direito à realidade ou, por outro lado, a ausência de dualismo entre ser e dever ser, teoria e prática, mostra como realidade e direito "atuam agora como elementos da ação jurídica, sintetizáveis no trabalho jurídico efetivo de caso para caso - na forma da norma jurídica produzida",[225] ou seja, "o caso jurídico concreto é tão importante, é tão cofundador da norma jurídica como a prática é da teoria. Teoria e prática no Direito não são 'Senhora e escrava', mas irmãs. (...) a prática é a irmã mais velha da teoria, a de mais experiência".[226]

Em um dos textos mais significativos do Direito Constitucional moderno, Konrad Hesse já asseverava que "a radical separação, no plano constitucional, entre realidade e norma, entre ser (*Sein*) e dever ser (*Sollen*) não leva a qualquer

Salomão Leite; Ingo Wolfgang Sarlet; Lenio Luiz Streck, p. 25.

222 STRECK, Lenio Luiz. Aplicar a 'letra da lei' é uma atitude positivista? *Revista NEJ - Eletrônica*, vol. 15, n. 1, p. 158-173/jan-abr 2010, p. 170-171.

223 MÜLLER, Friedrich. *Metodologia do Direito Constitucional*. São Paulo: RT, 2010, p. 62.

224 MÜLLER, Friedrich. *Metodologia do Direito Constitucional*. São Paulo: RT, 2010, p. 63.

225 MÜLLER, Friedrich. *O novo paradigma do direito*: introdução à teoria e metódica estruturantes. São Paulo: RT, 2013, p. 13.

226 MÜLLER, Friedrich. *O novo paradigma do direito*: introdução à teoria e metódica estruturantes. São Paulo: RT, 2013, p. 15.

avanço (...). Eventual ênfase numa ou noutra direção leva quase inevitavelmente aos extremos de uma norma despida de qualquer elemento da realidade ou de uma realidade esvaziada de qualquer elemento normativo".[227]

Pode-se dizer, em síntese, que o viés pós-positivista se assenta em três pontos fundamentais: a) diferença entre texto e norma; b) interpretação do direito deixa de ser ato revelador, seja da vontade da lei (*voluntas legis*) ou do legislador (*voluntas legislatore*); c) a decisão jurídica (seja judicial, administrativa ou realizada por particulares) deixa de ser um processo silogístico que se subsume em uma norma geral e abstrata previamente formada.[228]

Pois bem. Os aportes da teoria estruturante de Müller são de suma importância quando pretendemos observar a conduta *rent-seeking* pois essa problemática identificada pela Economia simplesmente não tem como ser analisada em um prisma abstrato, em termos meramente formais, sem a análise, aqui e agora, da situação empírica, com todas as suas nuances sociológicas, antropológicas, econômicas, sociais, políticas e, evidentemente, jurídicas.

Como já foi afirmado neste livro, não há como se afirmar, de modo minimamente sério, que determinada conduta (*v.g.*, recebimento de créditos subsidiados por determinadas empresas, benefícios fiscais concedidos a específicos setores empresariais ou mesmo a prática de corrupção ativa para lograr êxito em alguma licitação milionária) seja, *in re ipsa*, *rent-seeking*, de sorte que é imprescindível um mergulho empírico.

A razão está na própria conceituação de *rent-seeking* que deixamos claro linhas atrás: para que exista *rent-seeking* é necessário "passar a régua", "fechar a conta" ou seja, *avaliar concretamente todas as nuances fáticas e suas possíveis consequências para, ao final, concluir afirmativamente pela perda social.*

Nesse sentido, o controle externo e interno da atividade financeira do Estado deve ter como *contre-rôle*[229] da norma de decisão referente à norma jurídica da despesa pública não apenas os textos legais, máxime a Constituição Federal, mas *toda a realidade social circundante.*

Cuidaremos nos itens seguintes da norma primária da despesa pública e, mais detidamente, de seu consequente normativo, que é o que mais especificamente nos interessa para os fins deste livro.

---

[227] HESSE, Konrad. *A força normativa da Constituição*. Tradução de Gilmar Ferreira Mendes. Porto Alegre: Sergio Antonio Fabris, 1991, p. 14.

[228] Nesse sentido: ABBOUD, Georges; CARNIO, Henrique Garbellini; OLIVEIRA, Rafael Tomaz de. *Introdução à teoria e à filosofia do direito*. São Paulo: RT, 2013, p. 313.

[229] MEDAUAR, Odete. *Controle da administração pública*. São Paulo: RT, 2014, p. 21-33.

2.2.1 Hipótese normativa da norma primária da despesa pública

Já foi dito que toda norma jurídica tem a mesma estrutura, ou seja, "o direito é homogêneo sintaticamente. Isto quer dizer que sua estrutura é sempre a mesma, nunca varia".[230]

Em outras palavras, toda e qualquer norma jurídica é composta por duas proposições: "uma proposição-hipótese 'H', descritora de um fato (f) que, se verificado no campo da realidade social, implicará como proposição-consequente 'C', uma relação jurídica entre dois sujeitos (S' R S"), modalizada com um dos operadores deônticos (O, P, V)".[231]

Conforme observa Aurora Tomazini de Carvalho, "nenhuma norma foge a esta estrutura, seja civil, comercial, penal, tributária, administrativa, constitucional, processual, porque sem ela a mensagem prescritiva é incompreensível".[232]

Também as normas jurídicas que disciplinam a atividade financeira do Estado submetem-se à mesma estruturação sintática das demais normas jurídicas, como não poderia ser diferente.

Esta bimembridade hipótese-consequente "compõe toda a regra de direito, reduzida à forma lógica de proposição".[233]

Com efeito, "a norma jurídica, reduzida à proposição em sentido lógico, tem uma forma. (...) a proposição jurídica é composta de duas partes: o pressuposto (prótase, hipótese) e a consequência (apódose, tese)".[234]

De acordo com Lourival Vilanova, "a primeira parte da proposição jurídica completa (norma primária e norma secundária) é composta de hipótese e tese. A hipótese é descritiva de fato de possível ocorrência – o fato jurídico recortado sobre o suporte fáctico (Pontes de Miranda) (...)".[235]

Assim, a hipótese da norma primária descreve uma possibilidade (se ocorrer o fato F, evento natural/conduta/situação) que está implicada, através de um dever-ser não modalizado, a uma determinada consequência.

---

[230] CARVALHO, Aurora Tomazini de. *Curso de teoria geral do direito*: o constructivismo lógico-semântico. São Paulo: Noeses, 2010, p. 284.

[231] CARVALHO, Aurora Tomazini de. *Curso de teoria geral do direito*: o constructivismo lógico-semântico. São Paulo: Noeses, 2010, p. 284.

[232] CARVALHO, Aurora Tomazini de. *Curso de teoria geral do direito*: o constructivismo lógico-semântico. São Paulo: Noeses, 2010, p. 285.

[233] VILANOVA, Lourival. *Lógica jurídica*. São Paulo: Bushatsky, 1976, p. 114.

[234] VILANOVA, Lourival. *Lógica jurídica*. São Paulo: Bushatsky, 1976, p. 114.

[235] VILANOVA, Lourival. *As estruturas lógicas e o sistema do direito positivo*. São Paulo: Max Limonad, 1997, p. 98.

A esquematização poderia ser assim representada:

H (descrição de um fato)

↓ **D** (dever-ser não modalizado/invariável)

C (prescrição de um dever-ser modalizado entre dois ou mais sujeito em relação)

A verificação empírica da hipótese acarreta a instauração de uma relação jurídica entre dois ou mais sujeitos, na qual o dever-ser, agora, será sempre modalizado com uma de três exaustivas possibilidades: obrigatório, proibido ou permitido.

Nesse sentido, "a variável relacional deôntica 'R' tem três e somente três valores, justamente as constantes operativas obrigatório, permitido e proibido (...)".[236]

Portanto, "a hipótese implica a tese ou o antecedente (em sentido formal) implica o consequente. A hipótese é o descritor de possível situação fáctica do mundo (natural ou social, social juridicizada inclusive), cuja ocorrência na realidade verifica o descrito na hipótese".[237]

Conforme Lourival Vilanova, "o antecedente é descritivo e pode ser um fato natural ou um fato já ingresso no universo do direito".[238]

Em verdade, o antecedente pode ser a descrição de *qualquer fato*, social, econômico, político e, inclusive, jurídico.

Interessante frisar que é justamente pela hipótese da norma primária que o fato adquire qualificação jurídica.

O que determina a seleção das notas relevantes que entram nesse universo jurídico é um ato de valoração.

A hipótese seleciona porque o fato, em sua inteireza, jamais entra por completo no mundo jurídico, sendo necessário o ato de valoração para que seja feita a seleção prevista na hipótese da norma primária, o recorte sobre a realidade que o direito entende ser relevante.

Seleção semelhante, como veremos, também é realizada para a prescrição da conduta modalizada no consequente normativo.

---

236 VILANOVA, Lourival. *Lógica jurídica*. São Paulo: Bushatsky, 1976, p. 125.

237 VILANOVA, Lourival. *As estruturas lógicas e o sistema do direito positivo*. São Paulo: Max Limonad, 1997, p. 96.

238 VILANOVA, Lourival. *As estruturas lógicas e o sistema do direito positivo*. São Paulo: Max Limonad, 1997, p. 86.

Como agudamente observa Lourival Vilanova[239], "a realidade subjacente às hipóteses normativas entra, pois, dentro de quadros tipificados que isolam do fato total o axiologicamente relevante para o sistema jurídico. (...) *Então, a hipótese, que é proposição descritiva de situação objetiva possível, é construção valorativamente tecida* (com dados-de-fato em grande porção), *incidente, na realidade, e não coincidente com a realidade*" (destaque no original).

A hipótese da norma primária descreverá exatamente o suporte fático da norma jurídica, ou seja, "aquele fato, ou grupo de fatos que o compõe, e sobre o qual a regra jurídica incide".[240]

Em termos müllerianos, o programa da norma é que escolhe ou cria o seu âmbito normativo, sendo que os dois, juntamente, formam a estrutura da norma jurídica, fazendo com que a normatividade da disposição legal fique fortalecida por uma normatividade marcada pelos dados reais, ao contrário de um sociologismo avesso à norma.[241]

Como adverte Pontes de Miranda, "o suporte fático ainda está no mundo fático; a regra jurídica colore-o, fazendo entrar no mundo jurídico".

Ainda de acordo com o referido autor, "o direito, na escolha dos fatos, que hão de ser regrados (= sobre os quais incide a regra), deixa de lado, fora do jurídico, muitos fatos (...). Só o direito separa os fatos que ele faz serem jurídicos; (...) o direito procede a esquematização do mundo físico, a fim de o fazer, até certo ponto e dentro de limites precisos, jurídico (princípio da esquematização do fático)".[242]

A hipótese normativa concretiza justamente este *princípio da esquematização do fático* mencionado por Pontes de Miranda, selecionando quais os fatos que, adentrando no universo do direito, terão aptidão para, uma vez verificados empiricamente, desencadear determinadas consequências jurídicas.

A partir da interpretação dos textos pode-se observar os fatos que darão azo à instauração do consequente da norma jurídica.

---

[239] VILANOVA, Lourival. *As estruturas lógicas e o sistema do direito positivo*. São Paulo: Max Limonad, 1997, p. 165.

[240] PONTES DE MIRANDA, Francisco Cavalcanti. *Tratado de direito privado*. Tomo 1. Campinas: Bookseller, 1999, p. 66.

[241] MÜLLER, Friedrich. *Teoria estruturante do direito I*. São Paulo: RT, 2011, p. 238.

[242] PONTES DE MIRANDA, Francisco Cavalcanti. *Tratado de direito privado*. Tomo 1. Campinas: Bookseller, 1999, p. 68.

Esta esquematização do fático a que alude Pontes de Miranda guarda relação com o que Müller denomina de âmbito ou domínio da norma, ou seja, "o recorte da realidade social na sua estrutura básica, que o programa da norma 'escolheu' para si ou em parte criou para si como seu âmbito de regulamentação".[243]

Com efeito, "da totalidade dos dados afetados por uma prescrição, do 'âmbito material', o programa da norma destaca o âmbito da norma como componente da hipótese legal normativa".

Todavia, para Müller, "em virtude da sua conformação jurídica e da sua seleção pela perspectiva do programa da norma, o domínio da norma transcende a mera faticidade de um recorte da realidade extrajurídica",[244] ou seja, "o domínio da norma é um fator coconstitutivo da normatividade",[245] sendo "parte integrante material da própria prescrição jurídica",[246] tudo muito coerente com sua visão negadora do dualismo ser e dever ser.

Quando estamos no âmbito do Direito Financeiro, é relativamente fácil perceber que, em verdade, o binômio receita pública/despesa pública, dois fundamentais campos de estudo deste ramo do direito, compõe uma mesma norma jurídica mas em proposições distintas, ou seja, em uma relação de implicação.

Explicamos: a existência da receita pública é um dos fatos que está descrito na hipótese normativa da norma jurídica que estabelece, em seu consequente, a relação jurídica entre determinada pessoa (física/jurídica) e a Administração Pública, onde esta tem o dever de entregar determinada quantia em dinheiro para aquela, a título de despesa pública, desde que seja, por exemplo, prestado o serviço, executada a obra ou entregue o bem destinado à satisfação das necessidades coletivasDa mesma forma, se o consequente da norma primária estabelecer uma relação creditícia envolvendo determinada pessoa e a Administração Pública, pressupõe-se, na hipótese, a descrição do fato de existir a respectiva receita pública para tanto.

Não sem razão, sempre soou estranho em Direito Financeiro falar em despesa pública sem a correspondente receita para lhe fazer frente.

Em termos orçamentários, trata-se do conhecido "princípio do equilíbrio"[247] que, na Constituição Federal, pode ser observado no art. 167, inciso II, no qual se veda a realização de despesas ou a assunção de obrigações diretas que excedam os créditos orçamentários ou adicionais.

---

243 MÜLLER, Friedrich. *Metodologia do Direito Constitucional*. São Paulo: RT, 2010, p. 58.
244 MÜLLER, Friedrich. *Metodologia do Direito Constitucional*. São Paulo: RT, 2010, p. 59.
245 MÜLLER, Friedrich. *Metodologia do Direito Constitucional*. São Paulo: RT, 2010, p. 59.
246 MÜLLER, Friedrich. *Metodologia do Direito Constitucional*. São Paulo: RT, 2010, p. 59.
247 GIACOMONI, James. *Orçamento público*. São Paulo: Atlas, 2009, p. 80-82.

Desse modo, podemos afirmar que a quantia a ser desembolsada a título de despesa pública, objeto da prestação que cabe à Administração Pública na relação jurídica instaurada no consequente normativo, não dispensa a existência da correspondente receita pública, cuja descrição fática deve estar na hipótese normativa, *juntamente com outros fatos pertinentes e relevantes* como, por exemplo, a fixação da despesa no orçamento público (previsão em lei); a licitação ou sua dispensa/inexigibilidade, bem como a formalização e o efetivo cumprimento do contrato administrativo; o atendimento de condicionantes para a obtenção da isenção tributária; o atendimento de exigências legais/infralegais para a obtenção de um crédito público etc.

Esta necessária imbricação entre receita e despesa reforça a unidade do "fenômeno financeiro", demonstrando que, juridicamente, não faz sentido qualquer separação ou tratamento estanque, por exemplo, entre Direito Financeiro e Direito Tributário,[248] já que as receitas derivadas, provenientes que são da atividade tributária, também compõem, como espécies do gênero receita pública, a hipótese normativa que, uma vez verificada, implicará na instauração da relação jurídica que tem como objeto da prestação do Estado, em regra, a entrega de determinada quantia em dinheiro a título de despesa pública.

Devemos deixar claro que a norma jurídica da despesa pública descreve *diversos* fatos necessários para que se instaure, no consequente normativo, a relação jurídica entre a Administração Pública e a pessoa que, por exemplo, irá receber um benefício público (*v.g.*, tributário ou creditício), vender algo à Administração Pública, prestar algum serviço público ou realizar alguma obra pública para a satisfação direta de um interesse coletivo.

Esta norma jurídica, portanto, tem em sua hipótese *suportes fáticos complexos*, ou seja, sempre haverá dois ou mais fatos, diferentes, na composição deles.[249]

Podemos dizer que esta é uma peculiaridade da norma jurídica primária da despesa pública: uma altíssima complexidade em sua hipótese normativa, à vista da necessidade de diversos suportes fáticos para compô-la por completo.

Muitos textos, normativos e não normativos, e muitos fatos devem ser interpretados para a construção da hipótese normativa da norma jurídica da despesa pública.

---

[248] Nesse sentido: HORVATH, Estevão. Direito financeiro versus direito tributário. Uma dicotomia desnecessária e contraproducente. *In*: HORVATH, Estevão; CONTI, José Mauricio; SCAFF, Fernando Facury (Orgs.). *Direito financeiro, econômico e tributário*. Homenagem a Regis Fernandes de Oliveira. São Paulo: Quartier Latin, 2014, p. 155-177.

[249] PONTES DE MIRANDA, Francisco Cavalcanti. *Tratado de direito privado*. Tomo 1. Campinas: Bookseller, 1999, p. 71.

De acordo com a metódica estruturante de Müller, "devemos distinguir dois grupos de elementos de concretização. O primeiro abrange os recursos do tratamento da norma no sentido tradicional, i.é, o *tratamento do texto da norma*".[250] São os chamados "elementos metodológicos *strictore sensu*" (regras tradicionais da interpretação, princípios da interpretação da constituição, subcasos de regras tradicionais da interpretação[251]).

O segundo grupo "não diz primacialmente respeito à interpretação de textos normativos ou não normativos. Ele abrange os passos de concretização, por meio dos quais são aproveitados os pontos de vista com teores materiais, que resultam da *análise do âmbito da norma* da prescrição implementanda e da *análise dos elementos do conjunto dos fatos* destacados como relevantes no processo de concretização (...)".[252]

Neste segundo grupo, Müller insere mais cinco elementos que compõem o processo de concretização da norma.

Neste processo há elementos de interpretação que se referem *diretamente a textos de normas* (interpretação gramatical e sistemática[253]), bem como elementos que dizem respeito aos textos de *não normas* (*v.g.*, interpretação genética e histórica; elementos dogmáticos).

Aqui, revela-se mais uma evidência da teoria de Müller superando o positivismo legalista e normativista, nem sempre superado quando estamos no âmbito do Direito Financeiro.

Recentemente, as incursões jurídicas sobre a *qualidade do gasto público* têm revelado a insuficiência desta análise estritamente formal da despesa, o que exige do trabalho jurídico um redobrado esforço interpretativo, num autêntica postura pós-positivista que, infelizmente, na prática, muitas vezes acaba cedendo a subjetivismos, reafirmando o positivismo primitivo e institucionalizando uma recepção acrítica da Jurisprudência dos Valores sob o belo epíteto do "neoconstitucionalismo"[254].

---

250 MÜLLER, Friedrich. *Metodologia do direito constitucional...*, p. 22.

251 MÜLLER, Friedrich. *Metodologia do direito constitucional...*, p. 22-86.

252 MÜLLER, Friedrich. *Metodologia do direito constitucional...*, p. 22-86.

253 MÜLLER, Friedrich. *Metodologia do direito constitucional...*, p. 71-79 e p. 89.

254 STRECK, Lenio Luiz. *Jurisdição constitucional e decisão jurídica*. São Paulo: RT, 2013, p. 295-300.

Conforme Lenio Luiz Streck, "para superar o positivismo é preciso superar também aquilo que o sustenta: o primado epistemológico do sujeito (da subjetividade assujeitadora) e o solipsismo teórico da filosofia da consciência".[255]

A literalidade do texto tem também grande importância na teoria de Müller como *demarcador das fronteiras extremas das possíveis variantes de sentido*, de sorte que "decisões que passam claramente por cima do teor literal da constituição não são admissíveis".[256] Contudo, "o teor literal de uma prescrição juspositiva é apenas a 'ponta do iceberg'".[257] [258]

Aqui temos uma situação bastante interessante e que nos interessa de perto.

Afora as hipóteses da utilização de instrumentos de flexibilidade orçamentária, comportamentos *rent-seeking* podem revelar que os valores nominais fixados na lei para que a despesa pública concretize determinada necessidade coletiva foram simplesmente atropelados, ou seja, o teor literal da lei orçamentária, que demarca a fronteira extrema da possível variante de sentido, é ignorada durante a execução orçamentária em razão de comportamentos *rent-seeking*.

Eis, aqui, um claro exemplo de como a *rent-seeking* pode trazer consequências para o Direito Financeiro, retirando toda a força normativa do orçamento público e, igualmente, da Constituição Federal.

De todo o modo, não é propriamente na hipótese normativa da norma primária da despesa pública que deveremos concentrar nossa atenção quando o assunto é *rent-seeking*. Este fenômeno, com seus perversos efeitos sociais bem indentificados pelos economistas no século XX, poderá ser observado pelas lentes jurídicas justamente quando nos aproximamos do consequente normativo da norma primária da despesa pública.

---

[255] STRECK, Lenio Luiz. A interpretação do direito e o dilema acerca de como evitar juristocracias: a importância de Peter Häberle para a superação dos atributos (*eigenschaften*) solipsistas do direito. *In*: *Observatório da Jurisdição Constitucional*. Brasília: IDP, ano 4, 2010/2011, p. 25.

[256] MÜLLER, Friedrich. *Metodologia do direito constitucional*..., p. 74.

[257] MÜLLER, Friedrich. *Metodologia do direito constitucional*..., p. 54.

[258] Em sentido semelhante, mas a partir de outro paradigma, Paulo de Barros Carvalho sustenta que "como todo o texto tem um plano de expressão, de natureza material, e um plano de conteúdo, (...) é pelo primeiro, vale dizer, a partir do contato com a literalidade textual, com o plano dos significantes ou com o chamado plano da expressão, como algo objetivado, insto é, posto intersubjetivamente,ali onde estão as estruturas morfológicas e gramaticais, que o intérprete inicia o processo de interpretação, propriamente dito, passando a construir o conteúdo significativo dos vários enunciados ou frases prescritivas para, enfim, ordená-los na forma estrutural de normas jurídicas (...)" (*In*: *Direito tributário, linguagem*..., p. 194).

É especificamente aí, na relação jurídica que se instaura entre o particular e o Estado, que ganha maior relevo o estudo do comportamento *rent-seeking*.

Vejamos, então, mais de perto.

2.2.2 Consequente normativo da norma primária da despesa pública

Como vimos, a norma jurídica primária é composta por duas proposições, em que a ocorrência fática da primeira, que descreve uma determinada situação, implicará na segunda proposição, que instaura uma relação jurídica entre dois ou mais sujeitos.

De acordo com Lourival Vilanova, "se no *pressuposto* de uma norma jurídica variáveis há que se podem substituir por fatos naturais, coisas, pessoas ou condutas, na *consequência*, todavia, somente sujeitos-de-direito e condutas podem ser valores das variáveis".[259]

A mesma seletividade ou ato de valoração que existe quando do desenho da hipótese normativa também está presente para definir os contornos do consequente normativo.

Neste sentido, "assim como a hipótese seleciona as notas que os acontecimentos têm que ter para serem considerados fatos jurídicos, o consequente elege os critérios que a relação entre os sujeitos tem que ter para ser imputada como efeito daquele fato", ou seja, "o legislador, assim como faz na hipótese, seleciona os efeitos jurídicos presentes no conseqüente normativo, com base em critérios valorativos".[260]

O consequente normativo, ao contrário da hipótese, nada descreve, mas *prescreve condutas*.

É exatamente no consequente, e não na hipótese normativa, que reside o chamado "deôntico modalizado"[261] (ter a faculdade/estar obrigado/estar proibido), vinculando dois ou mais sujeitos.

Mais especificamente: a hipótese da norma jurídica primária "não estatui que se *deve* nascer, ou morrer, ou atingir *x* anos de idade, mas descreve hipotética e tipicamente que *se ocorrer* factualmente tais coisas, certas consequências *devem ser imputadas* aos sujeitos postos em relação".[262]

---

[259] *Lógica jurídica*. São Paulo: Bushatsky, 1976, p. 93.

[260] CARVALHO, Aurora Tomazini de. *Curso de teoria geral do direito*: o constructivismo lógico-semântico. São Paulo: Noeses, 2010, p. 297-298.

[261] VILANOVA, Lourival. *Lógica jurídica*. São Paulo: Bushatsky, 1976, p. 88.

[262] VILANOVA, Lourival. *Lógica jurídica*. São Paulo: Bushatsky, 1976, p. 88-89.

Pois bem. Uma vez verificada concretamente a hipótese normativa da norma jurídica da despesa pública, que pode, como vimos, descrever *diversos fatos* (suportes fáticos complexos), instaura-se uma relação jurídica que vincula geralmente uma pessoa jurídica, que irá *receber determinado recurso público para cumprir específica obrigação satisfazendo determinada necessidade coletiva* que fora previamente planejada, à pessoa jurídica de direito público que irá *arcar com o respectivo custeio*.

O recebimento de qualquer recurso público por uma das partes da relação jurídica seja, por exemplo, na forma de crédito público subsidiado, de receita pública renunciada ou como contraprestação da execução de serviço público, venda de bem ou realização de obra pública, é sempre acompanhado de um *dever republicano* que se funda, basicamente, no art. 1º da Constituição Federal quando se estabelece que o Brasil é uma República constituída em Estado Democrático de Direito.

Fazendo um parelo com o que ocorre entre particulares, este dever republicano é o correspectivo da *boa-fé objetiva e seus deveres anexos* que deve disciplinar o antes, o durante e o depois nos negócios jurídicos.

Este é um ponto de absoluta importância para a correta construção da norma jurídica da despesa pública.

A obediência aos preceitos republicanos foi reforçada no texto da Constituição Federal, restando prevista expressamente em dois momentos muito especiais: já no primeiro artigo da Constituição Federal, prevendo a forma republicana do governo brasileiro e no artigo 34, inciso VII, "a", quando determina que a inobservância do princípio constitucional da república pode ensejar uma das mais graves exceções à federação, ou seja, a decretação de intervenção federal (CF/88, art. 36, inciso III).

Vê-se que a Constituição Federal reconhece explicitamente (art. 34, inciso VII) a República como um *princípio constitucional*, portanto, como algo grandioso que espraia seus sentidos por cada um de seus artigos, informando o texto constitucional e, principalmente, vinculando a interpretação na construção de normas jurídicas na qual o Poder Público figure como parte no atendimento de necessidades coletivas.

Calha à fiveleta a conhecida lição de Celso Antônio Bandeira de Mello quando ensina que "princípio é, por definição, mandamento nuclear de um sistema, verdadeiro alicerce dele, disposição fundamental que se irradia sobre diferentes normas compondo-lhes o espírito e servindo de critério para a sua exata compreensão e inteligência".[263]

---

[263] BANDEIRA DE MELLO, Celso Antônio. *Elementos de Direito Administrativo*. São Paulo: Malheiros, 1986, p. 230.

Além disso, o art. 3º, inciso IV, da Constituição Federal estabelece como um dos objetivos da República Federativa do Brasil a promoção do bem *de todos*.

Veja-se que no referido dispositivo não consta que o objetivo da República Federativa do Brasil seja a promoção do bem *de alguns*, leia-se, no nosso caso, a promoção apenas do bem daqueles que estão vinculados ao Estado na relação jurídica prescrita no consequente normativo da norma jurídica da despesa pública.

A promoção elencada como objetivo da República não é, portanto, exclusivamente dos rentistas que obtêm suas rendas a partir da intervenção estatal na economia. Conforme expressamente impõe a Constituição Federal, a promoção é do bem *de todos*, indistintamente. Falamos *impõe* porque não se trata de uma mera recomendação ou de uma sugestão constitucional. A Constituição Federal determina, estabelece, exige que assim seja.

Estes dois dispositivos constitucionais (art. 1º e art. 3º, IV) iluminam intermitentemente a atividade financeira do Estado e lançam fortes luzes exatamente no consequente normativo da norma jurídica da despesa pública, especificamente nas condutas das partes que figuram na relação jurídica e nos efeitos sociais.

Se alguém se propõe a relacionar-se juridicamente com o Estado, especialmente quando está em jogo o recebimento de determinadas vantagens fiscais para atender determinada política pública ou percepção de recursos públicos para a satisfação de necessidades coletivas, pressupõe-se estar bem ciente deste princípio republicano e de suas consequências no plano jurídico.

Para uma sociedade que tem por base o princípio republicano, não pode haver espaço para aventuras ou erros de direito à custa do orçamento público, à custa de prejuízos coletivos, por vezes, intergeracionais.

Todas as históricas ideias republicanas, somadas ao objetivo de promover o bem de todos, formam um sólido e permanente pano de fundo para a relação jurídica prevista na norma da despesa pública.

É a partir da forma de governo republicana, expressamente assumida pela Constituição Federal e ratificada pela população brasileira no dia 07 de setembro de 1993 (art. 2º, *caput*, do ADCT), que o substantivo "república" pode indicar o sentido de seu adjetivo, ou seja, o *comportamento* ou *espírito republicano*[264] que a Constituição Federal exige de todos os atores que figuram ou venham a figurar na relação jurídica prevista no consequente da norma jurídica da despesa pública.

---

[264] Geraldo Ataliba, sempre atual, afirma que "a deslealdade da autoridade, acostumada à impunidade, se fez regra. Desapareceu a legalidade, olvidou-se a relação de administração. Desvaneceu-se o espírito republicano" (*República e Constituição*, p. 23).

José Joaquim Gomes Canotilho e Vital Moreira comentam que o sentido do termo "república" no art. 1º da Constituição de Portugal indica mais do que uma singela forma de governo, aponta para um sentido de coletividade política, de *res publica*, sociologicamente distinta do Estado e conceitualmente prévia ao Estado.[265]

Geraldo Ataliba, em sua clássica obra *República e Constituição*, antes mesmo do advento da atual Constituição Federal, já afirmava que o "princípio" republicano é o "mais importante e decisivo do nosso direito público", de sorte que "quem penetrar o significado capitular do princípio republicano terá condições de estabelecer ilações e propor desdobramentos que iluminarão todo o direito público (...)".[266]

O autor afirma, com todo acerto, que "a república é a instituição publicística central do nosso direito. Entre suas postulações e exigências e a nossa prática efetiva há uma distância abissal. Nesse espaço grassam indiferença, acomodação, omissão, ignorância, complacência e conformismo. (...) É preciso vivificar as instituições republicanas. É imperioso dar eficácia a seus postulados. (...) Só conhecendo a Constituição poderemos estimá-la. Ninguém pode estimar o que desconhece. E, estimando-a, façamo-la eficaz, para benefício do seu povo".[267]

Felipe Salto e Mansueto Almeida também sustentam que "é preciso buscar um Estado mais republicano, efetivamente pró-desenvolvimento, e não mais o Estado obeso, marcado por excessos, pela ausência de boas práticas de gestão e governança".[268]

De acordo com os autores, "quanto mais responsável, transparente, probo, eficaz e eficiente for o Estado tanto maior será a possibilidade de expandir a gama e a qualidade de serviços ofertados à população". E vaticinam: "o único caminho para retomar o crescimento com justiça social e estabilidade monetária é resgatar a agenda da responsabilidade fiscal. Sem isso, continuaremos aprisionados ao vôo de galinha, sustentados, vez por outra, por ciclos externos de bonança".[269]

---

265 CANOTILHO, José Joaquim Gomes; MOREIRA, Vital. *Constituição da República Portuguesa Anotada*. Coimbra: Coimbra Ed., 2007, p. 196.

266 ATALIBA, Geraldo. *República e Constituição*. São Paulo: Malheiros, 2011, p. 17.

267 ATALIBA, Geraldo. *República e Constituição*. São Paulo: Malheiros, 2011, p. 20 e 25-26.

268 SALTO, Felipe; ALMEIDA, Mansueto. Responsabilidade fiscal é a chave para voltar a crescer. *In*: SALTO, Felipe; ALMEIDA, Mansueto (Orgs.). *Finanças Públicas*: da contabilidade criativa ao resgate da credibilidade. Rio de janeiro: Record, 2016, p. 23.

269 SALTO, Felipe; ALMEIDA, Mansueto. Responsabilidade fiscal é a chave para voltar a crescer. *In*: SALTO, Felipe; ALMEIDA, Mansueto (Orgs.). *Finanças Públicas*: da contabilidade criativa ao resgate da credibilidade. Rio de janeiro: Record, 2016, p. 25.

Luiz Carlos Bresser-Pereira denomina "direito republicano" aquele que "todos os cidadãos têm ao uso público da *res publica* – o patrimônio público – inclusive o fluxo de recursos envolvidos nas receitas do Estado e das organizações públicas não estatais".[270] Direitos republicanos, conforme o autor, protegem o cidadão "contra os aproveitadores ou provatizadores da res publica".[271]

Nesse ponto, portanto, parece haver uma nítida confluência entre a Economia e o Direito: é indispensável (e inadiável) que haja entre nós mais compromisso republicano no trato com a *res publica*, especificamente no desenvolver da atividade público-financeira do Brasil, o que pressupõe a passagem por uma espécie de "filtragem constitucional" do planejamento orçamentário focado na tutela dos interesses coletivos e difusos e da gestão da coisa pública que pretenda ter um mínimo de seriedade, tudo desaguando na águas do controle financeiro e orçamentário da atividade financeira que (deveria) retroalimenta(r) o planejamento orçamentário.

Um planejamento orçamentário adequado às expectativas da sociedade, realista e focado na tutela dos interesses difusos e de grupos coletivos vulneráveis, onde as leis orçamentárias possam verdadeiramente conversar entre si e com o texto constitucional, deixando de ser meras peças de ficção, é um passo bastante importante para o posterior controle da *rent-seeking*. Com efeito, "um bom planejamento, dotado de clareza e transparência, é imprescindível para uma gestão eficiente e uso proveitoso dos recursos públicos".[272]

Parece que não tem sido este o caminho brasileiro, que "segue firme na tradição de funcionar no compasso do curto prazo. Salvo momentos muito pontuais da sua história, o imediatismo tem dado o tom, a cara e o ritmo do errático processo de desenvolvimento do país".[273]

A impressão que fica é que, mesmo depois da estabilização da moeda e do desaparecimento da hiperinflação, algo que já dura mais de vinte anos, a primazia do curto prazo permanece, atrapalhando qualquer planejamento que preze sério.

Friedrich Müller é taxativo: "o Brasil precisa tornar-se uma República no sentido moderno do termo (que é muito antigo: *res publica*, *res populica*, coisa do povo); isto é, uma entidade do direito público, desvinculada das forças pré-democráticas, ainda estruturalmente feudais das diferentes regiões desse país continental".[274]

270 BRESSER-PEREIRA, Luiz Carlos. *Construindo o Estado republicano...*, p. 127.

271 BRESSER-PEREIRA, Luiz Carlos. *Cidadania e res publica*: a emergência dos direitos republicanos. Brasília: ENAP, 1997, p. 7. Textos para Discussão, n. 15.

272 CONTI, José Mauricio. Planejamento municipal precisa ser levado a sério. *In*: *Levando a sério o direito financeiro*. São Paulo: Blucher, 2016, p. 75.

273 Imediatismo, doença brasileira. *Valor Econômico*, 14/05/2015, por Maria Clara R. M. do Prado.

274 *O novo paradigma do direito...*, p. 246.

O problema da *rent-seeking*, nesse contexto de gravíssimo déficit republicano no exercício da atividade financeiro do Estado, permite o *link* com as despesas públicas e, em especial, com a semântica da qualidade do gasto público, que deveria ser tratada com prioridade, seriedade e rigor no âmbito do controle.

Nesse contexto, podemos afirmar que o consequente normativo da norma primária da despesa pública tem uma especificidade, ou seja, *um critério a mais*, por exemplo, em relação ao consequente da norma jurídica tributária[275]: o *critério qualitativo*, ao lado do critério pessoal e prestacional/quantitativo.

Retomemos a lição de Aurora Tomazini de Carvalho: "se, enquanto na hipótese, o legislador se esforça para enunciar os critérios que identifiquem um fato, no consequente ele seleciona as notas que devem ter as relações intersubjetivas a serem instauradas com a verificação do fato jurídico, indicando os elementos deste vínculo".[276]

De acordo com a autora, o critério pessoal (sujeito ativo-sujeito passivo da relação jurídica) e o critério prestacional ou quantitativo (objeto da prestação) compõem a "informação mínima necessária para a identificação do vínculo jurídico a ser instaurado com a verificação do fato descrito na hipótese", mas "nada impede, porém, que o legislador indique mais propriedade da relação (...). No entanto, já não estaremos mais falando de conteúdo mínimo necessário para a compreensão da mensagem deôntica".[277]

Todavia, e aqui reside uma grande e importante peculiaridade do Direito Financeiro ainda não muito bem explorada pelos estudiosos, *o critério qualitativo, relacionado à economicidade, à eficiência, enfim, à qualidade do gasto público, inserto no consequente da norma jurídica da despesa pública, compõe, ao lado do critério pessoal e do prestacional, o conteúdo mínimo para a construção da norma.*

Em outro português: não é juridicamente aceitável compreender a despesa pública alijada deste aspecto qualitativo. Simplesmente sem este prisma de análise a despesa pública se desconfigura.

Por isto, parece-nos que este aspecto qualitativo que orienta o consequente da norma primária da despesa pública é, ao lado do aspecto pessoal e quantitativo, conteúdo mínimo para a formação da mensagem deôntica.

---

[275] CARVALHO, Paulo de Barros. *Direito tributário, linguagem e método*..., p. 629.

[276] CARVALHO, Aurora Tomazini de. *Curso de teoria geral do direito:* o constructivismo lógico-semântico. São Paulo: Noeses, 2010, p. 400.

[277] CARVALHO, Aurora Tomazini de. *Curso de teoria geral do direito:* o constructivismo lógico-semântico. São Paulo: Noeses, 2010, p. 400-401.

A razão é muito simples: trata-se de um imposição constitucional (CF/88, art. 70, *caput* e art. 74, inciso II), uma decorrência direta do princípio republicano (CF/88, art. 1º e art. 34, VII, "a") para cumprimento dos objetivos previstos expressamente no art. 3º da CF/88.

Para nós, esta é a chave que pode desencobrir o véu do Direito Financeiro para as condutas *rent-seeking* e alinhar conteudisticamente as leis orçamentárias à Constituição Federal e as normas jurídicas da despesa pública com suas respectivas normas de decisão às leis orçamentárias.

Vejamos, na sequência, como a atividade de controle pode contribuir para prevenir ou repreender condutas *rent-seeking*, evitando-se a inconstitucionalidade da norma jurídica da despesa pública.

2.3 Por um verdadeiro controle financeiro, operacional e orçamentário: prevenindo e repreendendo a conduta *rent-seeking* para preservar a norma jurídica da despesa pública constitucionalmente adequada

Subjaz a toda e qualquer ideia de controle da Administração Pública a noção da forma de governo republicana.

Assim, mais uma vez citando Geraldo Ataliba, "a ideia de *república* domina não só a legislação, como o próprio Texto Magno, inteiramente, de modo inexorável, penetrando todos os seus institutos e esparramando seus efeitos sobre seus mais modestos escaninhos ou recônditos meandros. (...) a interpretação de legislação e demais atos de governo haverá de ser sempre desempenhada – pela Administração ou pelo Judiciário – de modo a, exaltando a harmonia do sistema jurídico, valorizar condigna e adequadamente os seus princípios fundamentais, buscando dar-lhes eficácia e fazer com que todos os comportamentos se curvem às suas exigências. Só assim a república será valorizada e exaltada no plano prático (...)".[278]

Esta lição nos impele a observar a imprescindibilidade de que as ideias republicanas, especialmente a *responsabilidade* para com a sociedade e o compromisso na gestão da coisa pública, tanto por parte do próprio gestor como daquele que se relaciona com o Estado, sejam devidamente levadas a sério na concretização da norma jurídica que prescreva uma *relação de administração*[279] em seu consequente

[278] ATALIBA, Geraldo. *República e Constituição*. São Paulo: Malheiros, 2011, p. 33.

[279] De acordo com Ruy Cirne Lima, "à relação jurídica que se estrutura ao influxo de uma finalidade cogente, chama-se relação de administração. Chama-se relação de administração, segundo o mesmo critério, pelo qual os atos de administração se põem aos atos de propriedade.

normativo, especialmente aquela que se verifica no exercício da atividade financeira do Estado, em especial a norma jurídica da despesa pública, umbilicalmente atrelada que está na consecução direta de direitos fundamentais, sejam coletivos ou difusos.

Estas ideias republicanas, que deveriam ser concretizadas por comportamentos ou posturas republicanas em todas as diversas relações jurídicas travadas no âmbito da Administração Pública e regidas pelo Direito Público, tem sido, de longe, as mais espezinhadas.

Esta constatação torna-se ainda mais evidente quando são examinadas as finanças públicas, em que ainda predomina fortemente um olhar jurídico preso ao exegetismo do século XIX em que a despesa pública não passa de um montante pecuniário fixado na lei orçamentária para o atendimento de alguma necessidade coletiva, na qual se confunde texto com norma e, consequentemente, as atividades dos órgãos de controle (interno e externo) atuam acentuadamente sobre aspectos formais, subsumindo os fatos às frias e muitas vezes manupuláveis análises contábeis, ao invés de se enveredaram pelo caminho mais adequado constitucionalmente (mas bem mais complexo!) de construir a norma jurídica da despesa, a partir do caso concreto que lhe é apresentado.

Para esta difícil e responsável empreitada construtivista que cabe aos órgãos de controle da atividade financeira de Estado, é preciso, antes de tudo, que esses mesmos órgãos tenham aquilo que Konrad Hesse chamou de *vontade de Constituição*.

De acordo com o autor, esta vontade origina-se de três vertentes distintas: a) compreensão da necessidade e do valor de uma ordem normativa inquebrantável, que proteja o Estado contra o arbítrio; b) compreensão de que esta ordem necessita estar em constante processo de legitimação, não se tratando apenas de uma ordem legitimada pelos fatos; c) compreensão de que esta ordem não logra

---

Na administração, o dever e a finalidade são predominantes; no domínio, a vontade" (*In*: *Princípios de direito administrativo*. 4. ed., p. 51-52). Para Alexandre Mazza, adotando um critério formal em que importa o regime normativo aplicável ao vínculo interesubjetivo para definir a relação de Administração Pública, colocando o acento deve ser colocado na função administrativa, posto que nem tudo que a Administração Pública faz é função administrativa, além do que a função administrativa não é exercida com exclusividade pelas entidades da Administração Pública (o que refutaria critério subjetivo), "relação de Administração Pública é o vínculo jurídico regido pelo Direito Administrativo que surge como efeito direto da lei ou da prática de ato administrativo, consistente na ligação concreta e imediata entre dois ou mais sujeito de direito, sendo que pelo menos um deles se encontra no exercício da função administrativa, e caracterizado pela existência de um complexo de poderes e deveres unidos em torno de uma finalidade pública" (*In*: *Relação jurídica de Administração Pública*. São Paulo: Saraiva, 2012, p. 87).

ser eficaz sem o concurso da vontade humana, haja vista que "a vida do Estado, tal como a vida humana, não está abandonada à ação surda de forças aparentemente inelutáveis".[280]

Conforme já escrevia Konrad Hesse, "embora a Constituição não possa, por si só, realizar nada, ela pode impor tarefas. A Constituição transforma-se em força ativa se essas tarefas forem efetivamente realizadas, se existir a disposição de orientar a própria conduta segundo a ordem nela estabelecida e se, a despeito de todos os questionamentos e reservas proveniente de juízos de conveniência, puder identificar a vontade de concretizar essa ordem".[281]

A adoção expressa da República pela Constituição Federal (CF/88, art. 1º), reafirmada como princípio sensível[282] cuja inobservância pode ocasionar a enérgica reação da intervenção federal (CF/88, art. 34, VII, "a"), arrasta consigo toda a carga histórica e significativa do conceito, espraiando-se pelos três poderes, em todos os níveis de nossa federação, importando uma determinação, uma prescrição, e não uma mera sugestão com o trato da coisa que não pertence privativamente ao gestor público, mas a todos indivisivelmente, nítido direito difuso (CDC, art. 83, inciso I).

Na esteira do que propomos, aponta Martonio Mont'Alverne Barreto Lima que "o princípio dos princípios da Constituição Federal de 1988 é a imposição da República, unido à indissolubilidade da Federação Brasileira. Não se trata aqui de uma declaração de intenções a figurar no texto constitucional apenas por eventual diletantismo do constituinte. É, na verdade, um comando objetivo aplicável e exigível a toda aplicação do sistema normativo brasileiro, constitucional e infraconstitucional. O princípio republicano, aliado à condição de Estado Democrático de Direito, é, pois, impositivo a todas as relações entre o Estado e seu povo, e, ainda, no interior de ambos. (...) O primeiro instante significativo do termo República surge em Cícero, quando afirma que 'é, pois, a República coisa do povo considerado como tal, não de homens de qualquer modo congregados, mas a reunião que tem seu fundamento no consentimento jurídico e na utilidade comum' (CÍCERO, Marco Túlio. *Da República*, p. 40). A ideia, portanto, da República como um

---

280 HESSE, Konrad. A força normativa da Constituição. *In: Temas fundamentais do direito constitucional.* São Paulo: Saraiva, 2009, p. 133.

281 HESSE, Konrad. A força normativa da Constituição. *In: Temas fundamentais do direito constitucional.* São Paulo: Saraiva, 2009, p. 132.

282 SILVA, José Afonso da. *Curso de direito constitucional positivo.*São Paulo: RT, 1990, p. 514-515; LEWANDOWSKI, Enrique Ricardo. *In*: J.J. Gomes Canotilho; Gilmar Ferreira Mendes; Ingo Wolfgang Sarlet; Lenio Luiz Streck. (Coords.). *Comentários à Constituição do Brasil*. São Paulo: Saraiva/Almedina, 2013, p. 808.

conceito abrangente, não restrito, é constatável desde seu aparecimento e dessa origem não se tem desvinculado".[283]

Vejamos o art. 70 da Constituição Federal que, especialmente para o que nos interessa, representa um verdadeiro farol a iluminar a construção da norma jurídica de toda e qualquer despesa pública.

> Art.70. *A fiscalização* contábil, *financeira, orçamentária, operacional* e patrimonial da União e das entidades da administração direta e indireta, *quanto à legalidade, legitimidade, economicidade*, aplicação das subvenções e renúncia de receitas, *será exercida pelo Congresso Nacional, mediante controle externo, e pelo sistema de controle interno de cada Poder.*
>
> Parágrafo único. Prestará contas *qualquer pessoa física ou jurídica, pública ou privada*, que utilize, arrecade, guarde, gerencie ou administre dinheiros, bens e valores públicos ou pelos quais a União responda, ou que, em nome desta, assuma obrigações de natureza pecuniária. (destacamos)

Este dispositivo consagra constitucionalmente o chamado controle externo da Administração Pública no âmbito da atividade financeira de Estado e nada mais é do que um desdobramento lógico e irrefutável do princípio republicano (CF/88, art. 1º).

Ainda que eventualmente não constasse de nossa Constituição o art. 71, a *prestação de contas* de quem utiliza, arrecada, guarda, gerencia ou administra dinheiros, bens e valores públicos, seja pessoa física ou jurídica, pública ou privada e, evidentemente, a responsabilidade que daí decorre, seria um corolário direto do princípio republicano.

Com efeito, "a simples menção ao termo *república* já evoca um universo de conceitos intimamente relacionados em si (...). Dentre tais conceitos, o de responsabilidade é essencial".[284]

Geraldo Ataliba assevera que este princípio funciona "como um alicerce de toda a estrutura constitucional, pedra de toque ou chave de abóbada do sistema", exercendo a "função capitular de mais transcendental importância, determinando inclusive *como se deve interpretar os demais*".[285]

---

[283] LIMA, Martonio Mont'Alverne Barreto. *In*: J.J. Gomes Canotilho; Gilmar Ferreira Mendes; Ingo Wolfgang Sarlet; Lenio Luiz Streck. (Coords.). *Comentários à Constituição do Brasil.* São Paulo: Saraiva/Almedina, 2013, p. 108.

[284] ATALIBA, Geraldo. *República...*, p. 67.

[285] *In*: *República...*, p. 37-45.

No âmbito das finanças públicas, Guilherme Bueno de Carvalho cunha a expressão *governança republicana*, identificando-a como um "complexo de normas e instrumentos gerenciais sistematizados que garantem ao cidadão que a gestão financeira do Estado seja realizada de acordo com o interesse público, pautada sempre pela transparência, pelo permanente monitoramento e pela efetiva participação social".[286]

De acordo com o autor, "a boa administração dos recursos públicos constitui-se também em verdadeiro direito fundamental decorrente do princípio republicano, qual seja, o direito republicano de que a gestão financeira do Estado seja permanentemente voltada aos interesses da sociedade, envolvendo eficiência, transparência, monitoramento, controle, prestação de contas, responsabilização dos agente públicos pelos seus atos e participação social. (...) Na gestão financeira do Estado está presente, de forma acentuada, a noção de coisa pública ou da res publica. (...) o Estado, para a realização de seus objetivos, retira compulsoriamente da sociedade uma parcela de sua riqueza. Esses recursos, originados do esforço de toda a coletividade, devem ser geridos de modo a produzir o melhor resultado possível para o interesse público".[287]

Tudo isto tem uma enorme relevância quando observamos a despesa pública como norma jurídica pois para construí-la devemos, necessariamente, passar pelo princípio republicano e por seu maior desdobramento constitucional no âmbito das finanças públicas, que é o art. 70.

Na esteira do que afirma Orlando Faccini Neto, "a Constituição (...) passa a ser o paradigma de atuação dos órgãos estatais, que se incumbirão pela efetivação de suas normas. A asserção, aliás, há de ser entendida como pertinente a todos os poderes de Estado; vinculação do legislador, vinculação no exercício da atuação administrativa e vinculação na produção de decisões judiciais".[288]

---

[286] CARVALHO, Guilherme Bueno.Governança republicana e orçamento: as finanças públicas a serviço da sociedade. In: CONTI, José Mauricio; SCAFF, Fernando Facury (Coords.). *Orçamentos públicos e direito financeiro.*José Mauricio São Paulo: RT, 2011, p. 771.

[287] CARVALHO, Guilherme Bueno.Governança republicana e orçamento: as finanças públicas a serviço da sociedade. In: CONTI, José Mauricio; SCAFF, Fernando Facury (Coords.). *Orçamentos públicos e direito financeiro.*José Mauricio São Paulo: RT, 2011, p. 772.

[288] FACCINI NETO, Orlando. *Elementos de uma teoria da decisão judicial*: hermenêutica, constituição e respostas corretas em direito. Porto Alegre: Livraria do Advogado, 2011, p. 136-137.

Deve-se acrescentar: vinculação de *qualquer decisão jurídica*[289] à Constituição, ainda que entre particulares[290].

Em verdade, como bem observa Rafael Tomaz de Oliveira, "há no Brasil uma tendência herdada desde os tempos do império de 'encobrir' o sentido real da Constituição, resignando-a a um papel secundário na esfera jurídica e que tende a tornar baixa a densidade normativa dos textos de nossas Constituições".[291] E conclui: "esta 'baixa constitucionalidade' torna obscuro os sentidos estabelecidos pelos preceitos constitucionais e não permite o 'acontecer' da Constituição".

É preciso fazer acontecer a Constituição na construção da norma jurídica da despesa pública e isto só é possível se for realmente considerado o princípio republicano e sua decorrência direta no Direito Financeiro: o art. 70 da Constituição Federal.

Mas, por que exatamente o artigo 70?

A razão é simples: o art.70 da Constituição Federal apresenta aspectos *qualitativos* a serem levados em conta por ocasião da decisão jurídica sobre a despesa pública ou, em outro português, abre um horizonte pós-positivista para a concepção jurídica da despesa pública, para muito além de aspectos meramente formais do gasto público.

O art. 70 é uma clara imposição constitucional aos intérpretes da Constituição para se ter um olhar pós-positivista no estudo do Direito Financeiro, pois *carreia para dentro da norma da jurídica da despesa toda a vasta faticidade que circunda a despesa pública* e, mais que isto, possibilita a construção de *cenários futuros* a serem cotejados no momento da concretização da norma jurídica, permitindo dar toda a visibilidade jurídica, por exemplo, ao *rent-seeking*.

---

[289] De acordo com Rafael Lazzarotto Simioni, a partir da perspectiva da teoria dos sistemas "torna-se possível observar a produção de decisões jurídicas em todos os contextos da sociedade e não apenas nos tribunais". Desse modo, "qualquer decisão que utiliza o direito como sistema de referência já é uma decisão jurídica, ainda que decida no âmbito de sistemas de organização que não fazem parte das instituições jurídicas tradicionais, como o Estado ou mais especificamente os tribunais" (*Curso de hermenêutica jurídica contemporânea* – Do positivismo clássico ao pós-positivismo jurídico. Curitiba: Juruá, 2014, p. 712-713).

[290] LUÑO, Antonio E. Perez. *Los derechos fundamentales*. Madrid: Tecnos, 2004, p. 22-25; STEINMETZ, Wilson. *A vinculação dos particulares a direitos fundamentais*. São Paulo: Malheiros, 2004; DUQUE, Marcelo Schenk. *Direito privado e constituição*: *drittwirkung* dos direitos fundamentais, construção de um modelo de convergência à luz dos contratos de consumo. São Paulo: RT, 2013.

[291] OLIVEIRA, Rafael Tomaz de. *Decisão judicial e o conceito de princípio*: a hermenêutica e a (in) determinação do direito. Porto Alegre: Livraria do Advogado, 2008, p. 69-70.

Aliás, esta análise prospectiva e consequencialista nas decisões tomadas na esfera do controle da Administração Pública é, hoje, expressamente *exigida* pelo art. 20, *caput*, da Lei de Introdução às Normas do Direito Brasileiro, com a redação da recente Lei Federal n. 13.655 de abril de 2018.

O art. 70 da Constituição Federal trata, dentre outros, do *controle financeiro, operacional* e *orçamentário* sobre a atividade financeira do Estado a ser exercido pelo Congresso Nacional com o auxílio do Tribunal de Contas, órgão administrativo e técnico, com atribuições expressas no texto constitucional, exercendo função *fiscalizadora* (realiza auditorias e inspeções), *consultiva* (emite parecer prévio sobre as contas do Chefe do Poder Executivo; responde às consultas), *informativa* (envia informações ao Congresso Nacional, bem como aos demais órgãos de controle; divulga dados sobre a Administração Pública), *judicante* (julga as contas dos administradores de recursos públicos), *sancionadora* (aplica sanções financeiras àqueles que praticam atos irregulares no âmbito das finanças públicas e adota as medidas necessárias ao ressarcimento ao erário), *corretiva* (fixa prazo para que órgãos e entidades corrijam eventuais falhas e irregularidades ou sustem a prática de atos impugnados) e *normativa* (edita normas relativas a suas atribuições).

Fiscalização ou controle financeiro diz respeito "ao controle dos recursos arrecadados pela União, em especial à análise sobre sua destinação - analisar se eles foram destinados às destinações estabelecidas na Constituição e nas demais normas de regência".[292]

José Afonso da Silva trata as fiscalizações financeira e contábil conjuntamente, definindo-as como *controle sobre as despesas e receitas.*[293]

O controle orçamentário relaciona-se "à aplicação dos recursos públicos, conforme as leis orçamentárias, acompanhando a arrecadação dos recursos e sua aplicação".[294]

Além disso, o mesmo dispositivo constitucional determina que a atividade financeira de Estado também seja fiscalizada *operacionalmente*, ou seja, a ideia deste controle é justamente avaliar o grau de cumprimento dos objetivos e metas previstos nas leis orçamentárias, bem como "determinar a eficiência (máximo de

---

292 SCAFF, Fernando Facury; SCAFF, Luma Cavaleiro de Macedo. *In*: J.J. Gomes Canotilho; Gilmar Ferreira Mendes; Ingo Wolfgang Sarlet; Lenio Luiz Streck. (Coords.). *Comentários à Constituição do Brasil*. São Paulo: Saraiva/Almedina, 2013, p. 1166.

293 SILVA, José Afonso da. *Comentário Contextual à Constituição*. São Paulo: Malheiros, 2005, p. 463.

294 PASCOAL, Valdecir Fernandes. *Direito financeiro e controle externo*: teoria, jurisprudência e 400 questões. Rio de Janeiro: Elsevier, 2009, p. 137.

rendimento sem desperdício de gastos e tempo), a eficácia (realização das metas programadas) e a economicidade (operação ao menor custo possível) dos atos de gestão praticados".[295]

Na avaliação de Bruno Nagata, o controle das finanças públicas à luz da economicidade verificará em que medida a administração pública "(...) obteve êxito na equação custo-benefício. Ou seja, se ela conseguiu o melhor benefício desejável ao menor custo possível. Busca-se a otimização nos gastos públicos, havendo, em última análise, uma fiscalização quanto à eficiência da administração".[296]

Helio Saul Mileski observa que "a fiscalização operacional representa um estágio evolutivo no sistema de controle da atividade financeira do Estado, na medida em que, além de visar à preservação das finanças e do patrimônio público, passa também a ter o sentido do aperfeiçoamento das instituições administrativas, tendo em conta sua melhor produtividade, uma vez que busca avaliar a eficiência, eficácia e economicidade dos atos dos administradores, procedendo a recomendações para tal fim".[297]

A fiscalização operacional, portanto, envolve o *controle de resultado*[298] da atividade financeira de Estado.

Por isto que a construção de qualquer norma jurídica da despesa pública que, por seu turno, deve escorar qualquer decisão jurídica sobre o gasto público, não pode prescindir daquilo que podemos chamar de *tripé constitucional da despesa pública* que é, fundamentalmente, o princípio republicano, o controle das finanças públicas bem como os objetivos constitucionais a serem perseguidos pela República: art. 1º, art. 3º e art. 70 e 74 da Constituição Federal de 1988.

Os enunciados desses dispositivos constitucionais, muito embora não se refiram diretamente à execução orçamentária ou à decisão sobre o gasto público, não podem ficar distantes da composição da norma jurídica da despesa pública.

A necessidade de concreção do texto constitucional na construção da norma jurídica da despesa pública insere-se no paradigma do Estado Democrático de Direito.

---

[295] MILESKI, Helio Saul. *O controle da gestão pública.*Belo Horizonte: Fórum, 2011, p. 285.

[296] NAGATA, Bruno Mitsuo. A limitação da discricionariedade em matéria orçamentária pelos princípios da legalidade, legitimidade e economicidade. *In*: CONTI, José Mauricio; SCAFF, Fernando Facury (Coord.). *Orçamentos Públicos e Direito Financeiro.* São Paulo: Revista dos Tribunais, 2011, p. 378-379.

[297] MILESKI, Helio Saul. *O controle da gestão pública.*Belo Horizonte: Fórum, 2011, p. 285.

[298] Nesse sentido: SILVA, José Afonso da. *Comentário Contextual à Constituição...*, p. 463.

Com efeito, "pode-se dizer que o Direito no Estado liberal é ordenador, no Estado social, promovedor, e no Estado Democrático de Direito lhe é agregado um *plus* normativo, passando a ter uma função *transformadora*".[299]

Nesse contexto, "a consagração do Estado Democrático de Direito enceta novos paradigmas de controle (...). É que ao estabelecê-lo como modelo conformador do Estado brasileiro, a Constituição direciona a atividade de todos os órgãos públicos, no caminho de sua efetivação".[300]

É nesse sentido que Helio Saul Mileski afirma a importância do controle da Administração Pública, tornando "imperativo o estabelecimento de condições que verifiquem, constatem e imponham o cumprimento da lei para o atendimento do interesse público, com a finalidade de ser evitado o abuso do poder".[301]

O parágrafo único do art. 70, reforça o *caput* apresentando o aspecto subjetivo do controle, ou seja, *quem* está sujeito ao controle externo e interno da atividade financeira do Estado. O dispositivo é amplo e açambarca qualquer pessoa, física ou jurídica, de direito público ou privado, bastando que utilize, arrecade, guarde, gerencie ou administre dinheiro, bem ou qualquer valor público.

Este dispositivo tem uma grande importância pois estabelece quem está sujeito à *prestação de contas* e, consequentemente, quem deve ser *responsabilizado*. É neste dispositivo que, segundo pensamos, encontra-se a base para se imputar a responsabilidade financeira no caso de *rent-seeking*, seja do gestor público ou de pessoas físicas e jurídicas de direito privado.

Podemos, pois, afirmar que toda a estrutura e procedimentalização do controle da Administração Pública, em todos os seus âmbitos materiais, mormente na seara financeira que representa uma fase do ciclo orçamentário[302], é uma exigência da forma republicana adotada pelo CF/88 e confirmada pela sociedade pelo plebiscito ocorrido em 1993.

Além disso, o *caput* do referido dispositivo constitucional determina que a fiscalização financeira, orçamentária e operacional da atividade financeira do Estado seja realizada não apenas quanto à legalidade (submissão às leis e princípios jurídicos[303]), mas igualmente quanto à *economicidade* (relação custo-benefício da decisão jurídica sobre o gasto).

---

299 OLIVEIRA, Rafael Tomaz de. *Decisão judicial e o conceito de princípio*: a hermenêutica e a (in) determinação do direito. Porto Alegre: Livraria do Advogado, 2008, p. 72.

300 FACCINI NETO, Orlando. *Elementos de uma teoria da decisão judicial*: hermenêutica, constituição e respostas corretas em direito. Porto Alegre: Livraria do Advogado, 2011, p. 141.

301 MILESKI, Helio Saul. *O controle da gestão pública*. Belo Horizonte: Fórum, 2011, p. 168.

302 JUND, Sérgio. *AFO Administração Financeira e Orçamentária*. Rio de Janeiro: Elsevier, 2008, p. 276.

303 MILESKI, Helio Saul. *O controle da gestão pública*. Belo Horizonte: Fórum, 2011, p. 290.

O inciso II do art. 74 da Constituição determina que o controle interno, a ser realizado pelos três poderes de forma integrada, tem por finalidade avaliar os resultados, quanto à eficácia e eficiência da gestão financeira.

Quando o texto constitucional *determina* que o controle da atividade financeira do Estado realizado no âmbito financeiro e operacional do Estado leve em conta a economicidade, bem como avaliando-se o resultado da gestão financeira quanto à eficácia (realização das metas programadas[304]) e eficiência (máximo de rendimento sem desperdício de gastos e tempo[305]), temos um significado jurídico muito evidente: a Constituição Federal *não admite* gasto público antieconômico, ineficiente ou ineficaz.

Realmente, não faria qualquer sentido a Constituição Federal adotar expressamente a República como princípio orientador de toda a atividade estatal, elencar objetivos a serem perseguidos, prever expressamente a fiscalização financeira, operacional e orçamentária da atividade financeira do Estado, bem como o controle do resultado do gasto público, avaliando-o quanto à economicidade (CF/88, art. 70, *caput*), quanto à eficácia e eficiência (CF/88, art. 74, II) e, simultaneamente, admitir *juridicamente* que esse mesmo gasto pudesse ser antieconômico, ineficiente ou ineficaz.

De acordo com Emerson Cesar da Silva Gomes, "no Direito Constitucional Brasileiro, a preocupação com o desempenho da gestão pública surge com força na Constituição de 1988. Sob a égide da Constituição de 1967, a disciplina da fiscalização financeira (arts. 71 a 73) não fazia qualquer referência à avaliação de desempenho na gestão pública, havendo apenas algumas referências na legislação infraconstitucional. (...) Na Constituição Federal de 1988, há diversas referências às dimensões do desempenho: eficiência, eficácia e economicidade".[306]

A norma da despesa pública deve obedecer à legalidade, à legitimidade[307] e à economicidade, sendo que esta última "diz respeito ao critério de uso da menor quantidade de recursos públicos para atingir a maior gama de benefícios ou de

---

304 MILESKI, Helio Saul. *O controle da gestão pública*. Belo Horizonte: Fórum, 2011, p. 285.

305 MILESKI, Helio Saul. *O controle da gestão pública*. Belo Horizonte: Fórum, 2011, p. 285.

306 *O direito dos gastos públicos no Brasil*. São Paulo: Almedina, 2015, p. 298.

307 De acordo com Élida Graziane Pinto, "não há como entender o que seria controle de legitimidade das contas públicas tal como prescreve o art. 70 da Constituição, senão identificando na ideia de legitimidade a adequação ao ordenamento constitucional" (Eficácia dos direitos sociais por meio do controle judicial da legalidade orçamentária e da sua adequada execução. *Revista Fórum de Direito Financeiro e Econômico - RFDFE*, Belo Horizonte, v. 3, n. 5, p. 71-100, mar./ago. 2014).

beneficiários".[308] Além disso, deve ser eficaz e eficiente (CF/88, art. 37, *caput* e art. 74, II).

Economicidade, eficácia e eficiência são dimensões do controle de resultado[309]. Assim, podemos considerar estas dimensões como *controle do resultado do gasto público*.

Correta a observação de Luma Cavaleiro de Macedo Scaff ao ponderar que a economicidade "visa averiguar se o gasto público está sendo usado de maneira a permitir que cada unidade de recursos gere maior benefício possível em termos de pessoas atingidas ou de benefício a serem concedidos. Visa averiguar se não há desperdício no uso do dinheiro público".[310]

Enquanto a economicidade está relacionada à aquisição de insumos ao melhor preço com a mesma qualidade, a eficiência mede a relação entre os bens e serviços produzidos e os recursos utilizados, enquanto a eficácia diz respeito ao alcance dos objetivos previamente formulados, portanto, ao planejamento do gasto[311].

Neste contexto, é acertado situar o controle da atividade financeira do Estado no rol de *garantias dos direitos fundamentais*[312], já que a concretização de qualquer direito social fundamental pelo Estado exige, necessariamente, o dispêndio de recursos públicos, normalmente, pela via do orçamento público.

Ao se inserir o controle da atividade financeira do Estado no âmbito das garantias dos direitos fundamentais, arrastamos para a seara do controle o art. 60, §4º da CF/88, tornando-o cláusula pétrea.

Além disso, a garantia de um rigoroso controle das finanças públicas, nos exatos termos do que determina o art. 70 da Constituição Federal, permite-nos inserir esta garantia fundamental no chamado *microssistema de tutela do custeio*

---

308 SCAFF, Fernando Facury; SCAFF, Luma Cavaleiro de Macedo. *In*: J.J. Gomes Canotilho; Gilmar Ferreira Mendes; Ingo Wolfgang Sarlet; Lenio Luiz Streck (Coords.). *Comentários à Constituição do Brasil*. São Paulo: Saraiva/Almedina, 2013, p. 1167.

309 GOMES, Emerson Cesar da Silva. *O direito dos gastos públicos no Brasil*. São Paulo: Almedina, 2015, p. 303.

310 SCAFF, Fernando Facury; SCAFF, Luma Cavaleiro de Macedo. *In*: J.J. Gomes Canotilho; Gilmar Ferreira Mendes; Ingo Wolfgang Sarlet; Lenio Luiz Streck (Coords.). *Comentários à Constituição do Brasil*. São Paulo: Saraiva/Almedina, 2013, p. 1167.

311 GOMES, Emerson Cesar da Silva. *O direito dos gastos públicos no Brasil*. São Paulo: Almedina, 2015, p. 303-304.

312 Nesse sentido: ZYMLER, Benjamin. Questões de controle. Controle das finanças públicas no Brasil: visão atual e prospectiva. *In*: *Revista do Tribunal de Contas da União*, Brasília, v. 29, n. 76, abr./jun. 1998, p. 24.

dos direitos fundamentais, que, nas palavras de Élida Graziane Pinto, compõe-se de "garantias fundamentais de financiamento adequado dos direitos sociais".[313]

Ora, só podemos falar de um orçamento público voltado para o atendimento e a concretização de direitos fundamentais, coletivos ou difusos, quando temos um planejamento orçamentário que seja verdadeiramente retroalimentado por uma atividade de controle pautada no texto constitucional, que possa corrigir distorções, coibir excessos, evitar arbitrariedades no exercício da atividade financeira do Estado para, ao fim e ao cabo, fazer com que a decisão jurídica sobre gasto público permaneça nos trilhos da Constituição Federal, concretizando-a em prol da coletividade.

Nesta perspectiva, o controle das finanças públicas, como determinado pelo texto constitucional, talvez seja uma dos maiores garantes deste microssistema de tutela do custeio dos direitos fundamentais, evitando decisões jurídicas sobre o gasto público que possam se afastar da Constituição ou, não sendo isto possível, responsabilizando os responsáveis pela má utilização dos recursos públicos, sancionando-os financeiramente.

Para além de mero argumento retórico, esta inserção do controle das finanças públicas no rol das garantias fundamentais, da forma como desenhado pelo texto constitucional, retira este controle e seu conteúdo constitucional da disposição do legislador, mesmo que atue por meio de uma maioria qualificada.

De acordo com Ingo Wolfgang Sarlet, "os assim chamados limites materiais à reforma da constituição objetivam assegurar a permanência de determinados conteúdos da Constituição, em virtude de sua relevância para a própria identidade da ordem constitucional (...)".[314]

Realmente, considerando que o orçamento público é instrumento de materialização das necessidades coletivas relacionadas a direitos fundamentais previstos na Constituição Federal, sendo considerada a lei mais importante após a Constituição Federal[315], faz todo o sentido considerar o controle sobre a execução orçamentária uma garantia de direitos fundamentais, com toda consequência jurídica que disso decorre.

---

313 PINTO, Élida Graziane. *Um microssistema de tutela do custeio dos direitos sociais nos protege*. Disponível em: http://www.conjur.com.br/2016-nov-08/contas-vista-microssistema-tutela-custeio-direitos-sociais-protege, consultado em: 25 nov. 2016.

314 SARLET, Ingo Wolfgang; MARINONI, Luiz Guilherme; MITIDIERO, Daniel. *Curso de direito constitucional*. São Paulo: RT, 2012, p. 120.

315 "A lei orçamentária é a lei materialmente mais importante do ordenamento jurídico logo abaixo da Constituição" (Min. Carlos Britto, p. 92 dos autos, STF, Tribunal Pleno, ADI 4048 [Rel. Min. Gilmar Mendes, j. 14.5.2008]).

Nesta linha, pode-se considerar o Tribunal de Contas um órgão técnico auxiliar não apenas do Poder Legislativo, como textualmente consta da Constituição, mas simultaneamente da Administração e do Judiciário[316] ou, como queria Rui Barbosa, um *mediador independente* entre o Poder que autoriza a despesa e o Poder que a executa, sendo o "corpo de magistratura intermediaria à administração e à legislatura, que, colocado em posição autônoma, com atribuições de revisão e julgamento, cercado de garantias - contra quaisquer ameaças, possa exercer as suas funções vitais no organismo constitucional, sem risco de converter-se em instituição de ornato aparatoso e inútil".[317]

Além disso, parece-nos bastante evidente que, num ambiente onde todos os poderes estão submetidos à Constituição tendo, pois, responsabilidade para a concretização do texto constitucional[318], e a partir de um paradigma no qual não há sinonímia entre texto e norma, não se pode alijar do Tribunal de Contas a possibilidade de exercer o controle em concreto de constitucionalidade, especialmente em sua função judicante, quando da construção da norma jurídica da despesa pública e da respectiva norma de decisão.

A norma de decisão do Tribunal de Contas deve ser comunicada aos gestores públicos e particulares que com o Poder Público se relacionem para a eventual tomada de providências, por exemplo, suspendendo o contrato administrativo cuja despesa pública foi considerada inconstitucional, de sorte que o órgão controlador, pelo fato de exercer o controle de constitucionalidade no caso concreto e compor a norma jurídica da despesa pública, não se arvora e nem toma o lugar do gestor.

Frisamos: o Tribunal de Contas, como órgão administrativo que é, também está vinculado à Constituição Federal e, igualmente, tem a incumbência de *concretizar o texto constitucional*, de sorte que a "base normativa" para o controle difuso de constitucionalidade pelos Tribunais de Contas não é a Súmula 347 do Supremo Tribunal Federal,[319] mas a própria Constituição, sua força normativa e vinculante.

---

[316] TORRES, Ricardo Lobo. *O orçamento da Constituição*. São Paulo: Renovar, 1995, p. 279.

[317] BARBOSA, Rui. Exposição de Motivos do Decreto 966-A, de 1890, instituidor do Tribunal de Contas no Brasil. *In*: *Revista do Tribunal de Contas da União* - v. 1, n. 1 (1970-). Brasília: TCU, 1970, p. 254.

[318] ABBOUD, Georges. *Jurisdição constitucional e direitos fundamentais*. São Paulo: RT, 2011, p. 406 e 418.

[319] Nesse sentido: ROSILHO, André Janjácomo. *Controle da Administração Pública pelo Tribunal de Contas da União*. (Tese). Faculdade de Direito, USP, 2016, p. 140.

Afinal, "negar à Administração Pública o poder de realizar o controle de constitucionalidade seria o mesmo que, em outras palavras, afirmar que a Administração Pública estaria imunizada em relação ao texto constitucional"[320] ou devesse ficar sempre aguardando a boa vontade do Poder Judiciário para deixar de aplicar leis que, escancaradamente, afrontassem o texto da Constituição.

A despeito de sua natureza administrativa, a Constituição Federal atribui ao Tribunal de Contas a função de *julgar as contas* dos administradores e demais responsáveis por dinheiros, bens e valores públicos, bem como daqueles que derem causa a perda, extravio ou qualquer outra irregularidade de que resulte prejuízo ao erário público (art. 70, inciso II).

Como observa Georges Abboud, "existem determinados órgãos integrantes da Administração Pública que realizam atividade muito próxima da jurisdicional, na medida em que solucionam conflitos relativos à matérias que é de sua atribuição".[321]

O autor dá justamente o exemplo do Tribunal de Contas e do Conselho Administrativo de Defesa da Concorrência (CADE) e conclui que "para o exercício de suas tarefas, deve o Tribunal de Contas aplicar diretamente a Constituição ao exercício de suas atividades, inclusive, realizando o controle difuso de constitucionalidade"[322], tudo porque, no exercício de suas atribuições constitucionais e legais, os Tribunais de Contas "têm o dever de contribuir para a concretização dos princípios constitucionais e preservação dos direitos fundamentais".[323] [324] [325]

---

[320] ABBOUD, Georges. *Jurisdição constitucional e direitos fundamentais.* São Paulo: RT, 2011, p. 420.

[321] ABBOUD, Georges. *Jurisdição constitucional e direitos fundamentais.* São Paulo: RT, 2011, p. 428.

[322] ABBOUD, Georges. *Jurisdição constitucional e direitos fundamentais.* São Paulo: RT, 2011, p. 429.

[323] ABBOUD, Georges. *Jurisdição constitucional e direitos fundamentais.* São Paulo: RT, 2011, p. 429.

[324] Em sentido contrário: ROSILHO, André Janjácomo. *Controle da Administração Pública pelo Tribunal de Contas da União.* (Tese). Faculdade de Direito, USP, 2016, p. 136-142. O autor argumenta que a CF/88 prevê no art. 97 a exclusivamente dos Tribunais (judiciais) para exercerem o controle de constitucionalidade. Com toda a vênia, não podemos concordar com o autor, pois o que o art.97 da CF-88 exige é tão somente o *quorum* para a declaração de inconstitucionalidade pelos Tribunais. Trata-se, pois, da conhecida "cláusula de reserva de plenário", mas não limite o controle de constitucionalidade ao Poder Judiciário.

[325] No MS 25.888, j. 22.3.2006, o Min. Gilmar Mendes ordenou a suspensão dos efeitos a decisão do TCU279, sendo que um dos argumentos utilizados foi o de que declaração de inconstitucionalidade pelo Tribunal de Contas violaria o princípio da legalidade, tanto pela ótica do art. 71 da Constituição, que delimita as competências do TCU, quanto pela perspectiva do art. 177, que estabelece o regime de exploração do petróleo, deixando claro que a Súmula 347 do STF não teria sido recepcionada pela CF/88.

Aliás, José Mauricio Conti nos mostra que a legalidade inscrita no art. 70 da Constituição Federal "não deve ser compreendida na sua acepção mais restrita, (...) mas em seu sentido amplo, de forma a abranger também as normas hierarquicamente superiores e inferiores",[326] de sorte que neste controle da legalidade também pode residir, num espectro mais lato, o controle da constitucionalidade.

As relevantíssimas competências constitucionais atribuídas ao Tribunal de Contas e arroladas nos incisos do art. 71 permitem concluir que este órgão técnico no controle das finanças públicas não pode ficar na dependência de uma manifestação jurisdicional para que concretize a Constituição Federal, construindo a norma jurídica da despesa pública em cada situação concreta e, neste mister, possa realizar o controle difuso da constitucionalidade, afastando textos de leis contrários à Constituição Federal.

Por exemplo: imaginemos que o Estado de São Paulo crie uma lei que estabeleça uma nova modalidade de licitação e, a partir daí, contrate determinada empresa para a prestação de um serviço público. Quando esta situação em contrato passasse pelo crivo do Tribunal de Contas nada impediria que o Tribunal, *sponte propria*, realizasse o controle de constitucionalidade da referida lei, afastando sua aplicação no caso concreto e, imediatamente, tomasse providências cautelares, por exemplo, para evitar o dispêndio irregular de recursos públicos.

Não há no texto constitucional qualquer limitação subjetiva para o exercício do controle difuso de constitucionalidade.

Aliás, sequer o próprio controle difuso exercido pelo Poder Judiciário, atribuído a qualquer juiz ou Tribunal, também tem previsão expressa no texto constitucional, como também não havia previsão por ocasião do maior precedente histórico do *judicial review*, quando em 1803 a Suprema Corte dos Estados Unidos entendeu que a lei federal que dava competência originária à Suprema Corte para emitir *mandamus* nos termos pleiteados por William Marbury contrariava a Constituição Federal que só lhe reconhecia competência de apelação nos casos não indicados por ela mesma como de competência originária.

Parece-nos que a ideia é a mesma para todos os poderes: a Constituição é o limite e o verdadeiro parâmetro, a bússola, o *contre-rôle* para as atividades de controle, especialmente aquela que tem por objeto as atividades financeiras do Estados consubstanciadas no chamado ciclo orçamentário, verdadeira condição *sine qua non* para a concretização de qualquer direito fundamental!

---

[326] CONTI, José Mauricio. *Direito Financeiro na Constituição de 1988*. São Paulo: Oliveira Mendes, 1998, p. 04.

Se no Estado Constitucional a lei cede lugar para a Constituição ser a referência para *qualquer ato estatal* (judiciário ou administrativo) e se todos, sem exceção, estão vinculados ao texto constitucional, não há como escantear o Tribunal de Contas do dever de realizar o controle difuso de constitucionalidade quando do exercício de suas competências constitucionais.

Ainda conforme Georges Abboud, "para o exercício de suas tarefas, deve o Tribunal de Contas aplicar diretamente a Constituição ao exercício de suas atividades, inclusive, realizando o controle difuso de constitucionalidade. (...) os Tribunais de Contas, ao realizarem sua atividade, têm o dever de contribuir para a concretização dos princípios constitucionais e preservação dos direitos fundamentais".[327]

A partir destas ideias podemos fazer a aproximação constitucional com as condutas *rent-seeking*.

O controle do resultado do gasto público, concretizando a análise da economicidade e da eficiência na fiscalização financeira do Estado, é de extrema relevância para que os órgãos de controle verdadeiramente se desincumbam deste mister que a Constituição lhes endereçou e passem a realizar um controle substancial, de qualidade, e não meramente formal dos gastos públicos, o que é imprescindível para a própria constatação da *rent-seeking*, especialmente da perda social que é consequência inerente a tais condutas.

Como visto, a conduta *rent-seeking* é composta de ação (conduta) *mais resultado*.

A conduta de busca à renda, em si, não é proscrita pelo direito brasileiro, de modo que a prevenção da *rent-seeking* deve sempre ser perseguida *com olhos voltados para o resultado*.

Caso haja *indícios* de perdas sociais, os órgãos de controle devem, *imediatamente*, acionar os mecanismos cautelares para evitar que esta perda social possa se concretizar e, consequentemente, configurar a *rent-seeking*.

O acionamento destas medidas pelos órgãos de controle, além de permitir a eventual prevenção de perda social, marca a responsabilidade financeira do gestor público em caso de ser posteriormente constatada, de sorte que sem este "alerta", temos por inviável sua responsabilização financeira pela perda social, sob pena de aceitar sua responsabilidade objetiva, sem respaldo legal.

[327] ABBOUD, Georges. *Jurisdição constitucional e direitos fundamentais*. São Paulo: RT, 2011, p. 429.

De qualquer modo, o fato é que a fiscalização financeira à luz da economicidade/eficiência permite que a atividade de controle evite qualquer "déficit de responsividade", próprio de controles meramente formais.

De acordo com Floriano de Azevedo Marques Neto, referido déficit representa um "distanciamento em relação aos objetivo e efeitos alvitrados pela sociedade e perseguidos pela atuação administrativa". Para o autor, um dos objetivos do controle é justamente a "adequada aplicação de recursos públicos".

Desse modo, afirma que "cada vez mais é necessário verificar se o emprego dado a um bem do patrimônio público corresponde à melhor utilidade que dele se pode extrair. Assim é que a adequada aplicação de recursos públicos se relaciona não apenas com gestão orçamentária, como também com responsabilidade civil, economicidade (eficiência alocativa) e probidade".[328]

O controle formal do gasto público cinge-se na verificação do objeto da prestação da relação jurídica prescrita no consequente da norma da despesa pública, ou seja, por este viés a despesa pública não passa de um mero *montante pecuniário* fixado no orçamento público.

Trata-se de uma visão que é fruto de um positivismo exegético, anterior mesmo ao giro linguístico, no qual a lei orçamentária que fixa a despesa pública é tida como sinônima da norma jurídica da despesa pública.

É preciso ir além disso e construir a norma jurídica da despesa pública a partir dos textos de normas (inclusive o texto constitucional) e do caso concreto para que seja possível um verdadeiro controle formal *e* substancial do gasto público.

Esta ideia fica bem clara quando assumimos que "aumentar gastos, portanto, não significa melhorar a sua qualidade. Com base nisso, o controle interno deverá (...) transcender a mera análise formal da legalidade dos atos ordenadores do gasto público. Deve-se, assim, verificar o efetivo cumprimento dos objetivos constitucionais e o respeito às diretrizes traçadas nas leis orçamentárias".[329] [330]

---

[328] MARQUES NETO, Floriano de Azevedo. Os grandes desafios do controle da Administração Pública. *In*: *Fórum de Contratação e Gestão Pública*. Belo Horizonte, ano 9, n. 100, abr. 2010.

[329] CONTI, José Mauricio; CARVALHO, André Castro. O controle interno na Administração Pública brasileira: qualidade do gasto público e responsabilidade fiscal. *In*: *DPU n. 37*, jan.-fev./2011, seção especial, teorias e estudos científicos, p. 214.

[330] Analisando os gastos diretos do governo federal com educação, bem como os gastos tributários na área da educação (*v.g.*, PROUCA-REICOMP, PROUNI, imunidade de livros e periódicos, descontos do IRPF com despesa de educação, entidades sem fins lucrativos etc.) no período entre 2004 a 2014, Marcos Mendes conclui que a área da educação foi bastante privilegiada em

Realmente, aumentar o gasto formalmente não representa, necessariamente, melhor aproveitamento, maior economicidade, mais eficiência desse mesmo gasto.

Aliás, pelo contrário, isto pode simplesmente alavancar uma maior busca de rendas por parte de *rent-seekers* de plantão e, consequentemente, representar *maior perda social*, reforçando a configuração da *rent-seeking*.

Em tempos de inversão da Constituição Dirigente[331], com a desarticulação das ordens financeira e econômica nas Constituições, deixando a Constituição Financeira blindada contra as boas intenções do constitucionalismo econômico do século XX, nada mais imprescindível que passar a olhar as condutas *rent-seeking* no contexto do direito financeiro e poder concluir, positivamente ou não, acerca dos benefícios coletivos do gasto público, do real (não meramente formal) atendimento das necessidades coletivas, articulando Constituição Financeira e Econômica.

Podemos sustentar, portanto, que sem um sério controle do resultado do gasto público simplesmente a conduta *rent-seeking* permanecerá invisível aos olhos do Direito Financeiro.

Estamos de acordo com Emerson Cesar da Silva Gomes quando afirma que "o gasto público no Brasil, portanto, sujeita-se a todo um arcabouço jurídico, especialmente, no tocante à sua efetivação (...)".[332]

Este arcabouço jurídico, a começar pelo texto constitucional, proscreve o gasto público antieconômico ou ineficiente e, consequentemente, veda a *rent-seeking*. Esta vedação, frise-se, é *jurídico-constitucional* e, sendo assim, jurídica deve ser a consequência, responsabilizando-se gestores e o tomador da renda nas hipóteses cabíveis.

---

termos de alocação de recursos. Todavia, os programas financiados não passam de verdadeiras "apostas" e conclui: "escolheram-se alguns programas para serem turbinados. Despejou-se soma considerável de recursos em cada um deles, sem uma adequada hierarquização de prioridades ou avaliação do impacto de cada um deles. Espera-se que, com sorte, eles tragam resultados no futuro" (*O governo federal gasta pouco com educação?* Disponível em: http://www.brasil-economia-governo.org.br/2015/04/20/o-governo-federal-gasta-pouco-com-educacao/, consultado em: 05 dez. 2016).

331 BERCOVICI, Gilberto; MASSONETO, Luís Fernando. A Constituição Dirigente Invertida: a blindagem da Constituição Financeira e a agonia da Constituição Econômica. *In*: *Boletim de Ciências Econômicas XLIX* (2006), p. 57-77.

332 GOMES, Emerson Cesar da Silva. *O direito dos gastos públicos no Brasil*. São Paulo: Almedina, 2015, p. 28.

É justamente esta determinação constitucional que, como desdobramento do princípio republicano, parece-nos absolutamente fundamental para que haja o controle financeiro tal como exigido por nossa Constituição, uma verdadeira construção, em cada caso concreto, da norma jurídica da despesa pública.

Esta noção é muito importante quando transportada para a questão do controle da Administração Pública, pois os órgãos que exercem o controle externo e interno, no caso específico de nossa abordagem, nada mais fazem do que *construir a norma jurídica relacionada à atividade financeira do Estado a partir do caso concreto que lhe é submetido à fiscalização.* A norma deve ser construída *conjuntamente* com o caso concreto.

Nesse sentido, não há na atividade de controle, rigorosamente, uma atividade de comparação, de confronto entre um *rôle* e um *contre-rôle*[333], o que nos levaria a afirmar, ao contrário dos pressupostos dos quais partimos, de que haveria uma norma concreta a ser subsumida em um norma abstrata.

O gasto público que não passa positivamente pelo filtro do controle de resultado não encontra arrimo na Constituição Federal sendo, desta forma, inconstitucional a norma jurídica e a respectiva norma de decisão que a ele se refere. Esta, ao nosso ver, é consequência jurídica mais severa que a conduta *rent-seeking* pode ocasionar no âmbito das despesas públicas.

Neste contexto é perfeita a lição de Regis Fernandes de Oliveira quando ensina que "*toda despesa deve encontrar respaldo constitucional* ou legal. *Todas devem gerar benefício ao Poder Público*, seja como aumento patrimonial, seja como retribuição a serviços prestados ou compra de bens ou serviços etc."[334] (destacamos).

Dizer que a despesa pública tenha respaldo constitucional é sustentar, dentre outras coisas, que a despesa pública seja eficiente e econômica, que tenha um custo-benefício positivo e isto só é verdadeiramente possível se o Direito Financeiro não fizer vista grossa ao *rent-seeking* que, como visto, representa sempre um saldo social negativo.

Por esta razão é que entendemos que o texto do art. 70, reforçado pelo art. 75, inciso II, da Constituição Federal, muito embora tratando diretamente sobre o controle financeiro e orçamentário, não pode ser desconsiderado na construção da norma jurídica da despesa pública, pois impõem critérios (economicidade/

---

[333] De acordo com Odete Medauar, "o *contre-rôle* é o registro que efetua o confronto com o registro original e serve para verificar os dados; a expressão foi abreviada, resultando no termo *controle*" (*Controle da Administração Pública*. São Paulo: RT, 2014, p. 21).

[334] OLIVEIRA, Regis Fernandes de. *Responsabilidade fiscal*. São Paulo: RT, 2001, p. 42.

eficiência) ao controle do gasto público que acabam tornando imperioso que se leve em consideração na composição da própria norma jurídica, até mesmo porque, rigorosamente, o controle nada mais faz que construir a norma jurídica e a norma de decisão a partir do caso concreto para, ao final do ciclo orçamentário, retroalimentar todo o planejamento (elaboração do PPA, LDO e LOA).

Para Izabela Moreira Corrêa, "a gestão pública por resultados foi, assim, desenvolvida como uma estratégia que tem início no momento do planejamento estratégico e vai até o processo de *feeedback* das políticas públicas, podendo ser considerada uma prática de boa governança e desenvolvimento institucional (...)".[335]

É importante perceber que não é o Direito, num primeiro momento, que dirá qual o gasto público que passa no teste da economicidade, mas a própria Economia. A análise, aqui, é de custo-benefício. Como dito e redito, é uma dimensão do controle *de resultado*.

Nesse sentido, esclarece Floriano de Azevedo Marques Neto que "verificar o resultado é a um só tempo (i) ampliar o escopo de atuação dos órgãos de controle que devem trabalhar também com a análise de custo-benefício da ação administrativa (controle de eficiência e efetividade) e (ii) dotar a atividade de controle de alguma responsividade, obrigando a que cada medida adotada no controle seja precedida de um relatório de impacto, no qual sejam perquiridos os efeitos e consequência de sua atuação".[336]

Para que se feche o diagnóstico de uma conduta *rent-seeking*, como vimos, é imprescindível não apenas a comprovação da conduta rentista desdiferenciando (*v.g.*, corrupção) *ou não* a decisão jurídica do gasto mas, igualmente, do resultado socialmente danoso (perda social), o que só pode ser aferido no exercício da atividade de controle pelo critério da economicidade/eficiência.

Trata-se de uma equação extremamente complexa que deve ser resolvida por especialistas de diversas áreas do conhecimento (*v.g.*, economia, sociologia, antropologia etc.), portanto, refugindo por completo dos limites deste trabalho.

Cabe ao direito receber as informações desses outros sistemas e processá-las internamente quando do exercício do controle da atividade financeira do Estado, seja em nível de controle externo (CF/88, art. 70) ou interno (CF/88, art. 75, II).

A complexidade de chegar, ainda que de modo aproximativo, a determinado montante pecuniário da perda social é tamanha que, por exemplo, não se pode

---

335 CORRÊA, Izabela Moreira. Planejamento estratégico e gestão pública por resultados no processo de reforma administrativa do Estado de Minas Gerais. *Revista de Administração Pública*, Rio de Janeiro, v. 41, n. 3, maio/jun.2007, p. 498.

336 *In*: *Os grandes desafios do controle da Administração Pública.*

desconsiderar neste cálculo o eventual "tempo produtivo perdido"[337] também dos rentistas que não restaram exitosos na obtenção, expansão ou manutenção da renda.

Da mesma forma, devem ser considerados eventuais benefícios sociais criados pelos caronas (*free-riders*) que foram contemplados por renúncias tributárias em decorrência de condutas *rent-seeking* de seus concorrentes.

Tudo isto e muitas outras variáveis, que aqui não teríamos espaço para pormenorizar por extrapolar os limites de nossa abordagem, devem ser devidamente levadas em conta por ocasião da análise da economicidade e eficiência do gasto público que é o objeto da prestação da relação jurídica prevista no consequente normativo da norma jurídica da despesa pública.

O verdadeiro controle da eficiência, como se percebe, vai além do cumprimento de metas fixadas em programas orçamentários.

Evidentemente que tais metas também são importantes, pois fazem parte do planejamento orçamentário, mas o controle da eficiência do gasto público não fica restrito a esta análise estática e exegética da lei orçamentária.

O texto constitucional é de hialina clareza e dispensa detalhamentos por lei ou ato normativo infralegal para que seja realizada esta análise da economicidade e eficiência em todo e qualquer caso concreto que se submeta ao controle da atividade financeira de Estado.

O marco teórico deste livro possibilita a "aplicação direta" da Constituição, especificamente para a construção de sentido da economicidade e da eficiência do gasto público mas, frise-se, desde que o trabalho jurídico siga um processo de construção da norma jurídica e da norma de decisão metodologicamente orientado, levando-se em conta todos os elementos de concretização da norma (que não se restringem aos dado linguísticos e nem aos textos normativos). Trata-se de um trabalho que exige "juristas de um novo tipo"[338], ou seja, "profissionalizados como especialistas em ciências jurídicas e sociais"[339].

---

337 Considerando o tempo como um bem jurídico suscetível de reparação pelo "dano temporal": GAGLIANO, Pablo Stolze. Responsabilidade civil pela perda do tempo. *Revista Jus Navigandi*, Teresina, ano 18, n. 3540, 11 mar. 2013. Disponível em: https://jus.com.br/artigos/23925. Acesso em: 24 set. 2016; TEIXEIRA, Tarcisio; AUGUSTO, Leonardo Silva. O dever de indenizar o tempo desperdiçado (desvio produtivo). *In*: *Revista da Faculdade de Direito da Universidade de São Paulo*, v. 110, p. 177-209, jan./dez. 2015.

338 MÜLLER, Friedrich. *Direito, linguagem, violência*: elementos de uma teoria constitucional I. Porto Alegre: Sergio Antonio, 1995, p. 46.

339 MÜLLER, Friedrich. *Direito, linguagem, violência:* elementos de uma teoria constitucional I. Porto Alegre: Sergio Antonio, 1995, p. 46.

Assim, seja a aplicação direta da Constituição, leia-se, aquela que não passa por um detalhamento em texto normativo infraconstitucional, seja aquela mediada por leis ou atos normativos infralegais, sempre haverá a necessidade de concretização da norma jurídica.

De acordo com Friedrich Müller, "'concretizar' não significa aqui, portanto, à maneira do positivismo antigo, interpretar, aplicar, subsumir silogisticamente e concluir. E também não, como no positivismo sistematizados da última fase de Kelsen, 'individualizar' uma norma jurídica genérica codificada na direção do caso individual 'mais restrito'. Muito pelo contrário, 'concretizar' significa: produzir diante da provocação pelo caso de conflito social, que exige uma solução jurídica, a norma jurídica defensável para esse caso no quadro de uma democracia e de um Estado de Direito. Para tal fim existem dados de entrada [*Eingangsdaten/ inputs*] – o caso e os textos de norma nele 'pertintentes' – e meios de trabalho (...)".

E, resumidamente, mostra o caminho ao afirmar que "o jurista, que precisa solucionar uma caso do direito constitucional, parte, bem como em outras áreas do direito, das circunstâncias de fato, *i.e.*, do tipo legal, que ele formula profissionalmente. Com esses traços distintivos ele constrói a partir do conjunto de textos da constituição hipóteses sobre o texto da norma, que ele pode considerar 'provavelmente pertinentes' segundo o seu conhecimento especializado. Dessas hipóteses ele chega aos fatos genéricos empiricamente vinculados a elas (ao lado dos fatos individuais do caso). O conjunto desses fatos genéricos, o âmbito material [*Sachbereich*], ele reduz, em regra, de trabalho ao âmbito do caso [*Fallbereich*], por razões de economia. Com ajuda de todos os elementos de trabalho que são, num primeiro momento, de natureza linguística, *i.e.*, com ajuda de dados linguísticos, ele elabora o programa da norma. Na medida em que os dados reais do âmbito material ou do âmbito do caso (ainda) são relevantes diante do programa da norma e compatíveis com ele, eles constituem o âmbito da norma [*Normbereich*]. O jurista interliga então o programa e o âmbito da norma na norma jurídica formulada genericamente (...). Essa norma jurídica ele individualiza num último passo na direção da norma decisória (a parte dispositiva da sentença, o teor; por exemplo, (...) o prazo previsto pela constituição não foi observado)".[340]

Relembremos: na perspectiva da metódica estruturante a norma jurídica tem um "noção composta" de ser e dever-ser, de campo normativo e campo factual, de dados linguísticos e dados reais na concretização prática[341].

---

340 MÜLLER, Friedrich. *O novo paradigma do Direito*: introdução à teoria e metódica estruturantes. São Paulo: RT, 2013, p. 125-126.

341 MÜLLER, Friedrich. *O novo paradigma do Direito*: introdução à teoria e metódica estruturantes. São Paulo: RT, 2013, p. 235.

Deste modo, a norma jurídica é sempre criada num processo de concretização, metodologicamente orientado, a partir de um caso concreto, de sorte que "ela não preexiste já nos códigos",[342] ou seja, "a norma não é somente 'dever-ser', mas um fenômeno composto de linguagem (textos de norma amplamente *concretizados = programa da norma*) e fatos (*filtrados* pelas diretrizes do programa da norma)".[343]

Portanto, o problema não está propriamente na aplicação "direta ou indireta" da Constituição Federal e, em especial, da economicidade e da eficiência do gasto público, mas eventualmente no *caminho* percorrido pelos gestores e órgãos de controle para a construção da norma jurídica e da respectiva norma de decisão.

Evidentemente que a lei e demais atos normativos infralegais podem estabelecer e minuciar um procedimento para que seja levado a cabo esta análise do gasto público, elencando os possíveis critérios a serem considerados.

Em outro giro verbal: nada obsta a existência de mais textos normativos para outorgar maior densidade semântica aos conceitos de economicidade e eficiência, mas o *deficit* ou mesmo a inexistência desta regulamentação não pode ter o condão de inviabilizar o controle de resultado do gasto público sob o argumento de estar-se aplicando diretamente a Constituição Federal.

O sistema de controle da Administração Pública partiu de um controle da vontade na ação da Administração Pública para chegar ao controle de resultado da ação da Administração Pública, ou seja, "trata-se da derrubada da última barreira de injuridicidade na gestão dos interesses públicos e da consequente abertura à garimpagem do mais novo filão de controle de responsabilidade na ação político-administrativa de seus agentes".[344]

Desse modo, toda a atividade de controle que se concretizou no âmbito da Administração Pública fundou-se em um aspecto *preponderantemente formal*, analisando estaticamente os chamados "elementos" do ato administrativo: competência, objeto, forma, motivo e finalidade.

Num segundo momento, passa a ter importância a eficiência da ação administrativa, ou seja, "que haja efetivamente produzido os resultados visados quando

---

[342] MÜLLER, Friedrich. *O novo paradigma do Direito*: introdução à teoria e metódica estruturantes. São Paulo: RT, 2013, p. 235.

[343] MÜLLER, Friedrich. *O novo paradigma do Direito*: introdução à teoria e metódica estruturantes. São Paulo: RT, 2013, p. 244.

[344] MOREIRA NETO, Diogo de Figueiredo. Novo referencial no direito administrativo: do controle da vontade ao do resultado. A juridicização dos resultados na Administração Pública. *In*: *Fórum Administrativo – FA*, Belo Horizonte, ano 6, n. 67, set. 2006.

da escolha político-administrativa e, desse modo, cabalmente exaurida a finalidade do ato, contrato ou processo em que tal escolha foi decidida".[345]

Assim, "a evolução do controle também avança historicamente nessa linha: partindo dos instrumento da ação - os atos e procedimentos da Administração Pública - para alcançar a substância da ação - os resultados efetivamente por ela alcançados".[346]

O controle exclusivamente formal cumpriu seu papel no passado, num modelo de Administração burocrático, mas "o modelo burocrático torna-se obsoleto por seu caráter excessivamente formalista e rígido, hierarquizado e pouco comprometido com resultados".[347]

De acordo com Sheila Maria Reis Ribeiro, "a filosofia de controle que deu suporte às organizações burocráticas mostra-se superada. O formalismo-legalista, a ênfase contábil e a prática policialesca que acabaram por limitar o controle à avaliação *a priori* de procedimentos - circunscritos no âmbito da própria burocracia - já não são suficientes para justificar perante a sociedade o bom ou mau uso dos recursos públicos. A sociedade exige responsabilidade dos dirigentes no exercício da função pública e clama por serviços públicos de qualidade. A sociedade quer resultados".[348]

Evidentemente, o controle formal tem (e mantém) sua importância jurídica, agora *complementado* pelo controle de resultado, de sorte que este não entra no lugar daquele. Não há sucessão, mas complementação.

Tanto a legalidade como a economicidade, ao lado da legitimidade, são os critérios previstos para a fiscalização financeira do Estado (CF/88, art. 70, *caput*).

No geral, há no Brasil uma "baixa qualidade do gasto público"[349] que, ao nosso sentir, pode ser mitigada pelo exercício republicano do controle de resultado da atividade financeira do Estado, permitindo a análise do gasto pelo viés da economicidade e da eficiência.

---

[345] MOREIRA NETO, Diogo de Figueiredo. Novo referencial no direito administrativo: do controle da vontade ao do resultado. A juridicização dos resultados na Administração Pública. *In*: *Fórum Administrativo - FA*, Belo Horizonte, ano 6, n. 67, set. 2006.

[346] MOREIRA NETO, Diogo de Figueiredo. Novo referencial no direito administrativo: do controle da vontade ao do resultado. A juridicização dos resultados na Administração Pública. *In*: *Fórum Administrativo - FA*, Belo Horizonte, ano 6, n. 67, set. 2006

[347] RIBEIRO, Sheila Maria Reis. *Controle interno e paradigma gerencial*. Brasília: ENAP, 1997.

[348] RIBEIRO, Sheila Maria Reis. *Controle interno e paradigma gerencial*. Brasília: ENAP, 1997.

[349] PINTO, Élida Graziane; FUNCIA, Francisco. Ajuste fiscal, eficiência e pisos em saúde e educação. *Estadão*, 19 de maio de 2016.

Por este caminho, torna-se possível a construção constitucionalmente adequada da norma jurídica da despesa pública, de modo a (re)afirmar a necessária aderência que os orçamentos públicos devem ter à Constituição Federal e aos direitos fundamentais[350], assim como a execução orçamentária às respectivas leis orçamentárias.

Élida Graziane Pinto e Francisco Funcia afirmam que "para melhorar a qualidade do gasto e evitar tanto a sobreposição de ações, como os desperdícios, no contexto da restrição orçamentária e financeira, o país precisa levar a sério as balizas constitucionais relativas à gestão pública, aos direitos fundamentais e à responsabilidade fiscal".[351]

Conforme observa Floriano de Azevedo Marques Neto, um bom sistema de controle é aquele que, não desprezando a obediência à legalidade, portanto, aos aspectos formais, consegue "aferir também os resultados das políticas públicas e das ações administrativas, verificando o quanto elas estão a reverter para a sociedade".[352] O controle de resultado não visa suceder ao controle formal, mas tão somente complementá-lo.

Transpondo esta lição para o Direito Financeiro, podemos sustentar que um bom sistema de controle financeiro da atividade estatal é aquele que, além legalidade e legitimidade, consegue aferir os resultados do gasto público, apontando o quanto eles (não) estão sendo revertidos em benefícios *coletivos* (CF/88, art. 70, *caput*).

Onde existe qualidade do gasto público não há espaço para *rent-seeking*.

José Mauricio Conti assevera que "aperfeiçoar a qualidade do gasto público é fazer mais com menos, ou seja, produzir mais benefícios públicos com menos recursos, o que exige (...) a modernização da gestão, aumento da participação

---

350 Nesse sentido, defendendo a indispensável aderência das leis orçamentárias à Constituição Federal inclusive pela via da jurisdição constitucional: PINTO, Élida Graziane. *Controle judicial dos orçamentos públicos em prol dos direitos fundamentais*. Disponível em: http://www.conjur.com.br/2016-ago-17/elida-pinto-controle-orcamentario-prol-direitos-fundamentais, consultado em: 20 out. 2016; COMPARATO, Fábio Konder; PINTO, Élida Graziane. *Custeio mínimo dos direitos fundamentais, sob máxima proteção constitucional*. Disponível em: http://www.conjur.com.br/2015-dez-17/custeio-minimo-direitos-fundamentais-maxima-protecao-cf, consultado em: 20 nov. 2016.

351 PINTO, Élida Graziane; FUNCIA, Francisco. Ajuste fiscal, eficiência e pisos em saúde e educação. *Estadão*, 19 maio 2016. Disponível em: http://politica.estadao.com.br/blogs/fausto-macedo/ajuste-fiscal-eficiencia-e-pisos- em-saude-e-educacao/. Acesso em: 15 nov. 2016.

352 PINTO, Élida Graziane; FUNCIA, Francisco. Ajuste fiscal, eficiência e pisos em saúde e educação. *Estadão*, 19 maio 2016. Disponível em: http://politica.estadao.com.br/blogs/fausto-macedo/ajuste-fiscal-eficiencia-e-pisos- em-saude-e-educacao/. Acesso em: 15 nov. 2016.

popular nas decisões sobre o gasto público, maior transparência e controle".[353] Ainda de acordo com o autor, para se atingir a tão almejada qualidade do gasto público é indispensável "uma mudança de cultura na administração pública".

Estamos em acordo com Élida Graziane Pinto quando sustenta que "o esforço que se propõe à comunidade jurídica é o de reclamar a máxima eficácia dos direitos sociais por meio do controle da legalidade orçamentária e sua adequada execução, com vistas à integridade do ordenamento brasileiro"[354]. E acrescentamos: por meio do controle da economicidade do gasto público, posto que não se pode afirmar eficácia dos direitos sociais, ou de qualquer direito fundamental, sem que se proceda à avaliação do custo social/benefício social da aplicação do recurso público.

É importante observar que a necessidade de ser controlada a economicidade do gasto público não tem o condão de sobrepor a Economia ao Direito. Ambos os domínios têm racionalidades distintas, autonomia na sociedade moderna funcionalmente diferenciada, de sorte que não há sobreposição de um sistema ao outro.

O Direito Financeiro deve alimentar-se dessas informações da Economia e processá-las internamente, preservando sua autonomia, mas, paradoxalmente, mantendo sua dependência com o ambiente.

Conforme aponta Helio Saul Mileski "o princípio da economicidade advém de um princípio tipicamente técnico-econômico, envolvendo os custos relativos aos objetivos que se pretende alcançar. Genericamente significa realizar algo ao menor custo possível. No âmbito privado, normalmente, a economicidade está compreendida na relação custo-lucro. Na esfera pública, o sentido de economicidade altera-se profundamente, na medida em que o seu entendimento está na relação custo-benefício. Esta relação de custo-benefício é tema excessivamente técnico (...), sendo mais direcionado para estudos de análise econômica, tendo em conta uma contabilidade de custos, com vistas à apuração dos resultados obtidos pela ação administrativa (...)".[355]

Conforme Paulo Soares Bugarin, "economicidade reflete uma opção estratégica do constituinte de 1988 pela racional fundamentação das decisões politicamente motivadas concernentes à alocação do conjunto escasso de recursos públicos à disposição dos agentes delegados da sociedade, na sua primordial missão de

---

[353] CONTI, José Mauricio. Orçamento, planejamento e gestão: desafio e perspectivas. *In*: *Coletânea de estudos de direito Financeiro*. Campo Grande: TCE-MS, 2016, p. 136.

[354] PINTO, Élida Graziane. *Controle judicial dos orçamentos públicos em prol dos direitos fundamentais*. Disponível em: http://www.conjur.com.br/2016-ago-17/elida-pinto-controle-orcamentario-prol-direitos-fundamentais, consultado em: 20 out. 2016.

[355] MILESKI, Helio Saul. *O controle da gestão pública*.Belo Horizonte: Fórum, 2011, p. 293.

atender, da melhor maneira possível, aos legítimos e urgentes anseios individuais e coletivos presentes em nossa perversas realidade socioeconômica".[356]

A economicidade e a eficiência alargam os horizontes cognitivos do sistema jurídico, possibilitando que valiosas informações do ambiente sejam observadas e reformuladas internamente pelo direito.

Dois aspectos atuais cabe-nos chamar a atenção para o desfecho deste tópico.

O primeiro refere-se à Lei Federal n. 13.303 de 30 de junho de 2016, dispondo sobre o estatuto jurídico da empresa pública, sociedade de economia mista e de suas subsidiárias no âmbito da União, Estados, Distrito Federal e Municípios.

Referida lei aplica-se a qualquer empresa pública e sociedade de economia mista da União, Estados, Distrito Federal e Municípios que explore atividade econômica de produção ou comercialização de bens ou de prestação de serviços, ainda que se trate de atividade econômica sujeita a monopólio da União ou prestação de serviços públicos (art. 1º).

O art. 1º, §7º, estabelece que quando houver participação em sociedade empresarial na qual a empresa pública, a sociedade de economia mista e suas subsidiárias não detenham o controle acionário, elas devem adotar *práticas de governança e controle proporcionais à relevância, à materialidade e aos riscos do negócio do qual são partícipes.*

Dentre os documentos exemplificativos elencados na lei a serem fiscalizados mencionamos os seguintes: a) relatório de execução do orçamento e de realização de investimentos programados pela sociedade, inclusive quanto ao alinhamento dos custos orçados e dos realizados com os custos de mercado; b) informe sobre a execução da política de transações com partes relacionadas; c) relatório de risco das contratações para execução de obras, fornecimento de bens e prestação de serviços relevantes para os interesses da investidora; d) avaliação das necessidades de novos aportes na sociedade e dos possíveis riscos de redução da rentabilidade esperada do negócio.

Este dever de adoção de práticas de governança e controle proporcional à relevância, materialidade (volume) e riscos do negócio contribuem muito para que sejam evitadas condutas *rent-seeking* no interesse de sociedades empresariais que buscam a participação de empresas públicas e sociedades de economia mista.

O art. 6º, por outro lado, determina que o estatuto da empresa pública, da sociedade de economia mista e de suas subsidiárias deverá observar regras de governança corporativa, de transparência, práticas de gestão de riscos e de controle interno, o que também é um bom mecanismo preventivo de *rent-seeking*.

---

[356] BUGARIN, Paulo Soares. *O princípio constitucional da economicidade...*, p. 105.

Por fim, o art. 9º determina que as práticas de gestão de risco e controle interno abranjam: a) ação dos administradores e empregados, por meio da implementação cotidiana de práticas de controle interno; b) área responsável pela verificação de cumprimento de obrigações e de gestão de risco; c) auditoria interna e Comitê de Auditoria Estatutário.

O §1º do art. 9º complementa a exigência determinando a elaboração e a divulgação de um *Código de Conduta e Integridade*, dispondo, por exemplo, sobre princípios, valores e missão da empresa pública e da sociedade de economia mista, bem como orientações sobre a prevenção de conflito de interesses e vedação de atos de corrupção e fraude (inciso I).

Ao nosso sentir, a melhor interpretação a ser dada ao §1º do art. 9º quando se vale da expressão "atos de corrupção" é aquela que abrange não apenas o aspecto criminal (corrupção ativa e passiva), mas sobretudo a chamada "corrupção silenciosa".

De acordo com Jorge Arbache, "a 'corrupção silenciosa', que consiste em desvios da conduta esperada, não envolve trocas monetárias e geralmente é pouco notada, mas pode ter efeitos deletérios significativos para indivíduos, famílias e até para toda uma nação. A forma convencional ou 'ruidosa' de corrupção seria apenas a 'ponta do iceberg', enquanto a corrupção silenciosa situa-se abaixo da superfície e trata de questões complementares às formas mais visíveis de corrupção".[357]

Arbache faz a distinção entre a corrupção silenciosa e aquela prevista no Código Penal e afirma que "primeiro, diferente da corrupção convencional, a silenciosa afeta direta e potencialmente muitas pessoas por meio, por exemplo, das interações entre provedores de saúde e pacientes; professores e alunos; policiais e suspeitos; fiscais de obras e construtoras; e fiscais de vigilância sanitária e restaurantes. Segundo, a corrupção silenciosa fomenta a noção de que práticas condenáveis dos prestadores de serviços são algo inevitável, alimentando desconfiança generalizada em relação às instituições públicas. Terceiro, a corrupção silenciosa afeta particularmente os grupos vulneráveis, como pobres, crianças, idosos e deficientes físicos, que são mais dependentes dos serviços públicos. Quarto, a corrupção silenciosa tem, muitas vezes, profundas consequências de longo prazo em nível individual e coletivo. E quinto, a corrupção silenciosa é um fenômeno universal, embora seja mais proeminente em países em desenvolvimento"[358].

[357] ARBACHE, Jorge. *Corrupção silenciosa*. Disponível em: http://www.oim.tmunicipal.org.br/abre_documento.cfm?arquivo=_repositorio/_oim/_documentos/6687C7AE-F2A9-1451-001EE484A6192D4219112013105753.pdf&i=2595, consultado em: 05 dez. 2016.

[358] ARBACHE, Jorge. *Corrupção silenciosa*.

O autor ressalta que a corrupção silenciosa pode ser enfrentada, por exemplo, com o "aumento da disseminação de informações sobre orçamentos, projetos, indicadores de resultado e monitoramento pela sociedade civil pode melhorar a qualidade dos serviços públicos, reduzir desperdícios, absenteísmo e vazamento de recursos". E arremata afirmando que "embora o combate à corrupção ruidosa seja crítico, o enfrentamento à corrupção silenciosa é crucial para a promoção do crescimento sustentado, redução da pobreza e aumento da produtividade".[359]

Percebe-se, facilmente, a estreita relação da *rent-seeking* com o conceito de corrupção silenciosa,[360] muito mais que aquela prevista na seara penal.

Como o art. 9º, §1º, inciso I, não especifica, temos que seja perfeitamente admissível a compreensão da corrupção silenciosa no termo "atos de corrupção" e, com isto, selar de vez, agora explicitamente no âmbito infraconstitucional, a inadmissão jurídica da *rent-seeking*.

Por fim, dois outros dispositivos da Lei n. 13.303/2016 merecem nossa atenção.

O primeiro deles é o art. 27 que determina que a empresa pública e a sociedade de economia mista terão a função social de *realização do interesse coletivo* e que esta realização deverá ser orientada para o *alcance do bem-estar econômico* e para a *alocação socialmente eficiente dos recursos geridos* (§1º).

Esta exigência contida expressamente no §1º do art. 27, impondo a alocação *socialmente eficiente* dos recursos geridos simplesmente sepulta, de uma vez por todas, qualquer possibilidade de aceitação jurídica de comportamento *rent-seeking* que vise a obtenção, expansão ou manutenção de renda disponibilizada por empresas públicas ou sociedades de economia mista.

O outro dispositivo é o art. 87, *caput*, que prescreve que o controle das despesas decorrentes dos contratos e demais instrumentos regidos pela lei será feito pelos órgãos do sistema de controle interno e pelo tribunal de contas competente, ficando as empresas públicas ou sociedades de economia mista responsáveis pela demonstração da legalidade e da *regularidade da despesa e da execução*, nos termos da Constituição Federal.

Os órgãos de controle, interno e externo, poderão solicitar para exame, a qualquer tempo, documentos de natureza contábil, financeira, orçamentária, patrimonial e operacional, obrigando empresas públicas e sociedades de economia

359 ARBACHE, Jorge. *Corrupção silenciosa*.

360 Para um detalhamento sobre a corrupção silenciosa, ver estudo empírico do Banco Mundial especificamente voltado abordando a situação de países africanos: *Silent and lethal: how quiet corruption undermines Africa's development efforts*. Disponível em: http://siteresources.worldbank.org/AFRICAEXT/Resources/english_essay_adi2010.pdf, consultado em: 05 dez. 2016.

mista a adotarem eventuais medidas corretivas que lhes forem determinadas, por exemplo, para evitar possíveis perdas sociais que poderiam configurar a *rent-seeking* (art. 87, §3º).

Portanto, sem grandes dificuldades, podemos concluir que a *rent-seeking* restou desblindada pelo direito, ficando expressamente proscrita em nível infraconstitucional, pelo menos no âmbito das empresas públicas, sociedades de economia mista e suas subsidiárias, sejam exploradoras de atividade econômica ou prestadoras de serviços públicos.

Um outro aspecto que merece rápida observação é o Projeto de Lei da Qualidade Fiscal (PL 229/2009).

No dia 21 de junho de 2016, o Senado aprovou um substitutivo ao Projeto de Lei do Senado 229/2009, de autoria do senador Tasso Jereissati (PSDB-CE), batizado de "projeto da qualidade fiscal". A proposta, que estabelece um novo modelo de elaboração de orçamentos públicos e normas gerais para o controle dos gastos e da contabilidade pública, encontra-se para análise da Câmara dos Deputados.

O objetivo do projeto de lei é atualizar o marco legal das finanças públicas - Lei 4.320/1964) - que há mais de 50 anos rege a elaboração orçamentária de todos os entes da federação e teve sua última atualização em 1982, bem como fortalecer a gestão fiscal responsável, alterando a Lei de Responsabilidade Fiscal (Lei 101/2000).

Pois bem. De acordo com art. 4º do texto final aprovado pelo Senado, o processo de planejamento da administração pública será permanente e *orientado para resultados, com foco no desenvolvimento econômico, social e ambiental sustentável.*

Ora, se o planejamento será orientado para resultados e com foco no desenvolvimento econômico, social e ambiental sustentável, já podemos concluir pela falta de espaço para a *rent-seeking*.

O art. 5º, por outro lado, traz informações preciosas para se impedir a prática de *rent-seeking*.

Pedimos vênia para sua transcrição:

> Art. 5º Caberá ao Poder Executivo federal instituir metodologias, normas e procedimentos que orientem a pré-avaliação, a revisão independente, a seleção, a implementação, o ajuste, a operação e a avaliação das iniciativas e dos projetos de investimento que pleiteiem ou sejam financiados por recursos públicos federais.
>
> Parágrafo único. As metodologias, as normas e os procedimentos referidos no caput, a serem seguidos por todos os entes da Federação, terão como objetivo:

> I – melhorar a eficiência e a eficácia no uso dos recursos públicos, atribuindo-os a iniciativas que individualizem as necessidades e oportunidades de investimentos e gerem maior rentabilidade econômica e social, em conformidade com as diretrizes e os objetivos do plano plurianual; e
>
> II – ampliar a capacidade do Estado de prover bens e serviços públicos à população.

Percebe-se a preocupação em estabelecer metodologias, normas e procedimentos que possam efetivamente orientar a seleção, a implementação, a avaliação e a revisão das iniciativas e dos projetos de investimento que pleiteiem ou sejam financiados por recursos públicos federais.

O inciso I, do parágrafo único complementa a informação do *caput* esclarecendo que tais normas e procedimentos metodológicos terão o objetivo de melhorar a eficiência e a eficácia no uso dos recursos públicos.

Como visto, na *rent-seeking* temos sempre a busca de renda disponibilizada pelo Estado que acaba gerando ineficiência, falta de economicidade da gestão pública que poderia despender menos ou o mesmo montante mas obtendo resultados sociais positivos, mais produtividade, melhores opções ao consumidor, melhor qualidade do serviço entregue à sociedade, maior crescimento econômico.

Neste ponto, o Projeto de Lei da Qualidade Fiscal, portanto, pela redação do Senado, vai ao encontro do texto constitucional e aponta para a necessidade de observar a despesa pública para além de seu aspecto meramente formal, descortinando e vedando a *rent-seeking*.

2.4 Decisões do Tribunal de Contas da União que poderiam ter avançado à análise da *rent-seeking*

Na esteira do que foi exposto, vejamos duas importantes decisões do Tribunal de Contas da União – TCU que, ao nosso sentir, poderiam perfeitamente ter avançado na análise jurídica sobre a *rent-seeking*, justamente porque enfrentam situações fáticas propícias para tanto, como a concessão de créditos subsidiados e as renúncias tributárias.

2.4.1 O Acórdão n. 1.398/2014

O Congresso Nacional solicitou que o Tribunal de Contas da União realizasse fiscalização nas operações de crédito do Banco de Desenvolvimento Econômico e Social – BNDES em relação às empresas do Grupo JBS/Friboi, para averiguar os aspectos financeiros da operação, critérios utilizados na escolha das empresas do setor e vantagens sociais destas.

A temática dos empréstimos concedidos pelo BNDES a juros subsidiados configura precisamente o que em Direito Financeiro se denomina de *benefício creditício*[361] que, como os benefícios fiscais (renúncias tributárias) mas ao contrário dos benefícios financeiros (*v.g.*, subvenções econômicas e sociais - arts. 16 e 18 da Lei n. 4.320/64), correm paralelamente ao orçamento público, compondo os chamados *off-budget expenditures*.[362]

De acordo com José Maria de Andrade, "ao lado das renúncias tributárias (gastos tributários e previdenciários indiretos), os benefícios financeiros e creditícios são analisados como renúncias de receita (muito embora estejam mais próximos de gastos efetivos). Porém, ao contrário dos primeiros, que implicam em deixar de arrecadar valores tributários (em geral, por meio de isenções e regimes tributários específicos), os benefícios aqui estudados são gastos feitos, ainda que indiretamente, pelo governo com vistas a conceder créditos subsidiados, equalizar juros de créditos, preços subsidiados e assunção de dívidas de fundos. (...) Quando o governo concede créditos ou subsidia o fornecimento de produtos ou estabelece fundos com recursos subsidiados (ou até mesmo assume dívidas desses fundos), tem-se, em verdade, que o Estado, ao praticar esses valores inferiores aos de mercado (custos de oportunidade), acaba por assumir um gasto efetivo ou postergado, de forma que o beneficiário daqueles subsídios seja o tomador do crédito, o comprador dos produtos ou aqueles sujeitos que se valem desses fundos. (...) Podemos, assim, definir os *benefícios creditícios* como subsídios que decorrem de programas oficiais de crédito concedidos a taxas de juros inferiores ao custo de captação do governo e que são operacionalizados por meio de fundos ou programas. Em outros termos, como os créditos oferecidos a seus tomadores possuem uma remuneração de juros inferior aos juros que remuneram os títulos emitidos pelo governo, tornando-os mais acessíveis e atraentes, essa diferença é assumida pelo governo federal".[363]

Como observa José Mauricio Conti, "tendo em vista que o Tesouro Nacional não tem recursos disponíveis para emprestar para o BNDES, acaba emitindo títulos da dívida pública, com remuneração superior àquela pela qual o banco paga à

[361] Nesta mesma linha podemos mencionar as ofertas de créditos especiais concedidas por bancos públicos (*v.g.*, Banco do Brasil e Caixa Econômica Federal) ao setor automotivo, inclusive concessionárias de automóveis, para capital de giro e investimentos. Disponível em: http://www.valor.com.br/financas/4185422/governo-usa-bancos-publicos-para-ajudar-setor-automotivo, consultado em: 03 dez. 2016.

[362] CONTI, José Mauricio. *Levando o direito financeiro a sério*..., p. 230.

[363] ANDRADE, José Maria de. Benefícios financeiros e creditícios: esses ilustres desconhecidos. Disponível em: http://www.conjur.com.br/2016-ago-14/estado-economia-beneficios-financeiros-crediticios-ilustres-desconhecidos#_ftn5

União, gerando uma diferença entre o custo de captação dos recursos e a taxa de retorno, criando uma espécie de 'gasto atípico' denominado 'benefício ou subsídio creditício'".[364]

O Tribunal de Contas da União define os benefícios creditícios como sendo "os gastos decorrentes de programas oficiais de crédito que oferecem condições mais acessíveis para os tomadores de empréstimo que os recursos oferecidos no mercado financeiro (Acórdão 1.718/2005).

A finalidade desses benefícios é (deveria ser) justamente estimular o crescimento econômico por meio de empréstimos subsidiados para investimentos dos setores ou atividades públicas e privadas.

A atuação do BNDES na concessão de empréstimos subsidiados ganhou a atenção da mídia especialmente a partir da adoção, em 2007, da política de criação das chamadas "campeãs nacionais", companhias selecionadas para se tornarem gigantes multinacionais. Referida política pode ter injetado uma cifra de quase R$ 20 (vinte) bilhões em empresas privadas como JBS, Marfrig, Fibria, Oi, LBR, Totvs e Linx, que receberam aportes do BNDES para se fundirem com concorrentes ou para realizar aquisições dentro da lógica de consolidar setores e construir líderes globais.

O benefício creditício concedido pelo BNDES no âmbito das "campeãs nacionais" gerou um efetivo e relevante gasto público que não apareceu diretamente no orçamento público, o que tornou esta despesa bastante intransparente e, provavelmente, muito suscetível a ações por parte de *rent-seekers* de setores ou atividades privadas que pudessem ser contempladas com tais benefícios. O caso merecia, portanto, um acompanhamento de perto acerca da avaliação dos benefícios ou perdas sociais ocasionados por comportamentos rentistas.

O economista Armando Castelar Pinheiro[365] certa vez afirmou na jornal Valor Econômico que "o surgimento desses campeões nacionais foi claramente um sucesso para seus acionistas controladores. A Ambev, por exemplo, tornou-se a maior empresa brasileira em valor de mercado. Mas, e o consumidor e, em especial, o contribuinte brasileiro, que arca com os subsídios que bancam essas operações, o que eles ganharam com isso?".

Como bem esclarece Marcos Mendes, "essa política implica custo para o Tesouro, pelo fato de que este empresta ao BNDES a uma taxa inferior ao seu custo de financiamento. De forma simplificada, tudo funciona como se uma pessoa

[364] CONTI, José Mauricio. *Levando o direito financeiro a sério*..., p. 231.

[365] PINHEIRO, Armando Castelar. Os empréstimos do BNDES para os 'campeões nacionais'. *Jornal Valor*, 01/02/2013.

(o Tesouro) tomasse dinheiro emprestado em um banco, pagando juros de 11% ao ano, e usasse esse dinheiro para emprestar a um amigo (o BNDES), cobrando dele juros de 5% ao ano. O custo dessa ação será justamente a diferença entre os juros pagos ao banco e os juros recebidos do amigo".

Para se ter uma ideia do custo dessas operações, vejamos a seguinte situação: em março de 2014 o saldo total devido pelo BNDES ao Tesouro era de R$ 414 bilhões, sendo que naquele mês houve uma renegociação de *parte* desta dívida (no caso, no valor de R$ 194 bilhões), representando 47% do total da dívida. Estimando o custo da parcela renegociada é possível ter uma ideia do custo total da política.

Foi exatamente isto que fez Marcos Mendes[366], apresentando alguns cenários de acordo com a trajetória futura da taxa de juros nominal do contrato (TJLP) e da taxa Selic, cuja diferença representa o custo de financiamento do Tesouro. Traçou cinco cenários que combinam diferentes hipóteses sobre a trajetória futura da taxa Selic (8%, 9%, 10%, 11% ou 12%). O gráfico mostra a estimativa de custos para o Tesouro para cada uma dessas taxas.

Conforme o autor, "com uma taxa Selic na casa de 11%, o valor presente (em março de 2014) do fluxo de pagamentos que o Tesouro receberá do BNDES até o final do contrato equivaleria a R$ 65,1 bilhões. Dado que o Tesouro emprestou R$ 194,1 bilhões ao BNDES, o seu custo seria equivalente a R$ 129,1 bilhões (ou 47% do valor do empréstimo). O custo é muito alto: de cada R$ 1,00 emprestado pelo Tesouro, ele receberá de volta do BNDES R$ 0,33".

Quadro 1 – Estimativas do valor presente da dívida nos termos contratuais vigentes depois da renegociação (R$ bilhões)

Selic	TJLP	VP do contrato novo	Valor da dívida	Custo do TN
8%	6%	122,1	194,1	-72,1
9%	6%	98,0	194,1	-96,1
10%	6%	79,5	194,1	-114,7
11%	6%	65,1	194,1	-129,1
12%	6%	53,8	194,1	-140,4

Fonte: Valor Econômico e BNDES. Estimativa do autor.

366 MENDES, Marcos. *Quanto custam para o Tesouro os empréstimos concedidos pelo BNDES?* Disponível em: http://www.brasil-economia-governo.org.br/2014/09/23/quanto-custam-para-o-tesouro-os-emprestimos-concedidos-ao-bndes/, consultado em: 02 dez. 2016.

Veja-se que mesmo considerando um cenário onde a Selic fique em 8%, o custo dos empréstimos para o Tesouro estaria na casa dos 72 bilhões de reais, isto tudo considerando que o cálculo levou em conta uma renegociação *parcial* do contrato.

O problema é bastante pontual e já percebido há algum tempo pelos economistas brasileiros[367]: até que ponto esses benefícios creditícios, *que devem ser observados como verdadeiras normas jurídicas de despesas públicas*, passariam no teste da constitucionalidade se for considerada toda a realidade fática que os circunda? Até que ponto estaria havendo retornos positivos à sociedade na concessão desses empréstimos subsidiados? Quais os custos para a sociedade da ação de *rent-seekers* para a obtenção desses benefícios creditícios? Computam-se esses custos na avaliação da despesa? Será que o Direito Financeiro não teria nada a dizer sobre isto?

As indagações de Sérgio G. Lazzarini são absolutamente pertinentes: "Por que alocar capital em um grupo privado A em detrimento de um grupo B ou de outros possíveis empreendimentos? Vale a pena fazer essas alocações, dadas as inúmeras prioridades na economia brasileira? O que se ganha e o que se perde com tudo isso? É obrigação pública embasar esse tipo de decisão com muito mais objetividade e transparência".[368]

A pergunta que Lazzarini faz sobre o que se ganha e o que se perde com esses benefícios creditícios deve ser respondida pelo Direito passando, necessariamente, pelo controle da economicidade (CF/88, art. 71, *caput*).

No caso das "campeãs nacionais", temos os ingredientes necessários para uma concreta conduta *rent-seeking*: elevadas rendas disponibilizadas pelo Estado, discricionariedade na concessão dos benefícios, falta de fundamentação exaustiva para a decisão concessória, falta de transparência fiscal e, *last but not least*, completa ausência de controle da qualidade desse gasto[369], levando-se em conta toda a realidade

[367] Em 2011, Sérgio G. Lazzarini pontuava: "Mas qual é o custo dessas intervenções? Ao alocar discricionariamente capital societário em diversas firmas, o governo deixa de direcionar recursos para projetos tão ou mais meritórios e com impacto social mais amplo (aeroportos, portos, estradas, ferrovias, rodovias, escolas, saneamento, energia, saúde, ciência e tecnologia, só para citar alguns exemplos). Além disso, a contrapartida direta da capitalização recebida pela empresa é a maior incerteza na sua gestão, que poderá ser influenciada politicamente de acordo com o gosto do governante em exercício" (*Capitalismo de laços...*, p. 112).

[368] LAZZARINI, Sérgio G. *Capitalismo de laços...*, p. 114.

[369] Marcos Lisboa e Sérgio Lazzarini afirmam que "a falta de critério para acompanhar, avaliar e, eventualmente, cessar os subsídios incentivou a expectativa de suporte perene, independente do desempenho das empresas" (Disponível em: https://www.insper.edu.br/noticias/os-campeoes-nacionais-deram-certo/, consultado em: 05 dez. 2016.

fática que subjaz a essas questões. Isto tornaria ainda mais urgente e necessária a aferição da economicidade dessas operações, bem como a eficiência e eficácia.

Juridicamente, podemos resumir tudo isto com uma ideia bem simples: a compreensão rasa e exegética da despesa pública por parte dos gestores públicos e órgãos de controle da atividade financeira do Estado.

Com efeito, considerando a despesa pública apenas um montante pecuniário fixado no orçamento público, fecha-se os olhos para toda a realidade envolvida em cada caso concreto. Criam-se muros entre a realidade e o Direito. São mantidos, de modo estanque, o mundo do ser e o dever-ser e, para o que nos interessa, joga-se num ponto do cego do Direito Financeiro qualquer conduta *rent-seeking*.

O TCU tem voltado os olhos para essas operações, constatando *ausência de transparência*, especialmente dos "benefícios decorrentes das operações de crédito concedidas pela União ao BNDES a partir de 2008" (Acórdão 3.071/2012).

A transparência fiscal consubstancia-se em "um dos aspectos mais relevantes, verdadeiro fundamento e pilar da gestão fiscal responsável, hoje erigido à condição de princípio constitucional de Direito Financeiro".[370]

Em decisão de 28 de maio de 2014, o TCU (Acórdão 1.398/2014) determinou que fosse realizada auditoria de conformidade, nos termos do art. 38, inciso I, da Lei 8.443/1992 c/c art. 239, inciso I, do Regimento Interno do TCU, junto ao Banco de Desenvolvimento Econômico e Social (BNDES) e BNDES Participações S.A. (BNDESPar), com o objetivo de examinar, dentre outras coisas, os *critérios utilizados para a escolha da empresa beneficiada* e as *vantagens sociais advindas dessas operações*.

Na sequência, em decisão de 25 de novembro de 2015 (Acórdão 3.011/2015) o TCU apresentou os "achados de auditoria" e, dentre eles, o que consta no item 3.6 (análises, pela BNDESPar, dos apoios financeiros pleiteados pela JBS sem avaliação dos aspectos sociais envolvidos no projeto da postulante".

Conforme o Regulamento Geral das Operações – RGO do BNDES, há determinação estabelecendo que o estudo do projeto objeto do pleito deve considerar, entre outros, "os aspectos econômico-financeiros, de engenharia, jurídicos e de organização e gerência do postulante, bem como as informações cadastrais, as garantias propostas, os aspectos sociais e os relativos ao meio ambiente, além dos aspectos referentes à atenuação dos desequilíbrios regionais e ao desenvolvimento tecnológico do País" (art. 12 da Resolução 862/96-BNDES, de 11/3/1996, que consolidou o RGO, e no art. 13 da Resolução 1.467/2007-BNDES, de 31/7/2007, que alterou e promoveu nova consolidação do RGO).

---

[370] CONTI, José Maurício. *Levando o direito financeiro a sério*..., p. 229.

De acordo com a conclusão da auditoria, "as análises, pela BNDESPar, dos pleitos de apoio financeiro da JBS não observaram, todavia, integralmente o disposto nas supracitadas resoluções. Tais análises concentraram-se nos fatores econômico-financeiros e jurídicos da operação, também levaram em conta a organização e gerência da postulante, as informações cadastrais e os impactos no meio ambiente, porém, não foram avaliados os aspectos sociais relacionados com os projetos objeto dos pleitos da JBS".

A auditoria afirmou que "o BNDES não poderia ter concedido apoio financeiro à JBS no montante verificado (R$ 8.110,4 milhões), a custo zero para o beneficiário, e assumindo os riscos inerentes ao mercado de ações, para alavancar o crescimento de uma empresa privada, sem que houvesse qualquer impacto social decorrente dos projetos apoiados".

Assim, a proposta de encaminhamento, constante no item 3.6.7 do Acórdão, foi taxativa: "Autuar três processos apartados, um para cada projeto de investimento objeto do presente achado, nos quais sejam tratados este e os demais achados pertinentes a cada um dos projetos, *para apuração das responsabilidades individuais*" (destacamos).

Como se vê, neste importante Acórdão o TCU não entrou propriamente na questão da existência ou não de perda social decorrente dos empréstimos subsidiados pelo BNDES, muito menos sua quantificação.

Pode ser que esta questão venha a ser tematizada nos processos que foram instaurados para apuração das responsabilidades individuais, até mesmo porque ficará por demais difícil falar em responsabilidades individuais sem que fique bem delimitado e mensurado o eventual dano que, no caso, seriam as perdas sociais sofridas ou a serem sofridas pela sociedade em geral.

Em outras palavras, a análise sobre possível ocorrência de conduta *rent-seeking* permaneceu à margem do Direito Financeiro.

Caso seja concretamente constatada perda social, estaremos diante de um claro exemplo de *rent-seeking*: obtenção de uma renda disponibilizada pela intervenção estatal (apoio financeiro milionário do BNDES) ocasionando perdas sociais.

2.4.2 O Acórdão 1.205/2014

Por meio de uma decisão do Plenário do TCU (Acórdão 1738/2012), foi autorizada a realização de um Levantamento de Auditoria com o objetivo de *conhecer e avaliar a estrutura de governança das renúncias tributárias federais*, envolvendo onze ministérios setoriais gestores das principais políticas públicas financiadas por renúncias tributárias e os órgãos centrais do Poder Executivo Federal (Ministério da Fazenda, Ministério do Planejamento, Controladoria-Geral da União e Casa Civil da Presidência da República).

A equipe de fiscalização do TCU elaborou um extenso relatório a partir de um estudo sobre as renúncias tributárias constantes do Demonstrativo de Gastos Tributários (DGT) produzido pela Receita Federal no ano de 2013.

Esse Demonstrativo é encaminhado para o Congresso Nacional, anualmente, junto com o projeto de lei orçamentária anual, em cumprimento ao art. 165, §6º da Constituição Federal, garantindo um mínimo de visibilidade aos benefícios tributários.

Abrimos um pequeno parêntese aqui. Um dos aspectos que nos chama a atenção para os fins deste estudo é justamente a metodologia adotada pela Receita Federal para a medição dos gastos tributários.

De acordo com o Demonstrativo de Gastos Tributários que acompanha o projeto de lei orçamentária para 2017, a Receita Federal do Brasil utiliza o método de "perda de arrecadação", que "simula uma tributação normal sobre o volume das operações desoneradas que efetivamente ocorreram, ou que se esperam para o futuro, mantendo os demais fatores constantes. Por definição, não leva em consideração as alterações de comportamento dos contribuintes".[371]

Para nós, esta é a comprovação de que em relação aos chamados gastos tributários (*tax expenditure*), que seguem a mesma "lógica orçamentária associada, com finalidades similares às do gasto direto, previsto no orçamento",[372] permanece a despesa pública como sinônimo de "montante pecuniário".

É preciso dar um salto para além desta observação rasa e considerar a despesa pública como norma jurídica que deve dar azo à respectiva norma decisão da despesa pública.

Para isto, o controle de resultado, incluindo a eficiência e a economicidade, de todas as políticas públicas e programas de governo financiados por estas renúncias tributárias afigura-se-nos indispensável e inadiável. Só assim poderia ser encurtada a distância entre a realidade (ser) e o direito (dever-ser).

---

[371] Disponível em: http://idg.receita.fazenda.gov.br/dados/receitadata/renuncia-fiscal/previsoes-ploa/dgt-ploa-2017-versao-1-1.pdf, p.13, consultado em: 05 nov. 2016.

[372] EVANGELISTA, Charles Mathusalém Soares; DAROS, Eunice Lemos Rosal; ALBERNAZ, Leonardo Rodrigues; PAULA, Virgínia de Ângelis Oliveira de. Perspectivas do controle sobre os benefícios fiscais: avaliação da Política Nacional de Desenvolvimento Regional (PNDR). *Revista do Tribunal de Contas da União*, num. 121, 2011, p. 47, disponível em: http://*revista*.tcu.gov.br/ojsp/index.php/RTCU/article/download/180/175, consultado em: 08 nov. 2016.

Considerar uma metodologia que apure a renúncia tributária tão somente como "perda de arrecadação" é simplesmente deixar na invisibilidade eventuais comportamentos *rent-seeking* que buscam exatamente esses benefícios fiscais. Fechemos o parêntese.

Amaury José Rezende[373], professor da Faculdade de Economia, Administração e Contabilidade da Universidade de São Paulo de Ribeirão Preto, analisou o balanço e notas explicativas de 653 empresas ativas da Comissão de Valores Mobiliários (CVM) entre 2011 e 2013 e constatou que 38% das empresas avaliadas teve acesso a algum benefício tributário, dentre os 88 tipos identificados pelo autor, seja na esfera municipal, estadual ou federal.

O autor constatou que boa parte desses benefícios fiscais estão concentrados no governo federal e que 75% dos Estados concedem algum tipo de incentivo com base no ICMS. Além disso, foi observado que as empresas que têm mais benefícios recorrem menos ao mercado de capitais, mas distribuem mais lucros para os acionistas.

O estudo revelou, ainda, que há, na prática, uma espécie de "combo", de modo que a empresa que vai ao BNDES pedir empréstimo no geral já tem incentivo de ICMS e/ou de Imposto de Renda. Com efeito, 16,4% das empresas analisadas tiveram acesso ao "combo" (financiamento a juros subsidiados, benefício fiscal e parcelamento tributário).

Portanto, há claramente um financiamento de empresas privadas por meio de recursos públicos, via renúncias tributárias. Nada de errado nisto, senão fosse o absoluto desleixo estatal em realizar um controle de eficiência e de resultados desses financiamentos, mantendo aqueles que efetivamente geram retornos positivos à sociedade e excluindo aqueles que servem apenas para aumentar os lucros dos acionistas. Isto ficou claramente diagnosticado no acórdão do TCU que ora se examina.

O levantamento do TCU se propôs a averiguar a capacidade de gestão, as regras de governança e transparência relativas às renúncias tributárias, com o objetivo de melhorar o direcionamento dos trabalhos futuros de fiscalização.

Vê-se, portanto, que o Acórdão do TCU que examinou este levantamento é um verdadeiro marco no assunto, o que justifica a escolha para nosso tema.

Frise-se que, a despeito de se tratar de uma despesa extraorçamentária, portanto, que *não corre via orçamento público*, mas por meio do sistema tributário

---

373 REZENDE, Amaury José. *Avaliação do impacto dos incentivos fiscais sobre os retornos e as políticas de investimento e financiamento das empresas*. Livre-Docência. São Paulo: USP, 2015.

pela vertente da receita pública[374], as renúncias tributárias (como as financeiras e creditícias) "se comportam dentro de uma lógica similar à do gasto direto, sobretudo, no sentido de financiarem políticas públicas direcionadas ao desenvolvimento regional, setorial e social".

Assim, a análise da governança dos gastos tributários salta aos olhos quando o assunto é *rent-seeking*. Isso porque tais renúncias podem induzir comportamentos na economia, tem repercussão direta no orçamento público, por financiar políticas públicas e programas de governos, seja pelo *relevantíssima* materialidade (volume) que tais gastos movimentam, superando, conjuntamente, diversos e importantes orçamentos públicos.

De acordo com o Demonstrativo de Gastos Tributários que acompanha o PLOA/2017, o volume de gastos tributários federais para 2017 (R$ 284,85 bilhões[375]) supera, em conjunto, os orçamentos da saúde (R$ 107,3 bilhões), educação (R$ 110,7 bilhões), saneamento básico (R$ 1,4 bilhão), segurança pública (R$ 8 bilhões), judiciária (R$ 34,5 bilhões), essencial à justiça (R$ 7,4 bilhões), comunicações (R$ 1,4 bilhões), ciência e tecnologia (R$ 8,3 bilhões), urbanismo (R$ 2,9 bilhões)[376].

Assim, engorda os olhos de qualquer *rent-seeker* a previsão de gastos tributários no Brasil, mostrando que pode ser um próspero caminho empregar talentos, tempo, recursos financeiros, contatos políticos, amizades na obtenção de algum naco desses gastos tributários, em detrimento da produção de novas riquezas e do desenvolvimento econômico-social.

Aliás, o chamado *off-budget expenditure*, dentre eles os benefícios tributários, é exatamente um dos aspectos que fez Allen Schick afirmar, em estudo apresentado no ano de 1981 em encontro promovido pela OCDE, que "the budget no longer controls: force majeure rules public finance. (...) Rather than the budget controlling expenditures, spending controls the budget"[377]. Talvez esteja certo o autor mas quiçá não seja propriamente o caso fortuito que esteja regulando as finanças públicas, a menos que possamos incluir nesta expressão, também, os comportamentos *rent-seeking*.

---

[374] TORRES, Ricardo Lobo. *Curso de direito financeiro e tributário*. Rio de Janeiro: Renovar, 2005, p. 194.

[375] Disponível em: http://idg.receita.fazenda.gov.br/dados/receitadata/renuncia-fiscal/previsoes-ploa/dgt-ploa-2017-versao-1-1.pdf, consultado em: 08 nov. 2016.

[376] Disponível em: http://www.orcamentofederal.gov.br/clientes/portalsof/portalsof/orcamentos-anuais/orcamento-2017/ploa/ploa-2017-orcamento-cidadao, consultado em: 08 nov. 2016.

[377] SCHINK, Allen. Off-budget expedintures: an economic and political framework. *In*: *OECD Journal on Budgeting*, Volume 7 - No. 3, OECD 2007, p. 02-03.

De todo modo, o que o autor quer chamar a atenção é para a necessidade de se controlar essas volumosas despesas que correm por fora do orçamento público.

Pois bem. Foram objeto de estudo as seguintes etapas: a) instituição de renúncias tributárias; b) previsão de renúncias tributárias; c) monitoramento da concessão e da execução de renúncias tributárias; d) avaliação e controle de renúncias tributárias.

Em relação ao *processo de instituição de renúncias tributárias*, destacamos a conclusão dos seguintes sub-tópicos: a.1) órgãos envolvidos e atribuições; a.2) planejamento prévio à instituição de renúncias tributárias; a.3) renúncias tributárias em vigor.

Em relação aos órgãos envolvidos e respectivas atribuições, o Levantamento de Auditoria concluiu que "o processo de instituição de renúncias tributárias no âmbito do Poder Executivo não está disciplinado formalmente, o que acarreta ausência de transparência sobre os órgãos participantes e de suas respectivas responsabilidades. Por consequência, a gestão e o controle desses recursos seguem prejudicados".

A fiscalização sugeriu que "apesar do forte componente político existente nesse processo, o Poder Executivo pode regulamentá-lo na parte que lhe cabe, estabelecendo em linhas gerais quais órgãos devem participar, ou devem ser consultados, durante a elaboração de propostas de criação de renúncias tributárias".

Quanto ao aspecto relativo ao planejamento prévio à instituição de renúncias tributárias, a conclusão foi que "não há um procedimento padrão relativo ao planejamento da criação de renúncias tributárias, pois pode envolver os ministérios setoriais ou os órgãos da área econômica, conforme a tônica da desoneração (como meio de financiamento de uma política pública ou como parte da política econômica)".

Em relação às renúncias tributárias em vigor, foram investigados os seguintes itens: exigência de contrapartidas do beneficiário, fundamento legal e prazo de vigência.

Após estudo do DGT, a equipe de fiscalização do TCU percebeu que há basicamente três grupos de gastos tributários no que diz respeito à existência de condicionalidades: a) gastos tributários que envolvem alguma contraprestação por parte do beneficiário como condição para usufruto do benefício; b) gastos tributários em que não há essa exigência, mas demandam apenas o preenchimento de certos requisitos (*v.g.*, gasto tributário "Simples Nacional" (apoio às microempresas e empresas de pequeno porte), cujo usufruto depende de formalização de opção pela empresa que atende aos requisitos legais junto aos fiscos federal, estadual e municipal); c) gastos tributários que não envolvem nenhuma condição ou requisito para que o contribuinte usufrua do benefício (*v.g.*, alteração de alíquotas das contribuições PIS/Pasep e Cofins incidentes sobre cadeira de rodas).

De acordo com o levantamento, na maioria dos casos, a legislação atribuiu responsabilidades a algum órgão relativas à gestão das políticas financiadas com base nesses gastos tributários, denominado no relatório de "órgão gestor da renúncia".

Em geral, o órgão gestor deve realizar alguma atividade *prévia* para a concessão do benefício tributário (*v.g.*, analisar e aprovar projetos). No entanto, de acordo com a fiscalização, identificou-se situação em que a atuação do órgão gestor ocorre em momento posterior, na análise da prestação de contas da utilização dos recursos pelo contribuinte beneficiário, como o gasto tributário "pesquisa tecnológica e desenvolvimento de inovação tecnológica de produtos" (Lei 11.196/2005), sob gestão do Ministério da Ciência, Tecnologia e Inovação (MCTI).

Em se tratando de renúncia tributária que envolve alguma contraprestação por parte do beneficiário, o leantamento identificou gasto tributário que *não possui órgão gestor*, apesar de a legislação exigir tal contraprestação, como ocorre com o item "Despesas com pesquisas científicas e tecnológicas", cujo art. 53 da Lei 4.506/1964 exige em contrapartida que o contribuinte *crie ou aperfeiçoe produtos, processos, fórmulas e técnicas de produção, administração ou venda.*

No entanto, aponta o estudo, o benefício de isenção de Imposto de Renda da Pessoa Jurídica (IRPJ) é calculado *pela própria empresa*, que é obrigada a guardar a documentação para apresentá-la ao Fisco em caso de eventual fiscalização, ou seja, apenas no âmbito de fiscalizações tributárias haverá (ou não) algum controle sobre esse mecanismo, já que não há órgão gestor indicado na lei instituidora, onde o próprio contribuinte, nos chamados "autolançamentos" (lançamentos por homologação) fazem a eventual apuração do tributo, procedendo aos abatimentos que entende devidos, ou seja, o processamento dessas renúncias ocorre no momento da apuração do imposto por parte do próprio contribuinte.

Um dos achados da fiscalização foi justamente o fato de que a maioria dos gastos tributários sem órgão gestor possui prazo de vigência *indeterminado*, sendo que alguns são muito antigos, como o gasto tributário "Seguro Rural" (isenção de IOF), que foi instituído pelo Decreto-Lei 73/1966 ou o "Entidades sem fins lucrativos - associações de poupança e empréstimo" (isenção de IRPJ), que foi criado pelo Decreto-Lei 70/1966.

Aqui, portanto, calha à fiveleta a denominação de *geológica* dada ao orçamento público federal por Delfim Netto.

O autor certa vez afirmou que "a condição suficiente para um programa estar no Orçamento de 2015 é que tenha estado no Orçamento de 2014 e, para ter estado no de 2014, é porque já estava no de 2013... E assim, por uma indução regressiva, qualquer programa, seguramente sem qualquer avaliação de sua eficácia, terá permanecido".[378]

Infelizmente, esse mesmo raciocínio, pelo estudo realizado pelo TCU, tem aplicação para determinadas renúncias tributárias.

Conforme consta do relatório do TCU, "a previsão de renúncia relativa aos benefícios tributários em comento (gastos tributários sem órgão gestor), conforme consta do PLOA 2013, totalizou cerca de R$ 80,4 bilhões. Dessa forma, importa mapear e avaliar a pertinência dessas renúncias tributárias, já que se trata de tratamento benéfico a determinados contribuintes em detrimento dos demais e, por isso, devem se justificar com base no interesse público. Além disso, recorda-se a antiguidade de muitos desses benefícios, o que reforça a necessidade de se realizar uma avaliação dos resultados obtidos por meio deles".

Trata-se de um indicativo evidente da necessidade de se realizar um controle de resultados, de economicidade, de eficiência sobre a renúncia tributária, especialmente aquela "sem órgão gestor", que cria raízes no sistema tributário e muitas vezes deságua seus dissabores sociais veladamente no orçamento público.

O relatório do TCU deixa claro que "nem sempre o fato de existir uma indicação de órgão gestor do gasto tributário na norma instituidora implica necessariamente em gestão desses recursos, pois há casos em que a referida norma não estabeleceu procedimentos ou atividades específicas a serem desempenhadas pelo órgão gestor e/ou a própria sistemática do benefício dispensa procedimentos administrativos para sua concessão ou acompanhamento".

Assim, propôs-se recomendar à Casa Civil da Presidência da República que, em conjunto com os ministérios da Fazenda e do Planejamento, Orçamento e Gestão, elabore plano de providências, no sentido de *criar mecanismos de acompanhamento e avaliação dos benefícios tributários sem órgão gestor identificado na legislação instituidora, com o fim de verificar se tais benefícios alcançam os fins aos quais se propõem e a pertinência de atribuir a algum órgão a supervisão desses gastos tributários*, em atenção ao princípio da eficiência insculpido no art. 37 da Constituição Federal.

Em relação ao fundamento legal, o estudo verificou que há instituição de renúncias tributárias em instrumentos diversos da lei e que também não tratam de

[378] Disponível em: http://www.cartacapital.com.br/revista/850/um-estado-forte-e-eficiente-4743.html, consultado em: 05 nov. 2016.

forma exclusiva da matéria, em afronta ao §6º, art. 150 da Constituição Federal. O exemplo mencionado é a renúncia tributária "Programa Cinema Perto de Você", que foi instituída pela Medida Provisória 491/2010, substituída pela Medida Provisória 545/2011, que foi convertida na Lei 12.599/2012.

Entendeu-se por bem recomendar à Casa Civil que, quando da análise de proposições normativas que contenham renúncias de receitas tributárias, observe o instrumento adequado para esse fim, qual seja: lei específica que trate exclusivamente da matéria ou do correspondente tributo.

No que tange à periodicidade ou prazo de vigência das renúncias tributárias, o estudo concluiu que elas em geral, não são revistas com periodicidade, não havendo obrigação legal para tal, em que pese frequentemente terem características similares às das despesas públicas.

Veja-se que, na linha do orçamento geológico atrás mencionado, o estudo afirma que "uma vez instituídos, dificilmente os benefícios tributários são reavaliados ou excluídos. Prova disso é a antiguidade de muitos gastos tributários que estão no DGT, como, por exemplo, o "Zona Franca de Manaus e Amazônia Ocidental", o "Desenvolvimento Regional na Sudene" e o "Planos de Poupança e Investimento (PAIT)", criados, respectivamente, pelos Decretos-Lei 288/1967, 756/1969 e 2292/1986.

O estudo constatou que, dos gastos tributários que possuem órgão gestor associado, apenas 52% tem prazo de vigência definido em lei, sendo que dos gastos tributários sem órgão gestor, somente 23% possuem prazo de vigência. Assim, asseverou que "deve-se alertar para a necessidade de se rever os benefícios tributários periodicamente, em atenção ao princípio orçamentário da anualidade e em benefício do processo democrático, que requer a participação do Parlamento nas decisões que impliquem alterações de receitas ou de despesas públicas".

Quanto ao tópico "sistemática de previsão das renúncias tributárias", o estudo concluiu que "com o fim de conferir transparência à metodologia de cálculo das previsões de renúncias tributárias constantes do DGT, propõe-se recomendar à Secretaria da Receita Federal do Brasil que divulgue em seu sítio na internet os cadernos metodológicos que explicitam a forma de cálculo de cada item daquele demonstrativo e, também, os pressupostos utilizados para enquadramento da desoneração como gasto tributário".

Em relação ao tópico "monitoramento da concessão e execução das renúncias tributárias", destacamos os seguintes sub-tópicos: c.1) acompanhamento das políticas de renúncias pelos órgãos centrais; c.2) previsão no planejamento estratégico e no organograma do órgão; c.3) gerenciamento de risco.

Quanto ao primeiro sub-tópico, o estudo concluiu que "não há trabalhos específicos de acompanhamento das políticas de renúncias tributárias por parte dos órgãos centrais. Essa constatação se refere a todos os gastos tributários, independentemente de haver ou não órgão gestor indicado em norma".

Além disso, "especificamente com relação às renúncias sem órgão gestor, ressalta-se que esses mecanismos estão estruturados de forma que o processo de controle ocorre apenas do ponto de vista do tributo, fora de uma política pública. Em outros termos, o controle ocorre apenas quando a RFB realiza alguma fiscalização nas empresas/contribuintes beneficiários. Assim, não há atividades de acompanhamento".

Trata-se de uma conclusão absolutamente importante e que, reforçando a metodologia estática e exclusivamente quantitativa adotada pela Receita Federal (perda da arrecadação) para a mensuração das renúncias tributárias, mostra que a Administração Pública, por ausência completa de controle da economicidade/ eficiência sobre a renúncia tributária, *escanteia toda a realidade subjacente ao referido gasto*, tornando-se um campo aberto a possíveis condutas socialmente predatórios, dentre elas, a *rent-seeking*.

Reforçando a ausência de transparência e escanteamento do princípio republicano, quanto ao sub-tópico previsão no planejamento estratégico e no organograma do órgão, foi concluído que "a renúncia tributária não está contemplada na maioria dos planejamentos estratégicos dos ministérios e das unidades vinculadas".

Em relação ao gerenciamento de riscos da renúncia tributária, o Levantamento de Auditoria constatou que "a maioria dos ministérios gestores de políticas públicas baseadas em renúncias tributárias não realiza qualquer tratamento dos riscos referentes à gestão dessas políticas. E quanto àqueles que realizam, percebe-se que há carência de um diagnóstico que identifique com melhor precisão os riscos a que estão sujeitas as operações a elas relacionadas".

No último tópico (processo de avaliação e controle das renúncias tributárias), selecionamos os seguintes sub-tópicos apresentados pelo estudo: d.1) mecanismos de controle utilizados pelos órgãos gestores, inclusive análise de processos de prestação de contas; d.2) avaliação de resultados pelos órgãos centrais; d.3) avaliação de resultados pelos órgãos gestores; d.4) renúncias tributárias nas prestações de contas dos gestores.

Quanto ao primeiro sub-tópico, o Levantamento concluiu que "ainda que não haja dispositivo em norma estipulando mecanismos de controle sob essas políticas, toda gestão de recurso público deve envolver atividades de controle e prestação de contas, nos termos do art. 70, parágrafo único, da Constituição".

Restou pontuado que "para o grupo de benefícios tributários condicionados, seria mais apropriado que o próprio órgão gestor disciplinasse os procedimentos de gestão e controle, de maneira que tais regras se adéquem a realidade daquele benefício fiscal".

No que tange à avaliação de resultados pelos órgãos centrais (Ministério do Planejamento, Ministério da Fazenda e Casa Civil/PR), a conclusão foi que "os órgãos centrais não efetuam avaliações sistemáticas e individualizadas das políticas públicas embasadas em renúncias tributárias, nem mesmo daquelas que possuem objetivos econômicos".

O estudo do TCU ressaltou que "toda ação governamental deve estar sujeita a avaliações, ainda que incipientes a princípio, pois tal procedimento confere transparência aos gastos públicos e, também, permite a retroalimentação do ciclo da política pública", bem como que "a dificuldade de se realizar análises de resultados não justifica a ausência de, ao menos, tentativas de fazê-lo".

Desta forma, sugeriu o Levantamento, "impende instituir mecanismos de avaliação das ações governamentais realizadas com base em renúncias tributárias com o fim de estimar em que medida tais políticas estão atingindo o objetivo a que se destinam e se os resultados obtidos justificam a permanência de tais políticas".

Com efeito, a inexistência de mecanismos de avaliação das políticas públicas financiadas por renúncias tributárias simplesmente aniquila qualquer possibilidade de perquirir se determinado comportamento rentista se afigura ou não como *rent-seeking*. Resta inviabilizada, aqui, a mínima chance de se traçar uma linha divisória entre *profit-seeking* e *rent-seeking*!

No sub-tópico da avaliação de resultados pelos órgãos gestores, a conclusão não foi diferente.

Foi observado que "poucos órgãos efetuam algum tipo de avaliação de resultado dessas políticas. Na verdade, a maioria das políticas não possui os requisitos mínimos de um desenho de política pública, tais como objetivos, indicadores e metas".

O estudou reforçou que "deve-se fomentar uma cultura de avaliação da gestão desses recursos, estimulando especialmente análises dos resultados obtidos por meio dos programas financiados por renúncias tributárias".

Aliás, a inexistência deste controle de resultado por parte dos gestores de determinadas renúncias tributárias (ou, na melhor das hipóteses, a rudimentaridade com que tem sido realizado) tem como gravíssima consequência a impossibilidade de se analisar, com seriedade e sem subjetividades assujeitadoras, a manutenção ou extinção do gasto tributário, colocando *toda sociedade* e seus diversos grupos de vulneráveis reféns desta injustificável omissão do controle interno desses órgãos gestores, aliado à inércia do controle externo, especialmente em nível estadual.

Esta constatação, ao que interessa para o presente estudo, simplesmente atesta a *inviabilidade de se diagnosticar condutas* rent-seeking *no Brasil no âmbito dos gastos tributários*, pois sem uma mensuração dos resultados das políticas públicas e dos programas de governos financiados pelas renúncias não se pode afirmar, minimamente, a (in)existência de perdas sociais e, como vimos, não há falar em *rent-seeking* sem que haja perda social, o que deve ficar suficientemente demonstrado.

Por fim, analisando as renúncias tributárias nas prestações de contas dos gestores os técnicos da Corte de Contas da União constataram que "os órgãos gestores fornecem apenas parcialmente as informações solicitadas sobre renúncias tributárias nos relatórios de gestão".

Além disso, foi diagnosticado que "há órgãos que são responsáveis por alguma renúncia tributária, porém não têm o devido conhecimento sobre isso e, por consequência, acabam por não preencher as informações solicitadas nos relatórios de gestão anuais".

O trabalho realizado pelo TCU, que arrima o Acórdão n. 1205/2014, dá uma visão geral sobre as renúncias tributárias federais e consiste em uma referência sobre o tema, portanto, um diagnóstico bastante confiável sobre a "governança" das renúncias tributárias[379].

Saliente-se que, na sequência desta decisão do TCU, no ano de 2016 houve o Acórdão 793/2016TCU-Plenário, em monitoramento do Acórdão 1205/2014, ocasião em que o Tribunal recomendou às Presidências da Câmara dos Deputados e do Senado Federal que orientem os órgãos de assessoramento legislativo que atuam junto às comissões competentes, quando da análise de propostas que concedem ou ampliam renúncias de receitas tributárias, sobre a *necessidade*

---

[379] De acordo com informação do jornal Folha de S. Paulo, "estão sob avaliação cerca de 300 incentivos fiscais em vigor atualmente que, caso sejam cancelados ou modificados, podem gerar cerca de R$ 15 bilhões para os cofres públicos a partir de 2017, segundo estimativas iniciais". Ainda de acordo com a notícia,"um levantamento do TCU (Tribunal de Contas da União) mostrou que existem programas de estímulo à indústria que consumirão R$52 bilhões até o fim deste ano e estão sendo mantidos sem garantia de que as contrapartidas seja cumpridas" (Disponível em: http://www1.folha.uol.com.br/mercado/2016/09/1816647-desoneracao-vira-alvo-da-receita-federal-e-pode-gerar-r-15-bilhoes.shtml, consultado em: 05 nov. 2016).

de que seja verificado o cumprimento dos requisitos exigidos no art. 14 da Lei de Responsabilidade Fiscal, ou seja, se as propostas contêm: estimativa de impacto orçamentário-financeiro no exercício em que devam iniciar sua vigência e nos dois seguintes; demonstração de que a renúncia foi considerada na estimativa de receita da lei orçamentária e de que não afetará as metas de resultados fiscais previstas no anexo próprio da lei de diretrizes orçamentárias, ou alternativamente, indicação da adoção de uma das medidas de compensação constantes do inciso II do art. 14 da LRF.

Enfim, é premente a necessidade de se aprimorar o sistema de controle da atividade financeira do Estado, tanto interno como externo, para que haja um verdadeiro controle de resultado do gasto público, incluindo necessariamente os aspectos explicitados na Constituição Federal (economicidade e eficiência). Sem esta abordagem, não há falar em adequada construção da norma jurídica da despesa pública e, consequentemente, na norma de decisão acerca do gasto público.

Nos rincões sul-mato-grossenses, ao se ter conhecimento do conteúdo do Levantamento de Auditoria ora examinado, certamente poderiam ser ouvidas manifestações dizendo que as "porteiras das renúncias tributárias estão abertas". Sim, as porteiras estão verdadeiramente escancaradas para qualquer *rent-seeker* de plantão, para obter benefícios fiscais sem limites temporais, sem qualquer controle de resultado, sem aferição de eventuais benefícios sociais decorrentes das políticas públicas financiadas por tais gastos e, muitas vezes, sequer sem a lei formal para criar o benefício, ou seja, bastando muitas vezes direcionar a conduta *rent-seeking* ao Presidente da República para que se "plante a jabuticaba" da renúncia de receita tributária em alguma medida provisória[380].

Ao fim e ao cabo, fica a certeza de que a sociedade é que, novamente, está pagando esta enorme conta através do orçamento público brasileiro, sem saber se qualquer benefício lhe foi revertido em decorrência da vantagem concedida para o grupo contemplado pela renúncia tributária. No limite, é uma evidente agressão ao princípio da isonomia tributária (CF/88, art. 150, II), tratando desigualmente contribuintes que se encontram em situação equivalente sem que haja a "razão suficiente" para tanto que, no caso, só pode ser o benefício revertido em prol de todos.

Enfim, é o orçamento público brasileiro fazendo as vezes de um "coração de mãe" onde, como o dito popular, sempre cabe mais um benefício fiscal destinado a algum grupo.

---

[380] Por exemplo, o estudo constatou que a renúncia tributária "Programa Cinema Perto de Você" foi instituída pela Medida Provisória 491/2010, substituída pela Medida Provisória 545/2011, que foi convertida na Lei 12.599/2012.

O estudo nos revela, portanto, que a renúncia tributária, este *relevantíssimo* gasto público em tudo e por tudo igualado a qualquer despesa fixada no orçamento público, ainda tem sido vista a partir de um viés "jurídico" contabilista, estático, sob os influxos do dualismo kelseniano entre ser e dever-ser bastante presente ainda neste século XXI. A construção da norma jurídica nesses casos pela Administração Pública, se é que podemos mesmo falar em construção, que deixa na penumbra, como desde sempre, as socialmente perniciosas condutas *rent-seeking*.

2.5 Alertas (Art. 59 da Lei Complementar n. 101/2000) e Medidas Cautelares pelos Tribunais de Contas (Art. 71 da CF/88): prevenindo a transfiguração da despesa pública pela *rent-seeking* e fixando o termo para a responsabilidade do gestor público

De acordo com Fernando Luiz Abrucio e Maria Rita Loureiro, "um instrumento fundamental de *accountability* na área das finanças públicas é representado pelos tribunais de contas. Praticamente todos os países dispõem hoje de órgãos de controle financeiro do Estado".[381]

Conforme os autores, "do ponto de vista histórico, tais órgãos se difundiram principalmente a partir do século XVIII, com duas orientações básicas. A primeira é de caráter administrativo, buscando controlar os recursos públicos para evitar desperdícios ou desvios. A segunda orientação que dá origem a esses órgãos pode ser encontrada nos princípios liberais de limitação do poder. (...) *Há ainda uma terceira função que está ganhando importância: o acompanhamento dos gastos públicos para avaliar a qualidade e os resultados dos programas*".[382]

O direito brasileiro prevê mecanismos que podem ser ativados pelos órgãos de controle externo, especificamente pelos Tribunais de Contas, numa espécie de ação para "desarmar a bomba relógio da *rent-seeking*", controlando concomitantemente a qualidade do gasto público, evitando que venha ocorrer eventual perda social e, ao mesmo tempo, demarcando cronologicamente a responsabilidade financeira do gestor.

---

[381] ABRUCIO, Fernando Luiz; LOUREIRO, Maria Rita. Finanças públicas, democracia e accountability. *In*: ARVATE, Paulo Roberto; BIDERMAN, Ciro. *Economia do setor público no Brasil*. Rio de Janeiro: Elsevier/Campus, 2004, p. 95.

[382] ABRUCIO, Fernando Luiz; LOUREIRO, Maria Rita. Finanças públicas, democracia e accountability. *In*: ARVATE, Paulo Roberto; BIDERMAN, Ciro. *Economia do setor público no Brasil*. Rio de Janeiro: Elsevier/Campus, 2004, p. 95.

Neste contexto, inserem-se os "alertas", cuja previsão legal consta expressamente do art. 59, §1°, inciso V, da Lei de Responsabilidade Fiscal:

> Art. 59 (...)
>
> §1° Os Tribunais de Contas alertarão os Poderes ou órgãos referidos no art.20 quando constatarem:
>
> (...)
>
> V - fatos que *comprometam os custos* ou os *resultados dos programas* ou *indícios de irregularidade na gestão orçamentária.* (destacamos)

Para o que nos interessa, os Tribunais de Contas devem alertar os Poderes e órgãos públicos quando constatarem *indícios de condutas rent-seeking e/ou de perdas sociais provocadas por comportamentos rentistas*, ou seja, indícios de irregularidade na gestão orçamentária ou qualquer outro fato que possa comprometer os custos ou os resultados dos programas.

Os alertas são mecanismos de controle *preventivo*, ou seja, deve ser utilizados *antes* da ocorrência de algum dano ou perda social. Deve ser visto como verdadeira *norma de decisão* nos moldes da teoria estruturante e, assim sendo, ser encarado sempre como um *produto final do processo de concretização da norma jurídica da despesa pública pelo Tribunal de Contas.*

De acordo com Rodrigo Mioto dos Santos "em termos processuais, a norma de decisão é o que conhecemos por parte dispositiva da sentença. Nessa derradeira fase do processo de concretização, o responsável pela decisão individualiza a norma jurídica, aplicando-a a um caso concreto pontual".[383]

Consoante lição de Eros Roberto Grau, "a norma jurídica é produzida para ser aplicada a um caso concreto. Essa aplicação se dá mediante a formulação de uma decisão judicial, uma sentença, que expressa a norma de decisão. Aí a distinção entre as normas jurídicas e a norma de decisão. Esta é definida a partir daquelas".[384]

Ainda de acordo com o autor, "todos os operadores do direito o interpretam, mas apenas certa categoria deles realiza plenamente o processo de interpretação, até o seu ponto culminante, que se encontra no momento da definição da norma de decisão".

---

[383] SANTOS, Rodrigo Mioto dos. *Método, racionalidade e legitimidade da decisão judicial*: uma análise a partir da teoria estruturante de Friedrich Müller. Dissertação de Mestrado, UFSC, 2006, p. 68.

[384] GRAU, Eros Roberto. O novo velho tema da interpretação do Direito. In: LEITE, George Salomão; LEITE, Glauco Salomão; SARLET, Ingo Wolfgang; STRECK, Lenio Luiz (Coords.). Ontem, os códigos! Hoje, as constituições! Homenagem a Paulo Bonavides. São Paulo: Malheiros, 2016, p. 23.

À vista da necessidade de se cumprir com o mister que a Constituição lhe impôs para a fiscalização financeira, operacional e orçamentária da atividade financeira de Estado é que incumbe aos Tribunais de Contas, concretizando a norma jurídica da despesa pública sempre a partir do texto constitucional, aplicar esta mesma norma aos casos concretos que lhe são submetidos.

É exatamente nesse contexto que exsurge a norma de decisão acerca da despesa pública, espécie esta que podemos enquadrar a decisão que alerta os Poderes ou órgãos referidos no art. 20 da LRF.

Em relação aos alertas, José Mauricio Conti afirma que "atualmente tem sido intensificado seu uso, mostrando essa importante ação de natureza preventiva, seguramente a melhor forma de evitar a má gestão das contas públicas".[385]

Para Élida Graziane Pinto, os "alertas dados ao longo das diversas e rotineiras formas e tarefas de fiscalização efetuadas pelos Tribunais de Contas são provas juridicamente válidas e pertinentes para a análise judicial incidente sobre os mesmos fatos".[386]

Esta observação é bastante valiosa pois permite que não haja sobreposição de atividades entre os órgãos de controle.

Assim, possibilita que o Ministério Público ou o Poder Judiciário possa, respectivamente, utilizar como prova emprestada os alertas realizados pelos Tribunais de Contas para manejar uma ação penal por crime contra a Administração Pública que exija dolo ou ação civil por ato de improbidade administrativa que exija o dolo (caso dos arts. 9º e 11 da Lei 8.429/92[387]) ou proferir um julgamento condenando o agente público ímprobo às sanções legais (art. 12 da Lei 8.429/92) à vista da configuração do dolo em praticar ato de improbidade administrativa.

O alerta, portanto, serviria como prova do dolo do gestor público na prática de crime ou ato de improbidade administrativa.

Pegando carona neste raciocínio, podemos afirmar que os alertas teriam também a função de *demarcar a responsabilidade financeira* do gestor público.

Expliquemos.

Uma vez o Tribunal de Contas identificando eventual conduta *rent-seeking*, especialmente os resultados desta conduta (possíveis danos ou perdas sociais), o que representaria indícios de irregularidade na gestão orçamentária, deverá

---

[385] *Levando o direito financeiro a sério...*, p. 184.

[386] PINTO, Élida Graziane. Alertas e controle concomitante da Administração Pública. Disponível em: http://www.tce.ms.gov.br/revistaeletronica2/doc/03.pdf, consultado em: 03 nov. 2016.

[387] Nesse sentido: Eresp 479812/SP, rel. Min. Teori Zavascki.

alertar o gestor responsável sobre a situação para que tome todas as medidas pertinentes, inclusive aqueles apontadas pela norma de decisão do alerta, evitando-se a concretização da perda social sinalizada.

Mas, por que indícios de irregularidade na gestão orçamentária?

Exatamente porque, naquele primeiro momento, como que numa análise cautelar, a decisão jurídica sobre o gasto público, que teve como escoro a construção de determinada norma jurídica, estaria se afastando de seu perfil constitucional ao escantear os aspectos da eficácia/eficiência/economicidade, inerentes à fiscalização operacional/financeira e orçamentária da atividade financeira do Estado.

Indícios de afastamento do gasto público de suas feições constitucionais representam, em verdade, indícios de "inconstitucionalidade" na gestão orçamentária, muitíssimo mais gravoso que mera irregularidade, como exige a LRF.

Alertando o gestor, este fica ciente de que *deve agir de alguma forma para evitar a perda social apontada pelo controle externo* e, assim sendo feito, coloca-se novamente a norma jurídica da despesa pública nos trilhos da Constituição, afastando a caracterização da *rent-seeking*.

Nas certeiras palavras de Élida Graziane Pinto, "quem alerta dá notícia de perigo iminente, em sinal de vigilância externa em favor daquele que foi alertado. Em sentido ainda mais direto e objetivo, o alerta quer dizer ao seu destinatário: 'tome cuidado!', ou ainda 'tenha cautela!' e, até mesmo, 'corrija sua ação já', sob pena de erro grave ou infração punível!".[388]

Além disso, como observa a autora, "os alertas não sofrem limitação exaustiva de conteúdo, (...) nem tampouco operam apenas ao final do processo de fiscalização anual, na medida em que se configuram - isso sim - como verdadeiros e *abrangentes instrumentos de controle concomitante da gestão pública*" (destacamos).

Coaduna-se, portanto, com o art. 75 da Lei 4.320/64 que dispõe que o controle da execução orçamentária compreenderá, entre outras coisas, a legalidade dos atos de que resultem a realização da despesa.

O inciso V do §1º do art. 59 da Lei de Responsabilidade Fiscal é aquele que, ao nosso sentir, possibilita que o gestor, devidamente ciente da situação, possa reverter ou mitigar a perda social decorrente da conduta *rent-seeking*.

---

[388] PINTO, Élida Graziane. *Alertas e controle concomitante da Administração Pública*. Disponível em: http://www.tce.ms.gov.br/revistaeletronica2/doc/03.pdf, consultado em: 03 nov. 2016.

Esta hipótese "deve ser a mais prestigiada e a mais ampliada em escopo e envergadura para que alcancemos a máxima eficácia do arranjo constitucional de controle da Administração Pública".[389]

A interpretação ampla que deve ser dado ao alerta conduz ao reconhecimento de que este instrumento não se aperfeiçoa apenas com a decisão de Conselheiro ou Ministro do Tribunal de Contas - até mesmo porque esta limitação não consta do texto da lei - "mas também cada uma das várias atuações técnicas dessas Cortes especializadas que fazem levantamento primário de problemas e falhas".[390]

Assim, os alertas podem ser materializados "em relatórios que, por seu turno, servem de fundamento para que os gestores responsáveis sejam provocados a se justificar e apresentar suas razões de defesa em face dos fatos levantados".[391]

Por outro lado, além do alerta, os Tribunais de Contas podem se valer do poder de cautela, determinando medidas cautelares para evitar danos futuros e, assim, desarmar o resultado da *rent-seeking*.

De acordo com Emerson Cesar da Silva Gomes, "as medidas cautelares são adotadas em caráter temporário e visam garantir a reparação do débito, prevenir a ocorrência de outros débitos ou assegurar a realização de fiscalização pela Corte de Contas".[392]

Acrescentamos: também está na finalidade da medida cautelar a *prevenção de danos ao erário*.

A previsão consta expressamente do art. 276 do Regimento Interno do TCU, in verbis:

> Art. 276. O Plenário, o relator, ou, na hipótese do art. 28, inciso XVI, o Presidente, em caso de urgência, de fundado receio de grave lesão ao erário ou a direito alheio ou de risco de ineficácia da decisão de mérito, poderá, de ofício ou mediante provocação, adotar medida cautelar, com ou sem a prévia oitiva da parte, determinando, entre outras providências, a suspensão do ato ou do procedimento impugnado, até que o Tribunal decida sobre o mérito da questão suscitada, nos termos do art. 45 da Lei nº 8.443, de 1992.

---

389 PINTO, Élida Graziane. *Alerta de Tribunal de Contas é prova subutilizada*. Disponível em: http://www.conjur.com.br/2013-abr-28/elida-pinto-alerta-tribunais-contas-prova-subutilizada, consultado em: 04 nov. 2016.

390 PINTO, Élida Graziane. *Alerta de Tribunal de Contas é prova subutilizada*. Disponível em: http://www.conjur.com.br/2013-abr-28/elida-pinto-alerta-tribunais-contas-prova-subutilizada, consultado em: 04 nov. 2016.

391 PINTO, Élida Graziane. *Alerta de Tribunal de Contas é prova subutilizada*. Disponível em: http://www.conjur.com.br/2013-abr-28/elida-pinto-alerta-tribunais-contas-prova-subutilizada, consultado em: 04 nov. 2016.

392 GOMES, Emerson Cesar da Silva. *Responsabilidade financeira*: uma teoria sobre a responsabilidade no âmbito dos tribunais de contas. Porto Alegre: Núria Fabris, 2012, p. 36.

Em 2003, o Supremo Tribunal Federal (STF), no julgamento do Mandado de Segurança nº 24.510-7/DF, de relatoria da Ministra Ellen Gracie, entendeu pela possibilidade da expedição de medidas cautelares pelos Tribunais de Contas:

> PROCEDIMENTO LICITATÓRIO. IMPUGNAÇÃO. COMPETÊNCIA DO TCU. CAUTELARES. CONTRADITÓRIO. AUSÊNCIA DE INSTRUÇÃO. 1- Omissis. 2- Inexistência de direito líquido e certo. O Tribunal de Contas da União tem competência para fiscalizar procedimentos de licitação, determinar suspensão cautelar (artigos 4º e 113, § 1º e 2º da Lei nº 8.666/93), examinar editais de licitação publicados e, nos termos do art. 276 do seu Regimento Interno, possui legitimidade para a expedição de medidas cautelares para prevenir lesão ao erário e garantir a efetividade de suas decisões). 3- Omissis. 4- Omissis. Denegada a ordem.

Parece-nos que não há maiores questionamentos sobre a possibilidade de o Tribunal de Contas expedir medidas cautelares no exercício da atividade de controle externo, visando a prevenção de danos sociais (MS 23.983, Rel. Min. Eros Grau, *DJ* 30.08.2004; MS 26.263 MC/DF, proferida pela Ministra Ellen Gracie no exercício da Presidência do STF (RISTF, art. 13, VIII), *DJ* 02.02.2007; MS 26.547, Rel. Min. Celso de Mello, *DJ* 29/05/2007; Suspensão de Segurança nº 3.789, Relator Ministro Cezar Peluso; MS 25481 AgR/DF, Rel. Min. Dias Toffoli, 1ª Turma, *DJe* 25.10.2011; Suspensão de Segurança nº 4.878, Relator Min. Joaquim Barbosa, que confirmou a medida cautelar de bloqueio de bens imposta pelo TCE/RN).

O afastamento temporário do responsável e a indisponibilidade dos bens do responsável são medidas cautelares que encontram previsão expressa no art. 44, *caput* e §2º da Lei n. 8.443/92, respectivamente.

Com base no poder geral de cautela, o TCU tem adotado medidas cautelares inominadas como, por exemplo, a suspensão de procedimentos licitatórios (Acórdão n. 556/2003; Acórdão n. 467/2004), bem como a suspensão de repasses financeiros a entidades públicas ou privadas (Acórdão n. 513/2003).

A questão mais recente que se coloca é saber, por exemplo, se as medidas cautelares decretadas pelo Tribunal de Contas, *especialmente a indisponibilidade de bens, pode atingir particulares.*

No Acórdão n. 2.428/2016 o TCU decretou cautelarmente, com fundamento art. 44, §2º, da Lei 8.443/1992 c/c arts. 273 e 274 do Regimento Interno deste Tribunal, pelo prazo de um ano, a indisponibilidade de bens de pessoas físicas e jurídicas, determinando o bloqueio de R$ 960 milhões em bens do ex-presidente da Petrobras José Sergio Gabrielli, do ex-diretor da estatal Renato Duque, da construtora Queiroz Galvão e da Iesa Óleo e Gás. O órgão encontrou indícios de superfaturamento em obras de tubulação da refinaria Abreu e Lima, em Pernambuco, e determinou o bloqueio baseado na presunção do *perigo de não reaver o dinheiro.*

Em caso semelhante, por decisão monocrática do Ministro Marco Aurélio (Medida Cautelar em mandado de segurança n. 34.410/DF), o STF suspendeu a medida cautelar decretada pelo TCU no Acórdão 2.109/2016 entendendo pela impropriedade de justificar a medida cautelar de indisponibilidade de bens em desfavor de particulares com base no artigo 44 da Lei Orgânica do Tribunal de Contas da União.

De acordo com o Ministro, o dispositivo mostra-se voltado à disciplina da atuação do responsável pelo contrato, portanto, apenas do servidor público, deixando de abranger o particular. O exame da Lei n. 8.443/1992 respaldaria o entendimento pois o dispositivo encontra-se na Seção IV, a qual regula a fiscalização de atos e contratos dos quais resulte receita ou despesa, realizados "pelos responsáveis sujeitos à sua jurisdição". Assim, para o Ministro Marco Aurélio, a lei é direcionada ao servidor público, não a particular.

Com toda vênia, entendemos perfeitamente possível o Tribunal de Contas decretar, como medida cautelar, a indisponibilidade de bens em desfavor de particulares, desde que esta medida tenha prazo definido não superior a 1 (um) ano e sua finalidade, devidamente fundamentada, esteja voltada à prevenção de danos ao erário.

O poder de cautela do TCU, que em verdade não é propriamente um poder mas um *dever* posto que realizado no âmbito de uma *função* administrativa, é decorrência direta de sua competência prevista na Constituição Federal para julgar contas e aplicar sanções na esfera de controle externo. Obviamente que a sanção financeira não se confunde com a medida cautelar[393], mas esta é sempre ancilar àquela.

Em consonância com isto, o artigo 44, §2º, da Lei n. 8.443, de 1992 confere ao TCU a competência para, no início ou no curso de qualquer apuração, "decretar, por prazo não superior a um ano, a indisponibilidade de bens *do responsável*, tantos quantos considerados bastantes para garantir o ressarcimento dos danos em apuração" (destacamos).

Vejamos o texto:

> Art. 44. No início ou no curso de qualquer apuração, o Tribunal, de ofício ou a requerimento do Ministério Público, determinará, cautelarmente, o afastamento temporário do responsável, se existirem indícios suficientes de que, prosseguindo no exercício de suas funções, possa retardar ou dificultar a realização de auditoria ou inspeção, causar novos danos ao Erário ou inviabilizar o seu ressarcimento.

[393] Nesse sentido: GOMES, Emerson Cesar da Silva. *Responsabilidade financeira*: uma teoria sobre a responsabilidade no âmbito dos tribunais de contas. Porto Alegre: Núria Fabris, 2012, p. 36.

> 2º Nas mesmas circunstâncias do caput deste artigo e do parágrafo anterior, poderá o Tribunal, sem prejuízo das medidas previstas nos arts. 60 e 61 desta Lei, decretar, por prazo não superior a um ano, a indisponibilidade de bens do responsável, tantos quantos considerados bastantes para garantir o ressarcimento dos danos em apuração.

Como se percebe, o texto não faz qualquer distinção entre responsável particular ou responsável agente público.

Para ajudar na interpretação, é suficiente mencionarmos dois dispositivos constitucionais: o art. 70, parágrafo único da Constituição Federal, determinando, com todas as letras, a submissão ao crivo do Tribunal de Contas *qualquer pessoa física ou jurídica*, pública *ou privada*, que utilize, arrecade, guarde, gerencie ou administre dinheiro, bens ou valores públicos; o art. 71, incisoVII que outorga ao controle externo exercido pelo Tribunal de Contas, em auxílio ao Pode Legislativo, o dever de aplicar *aos responsáveis* em caso de ilegalidade de despesa ou irregularidade de contas as sanções previstas em lei e, dentre elas, a multa proporcional ao dano causado ao erário.

Para assegurar a efetividade da decisão do Tribunal de Contas que vier a aplicar a multa proporcional ao dano causado ao erário pode, o mesmo Tribunal, exercer seu poder geral de cautela e decretar a indisponibilidade de bens, pelo prazo de um ano, do responsável, seja ele pessoa jurídica ou física, de direito público ou privado.

Uma outra questão que nos parece importante ressaltar e que diz de perto com comportamentos *rent-seeking* é a possibilidade ou não de o Tribunal de Contas determinar, cautelarmente, a sustação do pagamento de parcelas contratuais.

Parece-nos que a medida encontra previsão constitucional, mas, evidentemente, para ser decretada deve-se preencher os requisitos de qualquer medida cautelar, atentando-se para uma exaustiva fundamentação decisória, permitindo seu controle posterior, inclusive pela via jurisdicional, se for o caso.

O respaldo da Constituição Federal vem do art. 71, incisos IX e X quando prevê a competência do Tribunal de Contas para *assinar prazo* para que o órgão ou entidade adote as providências necessárias ao exato cumprimento da lei e, se não atendido, sustar a execução *do ato* impugnado, comunicando a decisão ao poder Legislativo.

Portanto, parece-nos que, *atendidos os pressupostos legais*, pode haver sustação *do pagamento* em contratos administrativos. Impugna-se o ato administrativo que tem como conteúdo o pagamento, assina-se prazo para adoção de providências e, caso não atendidas, o próprio Tribunal determina a sustação. A sustação, frise-se, não é *do contrato*, posto que apenas o Poder Legislativo teria esta competência (CF/88, art. 71, §1º), mas do pagamento, como *ato administrativo* a ser praticado pela Administração Pública.

Recentemente, o TCE/BA concedeu medida cautelar para sustação de pagamentos relativos ao Contrato nº 27/2013 (Grado Engenharia Ltda.), no montante de R$ 4.940.981,00 (quatro milhões, novecentos e quarenta mil, novecentos e oitenta e um reais), sob o fundamento de haver divergências entre os valores contratados e os estimados pela Auditoria para dois itens incluídos por meio do 4º Termo Aditivo, sinalizando fumaça do bom direito, bem como que este montante estaria próximo do saldo a pagar do aludido contrato, o que ensejaria o perigo da demora, fixando o prazo de oito dias para que os gestores do órgão pudessem apresentar os esclarecimentos em relação às divergências e irregularidades encontradas pela equipe de fiscalização (TCE/011412/2015).

2.6 Possíveis consequências jurídico-financeiras em razão da ocorrência da *rent-seeking*: os dentes do Direito Financeiro

Considerando que a conduta *rent-seeking* não pode mais permanecer sendo algo indiferente ao Direito Financeiro e, portanto, estando certo que este ramo do direito tem algo a dizer sobre o fenômeno identificado pela Economia, vejamos, agora, a partir de um viés jurídico-financeiro, duas possíveis consequências que as condutas *rent-seeking* podem ocasionar.

2.6.1 *Inconstitucionalidade da despesa pública*

Se é correto afirmar a existência de uma Constituição Financeira que ilumina *toda* a atividade financeira do Estado e se podemos sustentar que a Constituição Federal traça os contornos primordiais desta disciplina bem como que cabe, não apenas ao Poder Judiciário mas também à Administração Pública e, consequentemente, aos órgãos que exercem o controle externo da atividade financeira, a tarefa de interpretar/aplicar o texto constitucional[394], a norma jurídica da despesa pública e a respectiva norma de decisão em determinada situação concreta que porventura se afaste destas diretrizes constitucionais devem ser rechaçadas por vício de inconstitucionalidade.

---

[394] ABBOUD, Georges. *Jurisdição constitucional e direitos fundamentais*. São Paulo: RT, 2011, p. 412.

De acordo com Heleno Taveira Torres, "a Constituição Financeira volta-se para o Estado como seu principal destinatário jurídico, que recebe todas as competências, segundo os poderes instituídos pela Constituição. (...) adotar a Teoria da Constituição Financeira como método jurídico (...) não significa uma opção pelo 'purismo' no direito ou por um positivismo descompromissado com a realidade".

Para o autor, "os valores e os fins constitucionais permitem ao intérprete o acesso à realidade (...). O diálogo das constituições materiais é recente. Somente com a passagem ao Estado Social e, deste, para o Estado Democrático de Direito é que se aprofundaram os estudos para uma integração funcional (intertextualidade) entre a Constituição Financeira e as Constituições Econômica, Tributária, Político-Federativa e Social. A partir deste novo paradigma, o direito financeiro converte-se em domínio fundamental do constitucionalismo contemporâneo, com a função de instituir e aplicar modelos de financiamento do Estado ou da sociedade em geral sempre em coerência com a Constituição".[395]

E conclui, com total acerto, que o Direito Financeiro, "doravante, passa a ser conteúdo de exame obrigatório no controle de constitucionalidades, não só pelos aspectos formais, mas também por aqueles materiais, quanto aos fins constitucionais do Estado".[396]

O presente estudo, ao mirar os comportamentos *rent-seeking* e seus efeitos no campo do Direito Financeiro, denuncia que a leitura que vem sendo conferida ao Direito Financeiro, especialmente no âmbito do controle da atividade financeira, é predominantemente formal, contabilista ou economicista.

Esta atitude mostra uma leitura exageradamente rasa do Direito Financeiro e encobre fenômenos sociais absolutamente importantes e que têm repercussão direta na configuração da despesa pública, como ocorre com os comportamentos *rent-seeking*.

O pós-positivismo de Müller propõe um caminho metodológico para uma decisão jurídica sobre o gasto público defensável a partir de uma motivação jurídica que conduza à decisão de forma metodologicamente racional e transparente, sem infringir a Constituição[397].

---

395 TÔRRES, Heleno Taveira. *Direito Constitucional Financeiro*: teoria da constituição financeira. São Paulo: RT, 2014, p. 70 e 72.

396 TÔRRES, Heleno Taveira. *Direito Constitucional Financeiro*: teoria da constituição financeira. São Paulo: RT, 2014, p. 72.

397 MÜLLER, Friedrich. Prefácio. *In*: ABBOUD, Georges. *Discricionariedade administrativa e judicial*: o ato administrativo e a decisão judicial. São Paulo: RT, 2014, p. 21.

Esse caminho, ao não fechar os olhos para a conteudística da norma jurídica (como no positivismo inaugurado por Hans Kelsen), construída sempre a partir dos textos, especialmente do texto constitucional, mas que leva em conta também todo o *âmbito da norma*, aspectos não linguísticos mas igualmente *jurídicos*, pois compõem a norma jurídica, possibilita que todos esses aspectos da eficiência, da economicidade, enfim, da qualidade do gasto público, passem a fazer parte *da própria norma jurídica da despesa pública*, não algo externo ao direito ou juridicamente indiferente.

Desse modo, ao contrário do que muitos economistas ou contabilistas poderiam supor, a norma jurídica da despesa *vai além* da despesa pública formalmente fixada na lei orçamentária.

Aliás, como já dito e redito, a norma jurídica metodologicamente construída com referência a determinado caso concreto pode mesmo acabar infirmando o quantitativo formalmente fixado na lei orçamentária a título de despesa pública, ao considerar outros custos sociais (*v.g.*, das condutas *rent-seeking*)[398].

O enunciado que fixa o montante da despesa pública na lei orçamentária não tem o condão de coisificar a despesa, como poderia sugerir uma análise economicista ou contabilista.

Todavia, esse montante legislativamente fixado (programa da norma) é o "limite extremo da concretização admissível",[399] ou seja, o texto é o dado inicial mais importante no processo de concretização e, ao mesmo tempo, o limite desse processo, demarcando a fronteira extrema das possíveis variantes de sentido (constitucionalmente admissíveis), de sorte que "decisões que passam claramente por cima do teor literal da constituição não são admissíveis".[400]

A norma leva em conta este dado (programa da norma) mas não se restringe a ele, ou seja, a lei orçamentária deve ser interpretada pelos órgãos de controle para que se chegue na norma jurídica da despesa pública, mas esta interpretação deve levar em conta, *também*, elementos extralinguísticos (âmbito ou domínio da norma).

---

[398] Aplica-se, aqui, o escólio de Friedrich Müller quando ensina que "o âmbito normativo fornece ao programa normativo alternativas estruturais, fundadas em dados reais, para seus modelos, os quais se confirmam ou se alteram" (*Teoria estruturante do direito...*, p. 253).

[399] CHRISTENSEN, Ralph. Teoria estruturante do direito. *In*: MÜLLER, Friedrich. *O novo paradigma do direito...*, p. 209.

[400] MÜLLER, Friedrich. *Metodologia do direito constitucional...*, p. 74; Em outra obra, Müller esclarece que "a insubstituível, sob o ponto de vista do Estado de Direito, função de limite do texto literal deve antes ser determinada de *forma opositiva*, de modo que o escopo que o claro texto literal abre, só possa ser transposto se o texto literal for comprovadamente equivocado ou passível de ser mal compreendido" (*Teoria estruturante do direito.* São Paulo: RT, 2011, p. 202-203).

De acordo com Friedrich Müller, "pertence adicionalmente à norma, em nível hierárquico igual, o âmbito da norma (ou domínio da norma), i.é, o recorte da realidade social na sua estrutura básica, que o programa da norma 'escolheu' para si ou em parte criou para si como seu âmbito de regulamentação", ou seja, "o âmbito da norma entra no horizonte visual da norma jurídica bem como da norma da decisão unicamente no enfoque indagativo determinado pelo programa da norma".[401] [402]

Exatamente porque este âmbito normativo faz parte da norma jurídica, ele "não se limita ao puro empirismo de um recorte da realidade. Ele não engloba a totalidade absoluta dos fatos a serem concretamente inseridos nesse recorte (...)".

Nesse contexto, o programa normativo da norma jurídica da despesa pública a ser construída remete expressamente, a partir do texto constitucional, a um âmbito normativo "qualitativo", exigindo do gasto público o atendimento à eficiência/eficácia[403] (CF/88, art. 37, *caput* e art. 74, II) e à economicidade (CF/88, art. 70, *caput*).

De acordo com a teoria da regra-matriz de incidência de Paulo de Barros Carvalho[404], por exemplo, poderíamos perfeitamente acrescentar um critério a mais no consequente normativo da norma primária da despesa pública, portanto, ao lado do critério quantitativo e já no bojo da relação jurídica instaurada, denominado eficacial ou qualitativo, apontando para a necessidade de demonstração de um retorno positivo à sociedade, no mínimo, equivalente à despesa pública formalmente executada ou gasto tributário/creditício verificado (em se tratando de renúncia tributária ou creditícia).

Como em várias passagens desta tese já afirmamos, na base das condutas *rent-seeking* podemos encontrar comportamentos *antirrepublicanos*[405] e que, necessariamente, implicam prejuízos *para toda coletividade*, presente e futura, portanto, são condutas que prejudicam diretamente *direitos difusos intergeracionais*, devendo ser rigorosamente repudiadas e responsabilizadas pelo direito.

---

401 *Metodologia do direito constitucional...*, p. 58-59.

402 Ainda conforme Müller, "à luz da concretização da norma deve-se proceder à distinção entre programa normativo e âmbito normativo, sendo que este último deve ser igualmente visto como entidade jurídica e não extrajurídica" (*Teoria estruturante do direito...*, p. 249).

403 De acordo com Helio Mileski, a eficiência é o "máximo de rendimento sem desperdício de gastos e tempo", enquanto a eficácia é a "realização das metas programadas" (MILESKI, Helio Saul. *O controle da gestão pública...*, p. 285).

404 CARVALHO, Paulo de Barros. Direito Tributário: linguagem e método. São Paulo: Noeses, 2015, p. 626-630.

405 Por todos: BRESSER-PEREIRA, Luiz Carlos. *Construindo o Estado republicano: democracia e reforma da gestão pública*. Rio de Janeiro: Editora FGV, 2009, p. 129.

Conforme muito bem percebeu Luiz Carlos Bresser-Pereira, "o Estado republicano é suficientemente forte para se proteger do controle privado, defendendo o patrimônio público contra o *rent-seeking*; (...) é um Estado que depende de funcionários governamentais que, embora motivados por interesses próprios, estão também comprometidos com o interesse público (...)".[406]

As perdas sociais ocasionadas pela *rent-seeking* atingem aqueles cujos titulares são comunidades ou populações inteiras, ou seja, indivíduos *numericamente indetermináveis*[407], da mesma forma que ocorre nos casos de poluições ambientais ou, na área que nos interessa, com o endividamento público excessivo[408], daí o dano social transgeracional da *rent-seeking*.

Por isto que também na análise da *rent-seeking* não podemos olvidar a equidade intergeracional, levando-se em consideração "os interesses da geração presente, a fim de que esta também possa gozar dos frutos da arrecadação atualmente presente, e da geração futura, a fim de que esta não seja excessivamente onerada pelos compromissos assumidos no passado".[409]

Nesse contexto, faz todo sentido defender a necessidade de se levar em conta a *eficiência intertemporal do gasto público*, não apenas estática e de curto prazo. Afinal, "em algumas situações, as normas geram uma queda de bem-estar social inicial amplamente recompensada quando se contabilizam os ganhos futuros. O interesse público pode e deve ser avaliado numa perspectiva intertemporal".[410]

Em outras palavras, na linha de entendimento de Fernando B. Meneguin e Tomás T. S. Bugarin, quer-se afirmar que as decisões jurídicas, especialmente as normas de decisão sobre o gasto público, "devem estar atentas à repercussão criada para o bem-estar da sociedade. A análise do impacto das normas e das políticas públicas devem ser realizadas numa perspectiva intertemporal, sob o risco de se deixar de tomar medidas positivas caso se considere somente o momento

---

406 BRESSER-PEREIRA, Luiz Carlos. *Construindo o Estado republicano: democracia e reforma da gestão pública*. Rio de Janeiro: Editora FGV, 2009, p. 163.

407 De acordo com o Código de Defesa do Consumidor, direitos difusos são aqueles de natureza indivisível, de que sejam titulares pessoas indeterminadas e ligadas por circunstâncias de fato (art. 81, parágrafo único, inciso I).

408 Nesse sentido: SCAFF, Fernando Facury. Crédito público e sustentabilidade financeira. *In*: *Revista Direito à Sustentabilidade*. Unioeste – v. 1, n. 1, 2014, p. 36.

409 SCAFF, Fernando Facury. Crédito público e sustentabilidade financeira. *In*: *Revista Direito à Sustentabilidade*. Unioeste – v. 1, n. 1, 2014, p. 38.

410 MENEGUIN, Fernando B.; BUGARIN, Tomás T. S. *O dilema entre a eficiência de curto e de longo prazo no ordenamento jurídico e o impacto no crescimento econômico*. Brasília: Núcleo de Estudos e Pesquisas/CONLEG/Senado, Julho/2016 (Texto para Discussão n. 200). Disponível em: www.senado.leg.br/estudos. Acesso em: 12 jul. 2016, p. 02.

presente ou ainda pior, o risco de se decidir algo que trará malefícios para as gerações futuras".[411]

Juridicamente, o liame é inescondível: condutas *rent-seeking* atropelam do modo mais tosco possível o princípio republicano, assumido expressamente pela Constituição Federal.

Nesse contexto, uma vez diagnosticada a *rent-seeking*, ou seja, comprovada pelos meios de provas admitidos em direito a conduta rentista e a respectiva perda social, a decisão jurídica que foi tomada acerca do gasto público que lhe é correspondente torna-se *inconstitucional*.

Desse modo, "o texto da norma pode estimular com seu efeito sinalizador a concretização e pode apontar com o seu efeito limitador [*Grenzwirkung*] as barreiras da concretização admissível, mas ele não pode conter substancialmente a instrução normativa".[412]

Obviamente que se abre um campo bastante interessante para que sejam estudados os possíveis *efeitos desta declaração de inconstitucionalidade*. Todavia, nada impedindo, por exemplo, que o Poder Judiciário *module tais efeitos*, preservando por um determinado período a norma jurídica de despesa pública declarada inconstitucional, sempre considerando as peculiariedades do situação concretamente enfrentada.

2.6.2 Responsabilização pessoal dos rentistas e gestores públicos

Inicialmente, é importante deixar claro que não estamos tratando, aqui, de responsabilidade civil *do Estado* em decorrência de sua intervenção sobre a economia, seja através de normas de indução (violação do princípio do direito adquirido) ou de direção (infringência ao princípio da lucratividade), seja de escolha da opção econômica a ser objeto da ação interventiva estatal (quebra do princípio da igualdade) ou compromissos governamentais (violação ao princípio da boa-fé).

Parece-nos que este tipo de responsabilidade também poderia ser cogitada para exigir do Estado eventuais perdas sociais que poderiam ter sido evitadas se houvesse um verdadeiro controle prévio e concomitante da norma jurídica da despesa pública, mas não é este nosso foco.

---

411 MENEGUIN, Fernando B.; BUGARIN, Tomás T. S. *O dilema entre a eficiência de curto e de longo prazo no ordenamento jurídico e o impacto no crescimento econômico*. Brasília: Núcleo de Estudos e Pesquisas/CONLEG/Senado, Julho/2016 (Texto para Discussão n. 200). Disponível em: www.senado.leg.br/estudos. Acesso em: 12 jul. 2016, p. 19.

412 CHRISTENSEN, Ralph. Teoria estruturante do direito. *In*: MÜLLER, Friedrich. *O novo paradigma do direito*..., p. 207.

A responsabilidade a que estamos nos referindo é aquela *pessoal*, seja do próprio gestor, na condição de tomador da decisão jurídica, ou seja, daquele que tem o domínio e controle da execução orçamentária e do acompanhamento efetivo do gasto público, seja de quem obteve efetivamente a renda em razão de sua conduta, de sorte que tanto pessoas físicas como jurídicas podem ser responsabilizadas financeiramente pelas perdas sociais verificadas em razão de condutas *rent-seeking*.

É preciso não confundir a responsabilidade jurídico-financeira dos rentistas e gestores públicos pela ocorrência de *rent-seeking* com a responsabilidade a que se refere o art. 173, §5º da CF-88.

Referido dispositivo condiciona à existência de lei a responsabilidade apenas nos *atos praticados contra a ordem econômica e financeira*, referindo-se expressamente ao Título VII da Constituição Federal, o que não é propriamente o caso da *rent-seeking* pois a responsabilidade que nos interessa apontar é aquela decorrente do não atendimento à *norma jurídica da despesa pública*, direta e imediatamente ligada, portanto, ao Título VI da Constituição Federal.

A ideia é a preservação da *higidez da gestão fiscal*, talvez o mais importante dos direitos difusos fundamentais, pois dele depende a concretização de todos direitos fundamentais sociais previstos na Constituição Federal.

Cediço que todo e qualquer direito tem seu custo[413], mesmo aqueles chamados de primeira geração ou dimensão (*v.g.*, segurança pública; aparelhamento da justiça), de sorte que não são apenas os direitos de segunda e terceira dimensão que necessitam de verbas públicas para sua implementação.

Todavia, não há como negar que é justamente a partir de uma gestão fiscal hígida e responsável, cujo ciclo começa pelo planejamento fiscal e elaboração do orçamento público, findando-se com o controle/avaliação que retroalimenta a elaboração orçamentária, que se torna possível a realização dos direitos fundamentais previstos na Constituição Federal.

O planejamento fiscal no Brasil começa normalmente pelo sistema tributário, que abastece o Estado com recursos provenientes da iniciativa privada, passando pela proposta orçamentária do Poder Executivo, indo para discussão e aprovação pelo Legislativo e voltando ao Executivo para execução orçamentária, desembocando, portanto, na norma de decisão da despesa pública, que sempre é suscetível de controle, seja internamente (art. 71 da CF/88), seja pelo Poder

---

413 HOMES, Stephen; SUSTEIN, Cass. *The cost of rights – Why liberty depends on taxes*. New York, Norton, 2000.

Legislativo, com o auxílio do Tribunal de Contas (art. 74 da CF/88) ou pelo Poder Judiciário (art. 5º, XXXV, CF/88). A referida norma de decisão, necessariamente, se arrima na antecedente norma jurídica da despesa pública.

Portanto, é exatamente esta higidez da gestão fiscal que escora axiologicamente a construção da norma jurídica da despesa pública e da respectiva norma de decisão em cada caso concreto levado à apreciação dos Tribunais de Contas.

A gestão fiscal, conforme observa Sérgio Assoni Filho, deve ser "orientada pela responsabilidade no trato das disponibilidades materiais da Administração Pública, sendo levada a efeito sempre em nome do legítimo interesse dos cidadãos". Assim sendo, conclui acertadamente o autor no sentido de que "a adequada utilização dos recursos requer um compromisso assumido pelos agentes públicos, que, aliás, terão seus passos continuamente observados por todos integrantes da coletividade".[414]

Por outro lado, entendemos que deve ser excluída a responsabilidade daquele que não teve propriamente qualquer conduta comissiva para a obtenção, manutenção ou expansão da renda, como é o caso dos caronas (*free-riders*). Afinal, sem conduta comissiva não podemos sequer falar em *rent-seeking*, muito menos atribuir responsabilidades.

A responsabilidade a que nos referimos é aquela identificada por Emerson Cesar da Silva Gomes como *financeira*.

De acordo com o autor, "os tipos tradicionais de responsabilidade (civil, penal, disciplinar) não se ajustam ao julgamento regular das contas públicas. Estão relacionados a situações e a apurações esporádicas. Não são aptos, portanto, a um controle permanente exercido sobre a gestão pública".[415]

Sustenta, portanto, a necessidade de "uma espécie de responsabilidade jurídica diversa das tradicionais, que seja aplicada por autoridade independente e que seja integrada à função de julgamento de contas. Esta espécie é a responsabilidade financeira".[416]

A responsabilidade financeira pode ser subdividida em duas: a) *reintegratória*: prevista no art. 19, *caput* da Lei n. 8.443/93, consistente na obrigação de repor aos cofres públicos determinadas quantias, o que ocorre quando se julgar as

---

[414] ASSONI FILHO, Sérgio. *Transparência fiscal e democracia*. Porto Alegre: Nuria Fabris, 2009, p. 193.

[415] GOMES, Emerson Cesar da Silva. Responsabilidade financeira: uma teoria sobre a responsabilidade no âmbito dos tribunais de contas. Porto Alegre: Núria Fabris, 2012, p. 65.

[416] GOMES, Emerson Cesar da Silva. Responsabilidade financeira: uma teoria sobre a responsabilidade no âmbito dos tribunais de contas. Porto Alegre: Núria Fabris, 2012, p. 65.

contas irregulares havendo débito[417]; b) *sancionatória*: prevista no art. 57 e 58 da Lei n. 8.443/93 e art. 5º da Lei n. 10.028/2000 (Lei dos Crimes Fiscais).[418]

Só tem cabimento falar em responsabilidade jurídico-financeira se houver *descumprimento de normas jurídicas relacionadas à gestão das finanças públicas*, de sorte que esta responsabilidade jurídica, que corre paralelamente à responsabilidade administrativa, criminal, civil e por ato de improbidade administrativa, "tem por finalidade garantir a boa e regular aplicação e administração dos recursos públicos (ou equiparados[419])", devendo, ademais, ser processada e aplicada exclusivamente pelos Tribunais de Contas[420].

Frise-se que não apenas os gestores públicos estão sujeitos às sanções financeiras (responsabilidade financeira) mas também o *particular*, pessoa física ou jurídica, desde que dê causa à perda, extravio ou outra irregularidade de que resulte dano ao Erário ou que utilize, arrecade, guarde, gerencie ou administre dinheiros, bens e valores públicos ou pelos quais a União responda, ou que, em nome desta, assuma obrigações de natureza pecuniária (art. 5º, incisos I e II da Lei n. 8.443/93).

Esta constatação é importante para chamar à responsabilidade, também, os *rent-seekers* e não apenas os gestores públicos para responderem pelas perdas sociais da *rent-seeking*.

Entendemos que a responsabilidade jurídico-financeira dos *rent-seekers*, pelo menos em relação à sanção de *multa proporcional ao dano causado*, encontra suporte no próprio texto da Constituição Federal (art. 71, inciso VIII), de sorte que ainda que eventualmente a Lei n. 8.443, de 16 de julho de 1992 venha ser ab-rogada para se retirar a sanção de multa ou excluir dos particulares *rent-seekers* a responsabilidade financeira, remanescerá a possibilidade de aplicação desta sanção, já que estamos diante de uma sanção com *previsão expressa na Constituição.*

---

[417] De acordo com Emerson Gomes, "aos requisitos da responsabilidade civil, acrescenta-se o exercício da gestão de bens, dinheiros e valores públicos e a violação de normas pertinentes a esta atividade" (*Responsabilidade financeira*: uma teoria sobre a responsabilidade no âmbito dos tribunais de contas. Porto Alegre: Núria Fabris, 2012, p. 170).

[418] Conforme Emerson Gomes, "a responsabilidade financeira sancionatória consiste na aplicação de multa ao responsável, em razão da violação às normas de gestão ou aos deveres de colaboração com o Tribunal de Contas" (*Responsabilidade financeira*: uma teoria sobre a responsabilidade no âmbito dos tribunais de contas. Porto Alegre: Núria Fabris, 2012, p. 178).

[419] Como, por exemplo, cauções, depósitos, consignações, bens apreendidos.

[420] GOMES, Emerson Cesar da Silva. *Responsabilidade financeira*: uma teoria sobre a responsabilidade no âmbito dos tribunais de contas. Porto Alegre: Núria Fabris, 2012, p. 44.

A multa proporcional ao dano causado ao erário é apenas uma entre as sanções que podem ser legalmente cominadas pelos Tribunais de Contas.[421]

Em se tratando de responsabilidade financeira sancionatória, as multas da Lei n. 8.443/92 estão previstas nos artigos 57 e 58, que guardam correspondência com os artigos 267 e 268 do Regimento Interno do TCU.

O art. 58 e os arts. 16 e 19 se interelacionam e possibilitam a aplicação da sanção da multa *ainda que não haja imputação de débito* pelo Tribunal de Contas,

Vejamos:

> **Art. 16.** As contas serão julgadas:
>
> (...)
>
> III - irregulares, quando comprovada qualquer das seguintes ocorrências:
>
> (...)
>
> *b)* prática de ato de gestão ilegal, ilegítimo, antieconômico, ou infração à norma legal ou regulamentar de natureza contábil, financeira, orçamentária, operacional ou patrimonial;
>
> *c)* dano ao Erário decorrente de ato de gestão ilegítimo ou antieconômico;
>
> (...)
>
> **Art. 58.** O Tribunal poderá aplicar multa de até Cr$ 42.000.000,00 (quarenta e dois milhões de cruzeiros), ou valor equivalente em outra moeda que venha a ser adotada como moeda nacional, aos responsáveis por: I - contas julgadas irregulares de que não resulte débito, *nos termos do parágrafo único do art. 19 desta Lei*;
>
> (...) (grifo nosso)
>
> **Art. 19.** (...)
>
> Parágrafo único. *Não havendo débito*, mas *comprovada qualquer das ocorrências previstas nas alíneas* a, b *e* c *do inciso III, do art. 16, o Tribunal aplicará ao responsável a multa prevista no inciso I do art. 58, desta Lei.* (destacamos)

Uma vez comprovada *prática de ato de gestão ilegal, ilegítimo, antieconômico, ou infração à norma legal ou regulamentar de natureza contábil, financeira, orçamentária, operacional ou patrimonial* (art. 16, III, "b" da Lei n. 8.443/92) ou, ainda, *dano ao Erário decorrente de ato de gestão ilegítimo ou antieconômico* (art. 16, III, "c" da Lei n. 8.443/92), ambos perfeitamente aplicáveis nos casos de condutas *rent-seeking*, o Tribunal de Contas tem o *dever* de aplicar a penalidade de

[421] Há, ainda, a declaração de inidoneidade para licitar e a inabilitação para exercício de cargo em comissão ou função de confiança.

multa aos devidos responsáveis, sejam pessoas físicas ou jurídicas, sejam gestores públicos ou agentes privados caçadores de rendas.

Impende afirmar que a mera constatação do dano já é suficiente para tornar a conta irregular (art. 16, da Lei n. 8.443/92), dando margem ao julgamento das contas pelo Tribunal de Contas e responsabilização dos envolvidos, nos termos do art. 71, inciso II da CF/88.

Além disso, constatado eventual dano ou perda social, o §2º do art. 16, da Lei n. 8.443/92 prevê, expressamente, a responsabilidade *solidária*, podendo ter incidência, no caso, entre gestores públicos e *rent-seekers*.

Para garantir a efetividade desta sanção, pode o Tribunal de Contas se valer de seu poder geral de cautela e determinar as medidas cautelares pertinentes à cada situação em concreta sob análise, por exemplo, afastamento temporário do responsável e indisponibilidade de bens (art. 44 da Lei n. 8.443/92).

Vejamos sucintamente a responsabilização financeira dos rentistas e dos gestores públicos em razão da *rent-seeking*.

Como já afirmamos no decorrer deste trabalho, não é qualquer conduta comissiva de buscar a renda disponibilizada pelo Estado que pode ensejar a responsabilidade financeira pessoal do rentista pela ocorrência da *rent-seeking*.

Ao contrário da conduta comissiva necessária para a *configuração* do *rent-seeking*, para que haja a *responsabilização financeira do rentista*, ou seja, daquele que obteve a renda disponibilizada pelo Estado, é preciso que fique suficientemente comprovada alguma interferência direta na decisão jurídica da despesa pública, como se o jurídico deixasse de lado sua autonomia e passasse a se orientar por critérios alheios.

Aliás, parece-nos que vai ao encontro desta nossa afirmação o texto da Súmula 187 do TCU que dispensa a tomada de contas especial quando houver dano ou prejuízo financeiro ou patrimonial, causado por *pessoa estranha ao serviço público* e *sem conluio com servidor da Administração Direta ou Indireta e de Fundação instituída ou mantida pelo Poder Público*.[422]

No tema da responsabilização financeira do rentista há uma aproximação maior com a esfera criminal, exigindo-se uma demonstração palpável do liame entre a conduta rentista e a decisão do gestor, com a assunção da possibilidade concreta de ocorrência da perda social.

---

[422] Em sentido semelhante: GOMES, Emerson Cesar da Silva. *Responsabilidade financeira*: uma teoria sobre a responsabilidade no âmbito dos tribunais de contas. Porto Alegre: Núria Fabris, 2012, p. 211.

Havendo a comprovação desta interferência da conduta do rentista na decisão do gestor, pensamos ser possível imputar a responsabilidade financeira pela *rent-seeking* também ao rentista.

Desse modo, parece-nos indispensável que, para se falar em responsabilização do rentista, a conduta deva ocasionar uma espécie de corrupção na decisão jurídica que decide pela realização de determinada despesa pública, muito embora esta circunstância seja dispensável para a configuração propriamente da *rent-seeking*, como vimos.

Por isto que não é incomum, especialmente entre os economistas, relacionar a *rent-seeking* com figuras *penais* como, por exemplo, a corrupção[423].Todavia, ao nosso sentir esta relação *não é* necessária e muito menos suficiente quanto se poderia imaginar, seja para a responsabilidade do rentista ou do gestor público, seja para a própria configuração da *rent-seeking*, pois pode haver *rent-seeking* independentemente da existência de crime de corrupção e vice-versa.

São âmbitos materiais e de responsabilização completamente distintos. Basta pensar, por exemplo, em uma sentença penal transitada em julgado condenando determinada pessoa por corrupção ativa sem que haja qualquer mensuração de eventuais perdas sociais decorrentes da conduta. Uma coisa não leva, necessariamente, à outra.

O que pode perfeitamente ocorrer é um diálogo, um intercâmbio, uma troca de informações e de elementos probatórios entre os órgãos de controle que atuam na esfera criminal e na financeira, administrativa e judicial, para que os órgãos de controle da atividade financeira do Estado, a partir de provas colhidas em outras searas e sob o crivo do contraditório, possam construir a norma jurídica e a norma de decisão adequada às competências que a Constituição Federal lhes conferiu.

Aliás, nesta linha, considerando que um *mesmo fato* – por exemplo, a prática de *rent-seeking* – pode eventualmente ensejar *responsabilidades diversas*, importa observar que qualquer reparação realizada no âmbito penal, administrativo, civil ou da improbidade administrativa deve ser compensada na multa ou reparação do dano aplicada pelo Tribunal de Contas (responsabilidade financeira).

Neste caso, uma vez suficientemente comprovada a prática de corrupção na esfera penal, seja no âmbito de um inquérito policial ou de provas produzidas durante a instrução criminal, esta prova poderia servir como indício de conduta *rent-seeking* bastando, para "fechar o diagnóstico" da *rent-seeking*, a configuração/

[423] Nesse sentido: MACIEL, Felipe Guatimosim. *O Controle da Corrupção no Brasil*. Disponível em: http://www.esaf.fazenda.gov.br/assuntos/premios/premios-realizados/pasta-concurso-de-monografias-da-cgu/concurso-de-monografias-da-cgu-2005/3-lugar, consultado em: 31 out. 2016.

mensuração da perda social, realizada pelos órgãos de controle a partir da concretização do art. 70 da Constituição Federal.

Sendo assim, para fins de imputação da responsabilidade financeira *ao rentista* entendemos ser necessárias, cumulativamente, três pressupostos: a) que a conduta comissiva para a obtenção/manutenção/expansão da renda interfira na decisão do gestor a partir de critérios extrajurídicos; b) que seja constatada perda social decorrente da renda obtida/expandida/mantida; c) que haja liame entre a renda obtida/expandida/mantida e a perda social verificada.

Só assim, ao nosso entender, poderá o rentista ser responsabilizado pela *rent-seeking*, sob pena de cair em uma responsabilização objetiva sem qualquer base jurídica.

Frise-se que a Constituição Federal expressamente possibilita que seja aplicada *aos responsáveis* a sanção de *multa proporcional ao dano causado* no caso de *ilegalidade de despesa* ou *irregularidade de contas* (CF/88, art. 70, inciso VIII).

Não há maior "ilegalidade de despesa" que aquela que atropela princípios constitucionais que sustentam todo o arcabouço normativo financeiro, que espicaça um dos pilares da ordem econômica (princípio da livre concorrência), que apezinha grotescamente o princípio republicano (CF/88, art. 1º e art. 34, inciso VII), desdobrado na exigência do controle de resultado (economicidade/eficiência) do gasto público (CF/88, art. 70, *caput* e art. 74, inciso IV).

Além disso, havendo constatação da perda social ou dano, *a conta necessariamente torna-se irregular*, nos termos do art. 16 da Lei n. 8.443/92.

É preciso frisar, outrossim, que a Constituição Federal não distingue, para fins de responsabilização, o *rent-seeker* do gestor público, de sorte que ambos podem ser responsabilizados na medida de suas culpabilidades.

E mais: o próprio texto constitucional já prevê a sanção da multa proporcional ao dano causado, que é precisamente aquilo que interessa no âmbito do controle da *rent-seeking*, uma vez mensurada a perda social causada pela conduta rentista.

Mais uma vez, tudo passa por uma adequada construção da norma jurídica da despesa pública e, aqui, especificamente, a chamada norma secundária ou sancionatória, levando-se em conta (e a sério) o próprio texto constitucional.

A responsabilização financeira *do gestor público* pela prática da *rent-seeking* funda-se no princípio republicano, no dever de prestação de contas, no exercício responsável de sua função administrativa.

A responsabilização deve ser pessoal e jamais recair sobre a pessoa jurídica de direito público a qual pertence o gestor, pois simplesmente não faria qualquer sentido que, novamente, a sociedade, via orçamento público, arcasse com esta responsabilização.

Nesse sentido é oportuno citar Luiz Carlos Bresser-Pereira quando afirma que "a melhor forma de lutar contra o clientelismo e outras formas de captura do Estado é dar um passo adiante e tornar o Estado mais eficiente e mais moderno. É preciso lutar contra a corrupção e o desperdício, mas essa luta não alcança êxito se nos limitamos a travar a administração pública com controle e mais controles. Em vez disso, é preciso combinar confiança com controles, dar mais autonomia ao gestor público e torná-lo mais responsável pelos seus atos".[424]

Esta combinação apontada pelo autor nos parece muito interessante pois apregoa a manutenção e o aprimoramento dos controles, sem que haja excesso ou sobreposições inúteis, ao mesmo tempo em que é dada mais autonomia ao gestor público, tornando-o mais responsável por seus atos.

O dever do gestor púbico de prestar contas vem expresso no art. 70, parágrafo único da Constituição Federal mas antes mesmo já consta da Lei n. 4.320/64 a previsão, tanto em relação ao controle interno (art. 76) como o controle externo (art. 81), de que o controle da execução orçamentária compreende a *legalidade dos atos que resultem a realização de despesa* bem como a *fidelidade funcional dos agentes da administração responsáveis por bens e valores públicos* (art. 75, inciso I e II).

Como ensina Hely Lopes Meirelles, "o dever de prestar contas é decorrência natural da administração como encargo de gestão de bens e interesses alheios (...) no caso do administrador público, esse dever ainda mais se alteia, porque a gestão se refere aos bens e interesses da coletividade e assume o caráter de um *munus público*, isto é, de um encargo para com a comunidade".[425]

A exigência legal da *fidelidade funcional dos agentes da administração, responsáveis por bens e valores públicos* durante o controle da execução orçamentária (art. 75, inciso II, da Lei 4.320/66) não se trata de um jogo de palavras ou mera retórica legislativa.

Trata-se de uma decorrência direta e imediata do princípio constitucional republicano, exigindo máxima aderência e vinculação da execução orçamentária não apenas às leis orçamentárias, mas, sobretudo, ao texto constitucional, único antídoto para lidar com a insuficiência da atuação estatal na consecução dos

---

424 BRESSER-PEREIRA, Luiz Carlos. Instituições, bom estado e Reforma da Gestão Pública. *In*: *Economia do setor público no Brasil...*, p. 13.

425 MEIRELLES, Hely Lopes. *Direito administrativo brasileiro*. São Paulo: Malheiros, 1993, p. 92-93.

direitos fundamentais, especialmente aqueles cujos titulares são comunidades inteiras (direitos difusos), atuais ou futuras.

É preciso, pois, que fique cristalina, durante todo o ciclo orçamentário e, em especial, na execução do orçamento público, uma das singularidades do Direito Constitucional apontadas por Konrad Hesse, quer seja, a *garantia imanente* que significa que a Constituição não depende senão de sua própria força e das suas próprias garantias, sendo fundamental que se crie um sistema "que gravite sobre si mesmo e comporte os pressupostos necessários para prevalecer" e, para isto, é necessário que cada órgão estatal se submeta "voluntariamente à Constituição, e que reconheça e cumpra com todas as suas responsabilidades para fazê-la observar".[426]

Obviamente que a função das atividades de controle externo das finanças públicas vai muito além da apuração de responsabilidades e imposição de sanções. Antes de sancionar, a ideia é justamente fortalecer o entrosamento entre o controle interno e externo evitando que se chegue ao ponto da responsabilização.

Não é demais ressaltar que a constatação da *rent-seeking* pode revelar, uma vez quantificada a perda social na construção da norma jurídica da despesa pública, que os limites quantitativos do gasto público fixados na lei orçamentária, por exemplo, foram desatendidos, de modo que *a* despesa pública executada ou em execução torna-se *desguarnecida ou não autorizada legalmente*, podendo eventualmente dar azo, também, à responsabilização por ato de improbidade administrativa (art. 10, inciso IX da Lei Federal n. 8.429/92) e à responsabilização penal (art. 359-D do Código Penal[427]).

---

426 HESSE, Konrad. *Temas fundamentais do direito constitucional*. São Paulo: Saraiva, 2013, p. 12.

427 Art. 359-D. Ordenar despesa não autorizada por lei: Pena – reclusão, de 1 (um) a 4 (quatro) anos.

Referências

ABBOUD, Georges. *Jurisdição constitucional e direitos fundamentais*. São Paulo: RT, 2011.

ABBOUD, Georges; CARNIO, Henrique Garbellini; OLIVEIRA, Rafael Tomaz de. *Introdução à teoria e à filosofia do Direito*. São Paulo: RT, 2013.

ABRUCIO, Fernando Luiz; LOUREIRO, Maria Rita. Finanças públicas, democracia e accountability. *In*: ARVATE, Paulo Roberto; BIDERMAN, Ciro. *Economia do setor público no Brasil*. Rio de Janeiro: Elsevier/Campus, 2004.

ACEMOGLU, Daron; ROBINSON, James. *Por que as nações fracassam*: as origens do poder, da prosperidade e da pobreza. Rio de Janeiro: Elsevier, 2012.

ALEXY, Robert. *Teoria de los derechos fundamentales*. Madrid: Centro de Estudios Constitucionales, 2002.

ANDERSON, Simon P.; GOEREE, Jacob K.; HOLT, Charles A. Rent seeking with bounded rationality: an analysis of the all-pay auction. *Journal of Political Economy*, 1998, v. 106, n. 4.

ANDRADE, Eduardo de Carvalho. Externalidade. *In*: BIDERMAN, Ciro; ARVATE, Paulo (Orgs.). *Economia do setor público no Brasil*. Rio de Janeiro: Elsevier/Campus, 2005, p. 16-33.

ANDRADE, José Maria de. *Benefícios financeiros e creditícios: esses ilustres desconhecidos*. Disponível em: http://www.conjur.com.br/2016-ago-14/estado- economia-beneficios-financeiros-crediticios-ilustres-desconhecidos#_ftn5. Acesso em: 5 dez. 2016.

ARAGÃO, Alexandre Santos de. *Agências reguladoras e a evolução do Direito Administrativo Econômico*. Rio de Janeiro: Forense, 2005.

ARBACHE, Jorge. *Corrupção silenciosa*. Publicado em 11 de novembro de 2013. Disponível em: http://www.oim.tmunicipal.org.br/abre_documento.cfm?arquivo=_repositorio/_oim/_documentos/6687C7AE-F2A9-1451-001EE484A6192D42191120131 05753.pdf&i=2595. Acesso em: 5 dez. 2016.

ASHOFF, Guido. *Rent-Seeking*: A New Concept in the Theory of Politics. Economics, 40, p. 10, 1989.

ASSONI FILHO, Sérgio. *Transparência fiscal e democracia*. Porto Alegre: Nuria Fabris, 2009.

ATALIBA, Geraldo. *República e Constituição*. São Paulo: Malheiros, 2011.

AUGUSTO, Leonardo Silva. O dever de indenizar o tempo desperdiçado (desvio produtivo). *Revista da Faculdade de Direito da USP*, v. 110, p. 177-209, jan.-dez. 2015.

BALBINOTTO NETO, Giácomo. *Rent-seeking e crescimento econômico*: teoria e evidências. Tese de Doutorado. USP, FEA, 2000.

BALBINOTTO NETO, Giácomo. *As origens clássicas da teoria da "rent-seeking"*. Artigo apresentado no III Encontro Nacional de Economia Política, Niterói – RJ, 1998.

BALEEIRO, Aliomar. *Uma introdução à ciência das finanças*. Rio de Janeiro: Forense, 1996.

BANDEIRA DE MELLO, Celso Antônio. *Curso de direito administrativo*. São Paulo: Malheiros, 2005.

BANDEIRA DE MELLO, Celso Antônio. *Elementos de Direito Administrativo*. São Paulo: Malheiros, 1986.

BARBOSA, Lívia. *O jeitinho brasileiro*: a arte de ser mais igual que os outros. São Paulo: Campus, 1992.

BARBOSA, Ruy. *Comentários à Constituição Federal Brasileira*. Coligidos por Homero Pires. v. I. São Paulo: Saraiva, 1932.

BARBOSA, Ruy. Exposição de Motivos do Decreto 966-A, de 1890, instituidor do Tribunal de Contas no Brasil. *Revista do Tribunal de Contas da União*, Brasília, TCU, v. 1, n. 1, 1970.

BERCOVICI, Gilberto; MASSONETO, Luís Fernando. A Constituição Dirigente Invertida: a blindagem da Constituição Financeira e a agonia da Constituição Econômica. *Boletim de Ciências Econômicas*, v. XLIX, 2006.

BHAGWATI, J. N. Directly Unproductive Profit Seeking Activities. *Journal of Political Economy*, 90, p. 909, 1982.

BISHOP, Matthew. Essential Economics. *The Economist*. New York: Bloomberg Press, 2004.

BOBBIO, Norberto. *Teoria da norma jurídica*. São Paulo: Edipro, 2003.

BORSANI, Hugo. Relações entre política e economia: teoria da escolha pública. *In*: BIDERMAN, Ciro; ARVATE, Paulo (Orgs.). *Economia do setor público no Brasil*. Rio de Janeiro: Elsevier, 2004.

BRASIL. Banco Nacional de Desenvolvimento Econômico e Social. Regulamento Geral das Operações. *Resolução 862/96-BNDES*, de 11/03/1996, que consolidou o RGO.

BRASIL. Banco Nacional de Desenvolvimento Econômico e Social. Regulamento Geral das Operações. *Resolução 1.467/2007-BNDES*, de 31/07/2007, que alterou e promoveu nova consolidação do RGO.

BRASIL. Código Penal. *Decreto-Lei n. 2.848*, de 7 de dezembro de 1940. Vade Mecum. São Paulo: Saraiva, 2017.

BRASIL. *Constituição Federal de 1988*. Promulgada em 5 de outubro de 1988. Disponível em http://www.planalto.gov.br/ccivil_03/Constituicao/Constituicao.htm.

BRASIL. Ministério do Planejamento, Desenvolvimento e Gestão. *Orçamento cidadão*. Brasília, 2016b. Disponível em: http://www.orcamentofederal.gov.br/clientes/portalsof/portalsof/orcamentos- anuais/orcamento-2017/ploa/ploa-2017-orcamento-cidadao. Acesso em: 8 nov. 2016.

BRASIL. Presidência da República. Casa Civil. Subchefia para Assuntos Jurídicos. *Lei Federal n. 12.846/2013*, de 1 de agosto de 2013. Dispõe sobre a responsabilização administrativa e civil de pessoas jurídicas pela prática de atos contra a administração pública, nacional ou estrangeira, e dá outras providências. Disponível em: http://www.planalto.gov.br/ccivil_03/_ato2011-2014/2013/lei/l12846.htm. Acesso em: 10 jan. 2017.

BRASIL. Presidência da República. Casa Civil. Subchefia para Assuntos Jurídicos. *Lei n. 8.429/92*, de 2 de junho de 1992. Dispõe sobre as sanções aplicáveis aos agentes públicos nos casos de enriquecimento ilícito no exercício de mandato, cargo, emprego ou função na administração pública direta, indireta ou fundacional e dá outras providências. Disponível em: http://www.planalto.gov.br/ccivil_03/leis/L8429.htm. Acesso em: 10 jan. 2017.

BRASIL. STF. Min. Carlos Britto, p. 92 dos autos, STF, Tribunal Pleno, *ADI 4048* (Rel. Min. Gilmar Mendes, j.14.5.2008).

BRESSER-PEREIRA, Luiz Carlos. Instituições, bom estado e reforma da gestão pública. *In*: BIDERMAN, Ciro; ARVATE, Paulo (Orgs.). *Economia do Setor Público no Brasil.* São Paulo: Campus Elsevier, 2004.

BRESSER-PEREIRA, Luiz Carlos. *Cidadania e res publica*: a emergência dos direitos republicanos. Textos para Discussão, n. 15. Brasília: ENAP, 1997.

BRESSER-PEREIRA, Luiz Carlos. *Construindo o Estado republicano*: democracia e reforma da gestão pública. Rio de Janeiro: Editora FGV, 2009.

BROOKFIELD, Jon; CHANG, Sea-Jin; DRORI, Israel; ELLIS, Shmuel; LAZZARINI, Sérgio G.; SIEGEL, Jordan I.; BARDINA, Juan Pablo von Bernath. The small worlds of business groups: liberalization and network dynamics. *In*: *The small worlds of corporate governance.* London: Bruce Kogut, 2012.

BUCHANAN, James M. Same players, different game: how better rules make better politics. *Constitutional Political Economy*, Springer US, v. 19, n. 3, 2008.

BUCHANAN, James M; TOLLISN, Robert D; TULOCK, Gordon. Rent seeking and profit seeking. *In*: BUCHANAN, James M; TOLLISN, Robert D; TULOCK, Gordon. *Toward a theory of the rent-seeking society.* Texas: A&M University Press, 1980.

BUGARIN, Paulo Soares. *O princípio constitucional da economicidade.* Belo Horizonte: Fórum, 2004.

CANOTILHO, José Joaquim Gomes; MOREIRA, Vital. *Constituição da República Portuguesa anotada.* Coimbra: Coimbra Ed., 2007.

CARAZZA, Bruno. *Dinheiro, eleições e poder: as engrenagens do sistema político brasileiro.* São Paulo: Companhia das Letras, 2018.

CARVALHO, Aurora Tomazini de. *Curso de teoria geral do Direito*: o construtivismo lógico-semântico. São Paulo: Noeses, 2010.

CARVALHO, Guilherme Bueno. Governança republicana e orçamento: as finanças públicas a serviço da sociedade. *In*: CONTI, José Mauricio; SCAFF, Fernando Facury (Coords.). *Orçamentos públicos e direito financeiro.* São Paulo: RT, 2011.

CARVALHO, Paulo de Barros. *Direito Tributário*: linguagem e método. São Paulo: Noeses, 2015.

CARVALHO, Paulo de Barros. *Fundamentos jurídicos da incidência tributária*. Tese (Concurso para professor-titular do Departamento de Direito Econômico e Financeiro) – Faculdade de Direito da Universidade de São Paulo, São Paulo, 1996.

CATAPANI, Márcio Ferro. A discricionariedade do Poder Executivo na elaboração do projeto de lei orçamentária anual. *In*: CONTI, J. Maurício; SCAFF, Fernando F. (Coords.). *Orçamentos públicos e Direito Financeiro*. São Paulo: Revista dos Tribunais, 2011, p. 245-266.

CHRISTENSEN, Ralph. Teoria estruturante do Direito. *In*: MÜLLER, Friedrich. *O novo paradigma do Direito*: introdução à teoria e metódica estruturantes. São Paulo: RT, 2013.

COMPARATO, Fábio Konder; PINTO, Élida Graziane. *Custeio mínimo dos direitos fundamentais, sob máxima proteção constitucional*. Disponível em: http://www.conjur.com.br/2015-dez-17/custeio-minimo-direitos-fundamentais- maxima-protecao-cf. Acesso em: 20 nov. 2016.

CONGLETON, Roger D. Monitoring rent-seeking managers: advantages of diffuse ownership. *Canadian Journal of Economics*, 1989, n. 22, p. 662-672.

CONGLETON, Roger D. Competitive Process, Competitive Waste, and Institutions. *In*: BUCHANAN, James M.; TOLLISN, Robert D.; TULOCK, Gordon. *Toward a Theory of the Rent-Seeking Society*. Texas: A&M University Press, 1980.

CONTI, José Mauricio. *A autonomia financeira do Poder Judiciário*. São Paulo: MP Editora, 2006.

CONTI, José Mauricio. *Direito Financeiro na Constituição de 1988*. São Paulo: Oliveira Mendes, 1998.

CONTI, José Mauricio. *Flexibilidade orçamentária deve ser usada com moderação*. Disponível em: http://www.conjur.com.br/2016-set-20/contas-vista-flexibilidade-orcamentaria- usada-moderacao. Acesso em: 18 out. 2016.

CONTI, José Mauricio. *Lei de responsabilidade fiscal*: 10 anos de vigência – questões atuais. Coord. Fernando Facury Scaff; José Mauricio Conti. Florianópolis: Conceito Editorial, 2010.

CONTI, José Mauricio. *Levando o Direito Financeiro a sério*. São Paulo: Blucher, 2016.

CONTI, José Mauricio. *Vinculações orçamentárias não são a panaceia dos problemas*. Disponível em: http://www.conjur.com.br/2014-abr-08/contas-vista-vinculacoes-orcamentarias-nao- sao-panaceia-problemas. Acesso em: 8 nov. 2016.

CONTI, José Mauricio; CARVALHO, André Castro. O controle interno na Administração Pública brasileira: qualidade do gasto público e responsabilidade fiscal. *DPU n. 37*, jan.-fev. 2011, seção especial, teorias e estudos científicos.

CORRÊA, Izabela Moreira. Planejamento estratégico e gestão pública por resultados no processo de reforma administrativa do Estado de Minas Gerais. *Revista de Administração Pública*, Rio de Janeiro, v. 41, n. 3, maio-jun. 2007, p. 498.

COSTA, Alexandre Bernardino; SOUSA JÚNIOR, José Geraldo de. O direito achado na rua: uma ideia em movimento. *In*: COSTA, Alexandre Bernardino *et al.* (Orgs.). *O Direito achado na rua*: Introdução crítica ao direito à saúde. Brasília: CEAD/UnB, 2009.

DELFIM NETTO, Antônio. Um estado forte e eficiente. *Revista Carta Capital.* Disponível em: http://www.cartacapital.com.br/revista/850/um-estado-forte-e-eficiente- 4743.html. Acesso em: 5 nov. 2016.

DERANI, Cristiane. *Direito Ambiental Econômico.* São Paulo: Max Limonad, 2001.

DINIZ, Maria Helena. *Compêndio de introdução à ciência do Direito.* São Paulo: Saraiva, 2005.

DUQUE, Marcelo Schenk. *Direito privado e constituição*: *drittwirkung* dos direitos fundamentais, construção de um modelo de convergência à luz dos contratos de consumo. São Paulo: RT, 2013.

EDLIN, Aaron S.; STIGLITZ, Joseph E. Discouraging rivals: managerial rent-seeking and economic inefficiencies. *American Economic Review*, n. 85, p. 1.301-1.312, 1995.

EHRLICH, Eugen. O estudo do direito vivo. *In*: SOUTO, Cláudio; FALCÃO, Joaquim. *Sociologia & Direito.* Textos básicos para a disciplina de Sociologia Jurídica. São Paulo: Pioneira Thomson Learning, 2001.

EKELUND, Robert B.; TOLLISON, Robert T. *Mercantilism as a rent-seeking society.* Texas: A&M University Press, 1982.

ÉPOCA. "Faltou chicote e sobrou cenoura", diz Sérgio Lazzarini sobre a quebra da Oi. Disponível em: http://epoca.globo.com/tempo/noticia/2016/06/faltou- chicote-e-sobrou-cenoura-diz-sergio-lazzarini-sobre-quebra-da-oi.html. Acesso em: 4 set. 2016.

ÉPOCA. *Os campeões nacionais deram certo*? Disponível em: https://www.insper.edu.br/noticias/os-campeoes-nacionais-deram-certo/. Acesso em: 5 dez. 2016.

ESCRIVÃO FILHO, Antonio *et al.* O Direito achado na rua: concepção e prática. No percurso de Roberto Lyra Filho. *In*: SOUZA JUNIOR, José Geraldo (Coord.). *O Direito achado na rua*: concepção e prática. Rio de Janeiro: Lumen Juris, 2015.

EVANGELISTA, Charles Mathusalém Soares; DAROS, Eunice Lemos Rosal; ALBERNAZ, Leonardo Rodrigues; PAULA, Virgínia de Ângelis Oliveira de. Perspectivas do Controle sobre os Benefícios Fiscais: Avaliação da Política Nacional de Desenvolvimento Regional (PNDR). *Revista do Tribunal de Contas da União*, n. 121, 2011, p. 47, disponível em http://revista.tcu.gov.br/ojsp/index.php/RTCU/issue/view/12/showToc. Acesso em: 20 nov. 2016.

FACCINI NETO, Orlando. *Elementos de uma teoria da decisão judicial*: hermenêutica, constituição e respostas corretas em Direito. Porto Alegre: Livraria do Advogado, 2011, p. 136-137.

FAORO, Raymundo. *Os donos do poder*. Porto Alegre: Editora Globo, 2001.

FARIA, Rodrigo Oliveira de. PPA *versus* orçamento: uma leitura do escopo, extensão e integração dos instrumentos constitucionais brasileiros de planejamento. *In*: CONTI, J. Mauricio; SCAFF, Fernando F. (Coords.). *Orçamentos públicos e Direito Financeiro*. São Paulo: Revista dos Tribunais, 2011, p. 684-688.

FERREIRA, Pedro Cavalcanti. *Proteção comercial*: racionalidade econômica ou interesses privados? Disponível em: http://www.fgv.br/professor/ferreira/papersaplicados.htm. Acesso em: 25 abr. 2014.

FIORAVANTI, Maurizio. *Los derechos fundamentales*: apuntes de historia de las constituciones. Madrid: Editorial Trotta, 2009.

FOLHA DE S. PAULO. *Editorial de 25 de setembro de 2016*. Disponível em: http://www1.folha.uol.com.br/opiniao/2016/09/1816574-vicios-arcaicos.shtml. Acesso em: 6 jan. 2017.

GAGLIANO, Pablo Stolze. Responsabilidade civil pela perda do tempo. *Revista Jus Navigandi*, Teresina, v. 18, n. 3.540, 11 mar. 2013. Disponível em: https://jus.com.br/artigos/23925. Acesso em: 24 set. 2016.

GALLANGHER, Mark. *Rent-seeking and economic growth in Africa*. George Mason University, Fairfax, Ph.D. thesis, 1991.

GERBELLI, Luiz Guilherme; SCARAMUZZO, Mônica. *Oi, 'campeã nacional', sucumbiu à crise*. Jornal O Estado de S. Paulo de 20 de junho de 2016. Disponível em: http://economia.estadao.com.br/noticias/geral,oi-campea-nacional-sucumbiu-a- crise,10000058332. Acesso em: 6 jan. 2016.

GIACOMONI, James. *Orçamento público*. São Paulo: Atlas, 2009.

GIAMBIAGI, Fábio; SCHWARTSMAN, Alexandre. *Complacência*: entenda por que o Brasil cresce menos do que pode. Rio de Janeiro: Elsevier, 2014.

GLAZER, Amihai. Allies as rivals: internal and external rent seeking. *Journal of Economic Behavior and Organization*, n. 48, p. 155-62.

GOMES, Emerson Cesar da Silva. *O Direito dos gastos públicos no Brasil*. São Paulo: Almedina, 2015.

GOMES, Emerson Cesar da Silva. *Responsabilidade financeira*: uma teoria sobre a responsabilidade no âmbito dos tribunais de contas. Porto Alegre: Núria Fabris, 2012.

GOMES, Nestor Castilho. *A teoria da norma de Friedrich Müller*: reflexos na metódica jurídica. Florianópolis: Universidade Federal de Santa Catarina-UFSC (Dissertação de Mestrado), 2009, p. 79-80.

GONÇALVES, Guilherme Leite. Função interpretativa, alopoiese do Direito e hermenêutica da cordialidade. Rio de Janeiro, *Revista Direito e Práxis*, v. 1, n. 1, 2010, p. 16-31.

GRAU, Eros Roberto. Despesa pública - Princípio da legalidade - Decisão judicial. *Boletim de Direito Administrativo*, fev. 1994. Disponível em: http://bibliotecadigital.fgv.br/ojs/index.php/rda/article/viewFile/45730/47450. Acesso em: 7 jan. 2016.

GRAU, Eros Roberto. *Elementos de Direito Econômico*. São Paulo: RT, 1981.

GRAU, Eros Roberto. O novo velho tema da interpretação do Direito. *In*: LEITE, George Salomão; LEITE, Glauco Salomão; SARLET, Ingo Wolfgang; STRECK, Lenio Luiz (Coords.). *Ontem, os códigos*! Hoje, as constituições! Homenagem a Paulo Bonavides. São Paulo: Malheiros, 2016.

GUASTINI, Ricardo. *Das fontes às normas*. São Paulo: Quartier Latin, 2005.

HÄBERLE, Peter. *Hermenêutica constitucional*. A sociedade aberta dos intérpretes da Constituição: contribuição para a interpretação pluralista e 'procedimental' da Constituição. Tradução de Gilmar Ferreira Mendes. Porto Alegre: Sergio Antonio Fabris Editor, 1997.

HANSEN, Liane. *National Public Radio*. A lobbyist by any other name? Disponível em: http://www.npr.org/templates/story/story.php?storyId=5167187. Acesso em: 3 set. 2016.

HARBERGER, A. C. Using the resources at hand more effectively. *American Economy Review*, May 1959, n. 49, p. 134-146.

HARTLE, Douglas G. The theory of rent-seeking: some reflections. *Canadian Journal of Economics*, v. 16, n. 4, p.539-540, 1979.

HENDERSON, David R. *O que é rent-seeking*? Disponível em: http://www.libertarianismo.org/index.php/artigos/rent-seeking/. Acesso em: 7 jan. 2016.

HERMES, Felippe. *A Oi quebrou. E quem vai pagar a conta por isso é você.* Publicado no Portal Spotniks em 21 de junho de 2016. Disponível em: http://spotniks.com/oi-quebrou-e-quem-vai-pagar-conta-por-isso-e-voce/. Acesso em: 5 set. 2016.

HESSE, Konrad. *A força normativa da Constituição*. Porto Alegre: Sergio Antônio, 1991.

HESSE, Konrad. A força normativa da Constituição. *In*: HESSE, Konrad. *Temas fundamentais do Direito Constitucional*. São Paulo: Saraiva, 2009.

HESSE, Konrad. *Temas fundamentais do Direito Constitucional*. São Paulo: Saraiva, 2013.

HILLMAN, Ayre L. Political Economy and Political Correctness. *Public Choice*, 1998.

HOLANDA, Sérgio Buarque de. *Raízes do Brasil*. São Paulo: Companhia das Letras, 2015.

HOLSEY, Cherly M.; BORCHERDING, Thomas E. Why does government's share of national income growth? An assessment of recent literature on the U.S experience. *In*: MUELLER, Dennis (Ed.). *Perspective on Public Choice*: A Handbook. Cambridge University Press, 1997, p. 575.

HOMES, Stephen; SUSTEIN, Cass. *The cost of rights*: why liberty depends on taxes. New York: Norton, 2000.

HORVATH, Estevão. Direito Financeiro *versus* Direito Tributário: uma dicotomia desnecessária e contraproducente. *In*: HORVATH, Estevão; CONTI, José Mauricio; SCAFF, Fernando Facury (Orgs.). *Direito Financeiro, Econômico e Tributário*. Homenagem a Regis Fernandes de Oliveira. São Paulo: Quartier Latin, 2014, p.155- 177.

IKEDA, Sanford. *Rent-seeking*: a primer. Ideas on Liberty. Disponível em: https://fee.org/media/4553/ikeda1103.pdf. Acesso em: 30 nov. 2016.

INTERNATIONAL FEDERATION OF ACCOUNTANTS. Governance in the public sector: a governing body perspective. International Public Sector Study. ago. 2001. Disponível em: http://www1.worldbank.org/publicsector/pe/April2003Seminar/Course%20Readi ngs/08.%20Internal%20Control%20and%20Audit/Study_13_Governance.pdf.

INVESTOPEDIA. *Regulatory capture.* Disponível em: http://www.investopedia.com/terms/r/regulatory-capture.asp. Acesso em: 3 set. 2016.

JARDIM, Eduardo Marcial Ferreira. *Manual de Direito Financeiro e Tributário.* São Paulo: Saraiva, 1999.

JUND, Sérgio. *AFO Administração Financeira e Orçamentária.* Rio de Janeiro: Elsevier, 2008.

JUND, Sérgio. *Direito Financeiro e orçamento público.* Rio de Janeiro: Elsevier, 2008.

JUSTEN FILHO, Marçal. *O Direito das agências reguladoras independentes.* São Paulo: Dialética, 2002.

KELSEN, Hans. *Teoria geral das normas.* Porto Alegre: Safe, 1986.

KRUEGER, Anne O. The political economy of rent-seeking society. *American Economic Review*, n. 64, 1974, p. 291-302.

LAZZARINI, Sérgio G. *Capitalismo de laços*: os donos do Brasil e suas conexões. Rio de Janeiro: Elsevier, 2011.

LAZZARINI, Sérgio G. Escancarando o capitalismo de laços. *O Estado de S. Paulo.* 26 jun. 2015. Acesso em: 6 jan. 2017.

LEBRÃO, Roberto Mercado; GOMES, Emerson Cesar da Silva; MOURÃO, Licurgo. Fiscalização financeira e orçamentária. *In*: OLIVEIRA, Regis Fernandes de *et al. Lições de Direito Financeiro.* São Paulo: RT, 2015.

LEWANDOWSKI, Enrique Ricardo. *In*: CANOTILHO, J.J. Gomes; MENDES, Gilmar Ferreira; SARLET, Ingo Wolfgang; STRECK, Lenio Luiz (Coords.). *Comentários à Constituição do Brasil.* São Paulo: Saraiva/Almedina, 2013.

LIMA, Martonio Mont'Alverne Barreto. *In*: CANOTILHO, J.J. Gomes; MENDES, Gilmar Ferreira; SARLET, Ingo Wolfgang; STRECK, Lenio Luiz. (Coords.). *Comentários à Constituição do Brasil.* São Paulo: Saraiva/Almedina, 2013, p.108.

LIMA, Ruy Cirne. *Princípios de Direito Administrativo.* 4. ed. Porto Alegre: Sulina, 1964.

LINDBECK, Assar; SNOWER, Dennis J. Efficiency wages versus insiders and outsiders. *European Economic Review*, n. 31, p. 407-416, 1987.

LISBOA, Marcos de Barros; PESSÔA, Samuel. As meias-entradas no caminho do ajuste econômico. *Jornal Folha de S. Paulo*. 5 jun. 2016. Disponível em: http://www1.folha.uol.com.br/ilustrissima/2016/06/1777909-as-meias-entradas-no-caminho-do-ajuste-economico.shtml. Acesso em: 21 jul. 2016.

LOCHAGIN, Gabriel Loretto. *A execução do orçamento público*: flexibilidade e orçamento impositivo. São Paulo: Editora Edgard Blücher, 2016.

LONG, Ngo Van; VOUSDEN, Neil. Risk-averse rent seeking with shared rents. *The Economic Journal*, 97 (December 1987), p. 971.

LOONEY, Robert E. The economic impact of rent seeking and military expenditures: a comparison of Third World military and civilian regimes. *American Journal of Economics and Sociology*, v. 48, n. 1, p. 11, 1989.

LUHMANN, Niklas. *Complejidad y modernidad*: de la unidad a la diferencia. Madrid: Editorial Trotta, 1998.

LUHMANN, Niklas. *El derecho de la sociedad*. México: Editorial Herder, 2005.

LUÑO, Antonio E. Perez. *Los derechos fundamentales*. Madrid: Tecnos, 2004, p. 22-25.

MACIEL, Felipe Guatimosim. *O Controle da Corrupção no Brasil*. Disponível em: http://www.esaf.fazenda.gov.br/assuntos/premios/premios-realizados/pasta-concurso-de-monografias-da-cgu/concurso-de-monografias-da-cgu-2005/3-lugar. Acesso em: 31 out. 2016.

MANCUSO, Wagner Pralon; GOZETTO, Andréa Cristina Oliveira. Lobby: instrumento democrático de representação de interesses? *In*: *Organicom – Revista Brasileira de Comunicação Organizacional e Relações Públicas*, v. 8, n. 14, 2011.

MANGEL, John H.; DELORME, Charles; KAMERSCHEN, David R. Rent-seeking and the byproduct theory of labor movements. *Rivista Internazionale di Scienze Economiche e Commerciali*, v. 41, n. 5, p. 400-401, 1994.

MANKIW, N. Gregory; TAYLOR, Mark P. Microeconomics. Thomson Learning, 2006. *In*: MENDES, Marcos José. *Sistema orçamentário brasileiro*: planejamento, equilíbrio fiscal e qualidade do gasto público. Texto para discussão 39. Brasília: Consultoria Legislativa do Senado Federal, 2008, p. 24-28.

MARQUES NETO, Floriano de Azevedo. A nova regulação estatal e as agências independentes. *In*: SUNDFELD, Carlos Ari (Coord.). *Direito Administrativo Econômico*. São Paulo: Malheiros, 2000.

MARQUES NETO, Floriano de Azevedo. Os grandes desafios do controle da administração pública. *Fórum de contratação e gestão pública*, Belo Horizonte, v. 9, n. 100, abr. 2010. Disponível em: http://bdjur.stj.jus.br/dspace/handle/2011/32259. Acesso em: 31 out. 2016.

MARTÍNEZ, Maria Salvador. *Autoridades independientes*. Barcelona: Ariel, 2002.

MAZZA, Alexandre. *Relação jurídica de Administração Pública*. São Paulo: Saraiva, 2012.

MAZZUCATO, Mariana. *O Estado empreendedor*: desmascarando o mito do setor público vs. setor privado. São Paulo: Portfolio-Penguin, 2014.

MEDAUAR, Odete. *Controle da administração pública*. São Paulo: RT, 2014.

MEDAUAR, Odete. O Direito Administrativo em evolução. *In*: MEDAUAR, Odete. *Controle da Administração Pública*. São Paulo: RT, 2014.

MEIRELLES, Hely Lopes. *Direito Administrativo brasileiro*. São Paulo: Malheiros, 1993.

MEIRELLES, Hely Lopes. *Finanças municipais*. São Paulo: RT, 1979.

MELO, Thiago Dellazari. *A "captura" das agências reguladoras*: uma análise do risco de ineficiência do Estado Regulador. 2010. 126 f.- Universidade Federal de Pernambuco. CCJ. Direito, 2010.

MENDES, Marcos. *O governo federal gasta pouco com educação*? Disponível em: http://www.brasil-economia-governo.org.br/2015/04/20/o-governo-federal- gasta-pouco-com-educacao/. Acesso em: 5 dez. 2016.

MENDES, Marcos. *O que é rent-seeking*? Disponível em: http://www.brasil-economia- governo.org.br/2014/03/25/o-que-e-rent-seeking/. Acesso em: 14 maio 2015.

MENDES, Marcos. Os conflitos federativos na democracia brasileira. *In*: SALTO, Felipe; ALMEIDA, Mansueto (Orgs.). *Finanças públicas*: da contabilidade criativa ao resgate da credibilidade. Rio de Janeiro: Record, 2016.

MENDES, Marcos. *Por que é importante controlar o gasto público*? 28 jun. 2011. Disponível em: http://www.brasil-economia-governo.org.br/2011/06/28/por-que-e-importante- controlar-o-gasto-publico/. Acesso em: 9 out. 2016.

MENDES, Marcos. *Sistema orçamentário brasileiro*. Disponível em: http://www.esaf.fazenda.gov.br/assuntos/biblioteca/cadernos-de-financas-publicas- 1/sist_orc_brasil.pdf/. Acesso em: 05 dez. 2016.

MENDES, Marcos. *Por que o Brasil cresce pouco*: desigualdade, democracia e baixo crescimento no país do futuro. Rio de Janeiro: Elsevier, 2014.

MENEGUIN, Fernando B.; BUGARIN, Tomás T. S. *O dilema entre a eficiência de curto e de longo prazo no ordenamento jurídico e o impacto no crescimento econômico*. Brasília: Núcleo de Estudos e Pesquisas/CONLEG/Senado, Julho/2016 Disponível em: www.senado.leg.br/estudos. Acesso em 12 de julho de 2016, p. 02.

MENEZELLO, Maria D'Assunção Costa. *Agências reguladoras e o Direito brasileiro*. São Paulo: Atlas, 2002.

MILESKI, Helio Saul. *O controle da gestão pública*. Belo Horizonte: Fórum, 2011.

MIRANDA, Daniela. *Direito, silêncio e corrupção*: um diálogo com Niklas Luhmann e Jürgen Habermas. abr. 2007. Disponível em: http://jus.com.br/artigos/979. Acesso em: 1 jun. 2016.

MONTEIRO, Jorge Vianna. *Governo e crise*: escolhas públicas no Brasil e no mundo, 2007-2011. Rio de Janeiro: FGV, 2011.

MOREIRA NETO, Diogo de Figueiredo. *Direito regulatório*. Rio de Janeiro: Renovar, 2003.

MOREIRA NETO, Diogo de Figueiredo. Novo referencial no Direito Administrativo: do controle da vontade ao do resultado. A juridicização dos resultados na Administração Pública. *Fórum Administrativo - FA*, Belo Horizonte, v. 6, n. 67, set. 2006.

MOREIRA, Vital. *Autorregulação profissional e administração pública*. Coimbra: Almedina, 1997.

MOZONI NETO, Mario Prestes. *Caçadores de renda*: uma investigação sobre a teoria do rent-seeking. São Paulo: FGV/EAESP, 2001 (Dissertação de Mestrado), p. p. 06, 09,11.

MÜLLER, Friedrich. *Direito, linguagem, violência*: elementos de uma teoria constitucional I. Porto Alegre: Sergio Antonio, 1995.

MÜLLER, Friedrich. *La positividad de los derechos fundamentales*: cuestiones para una dogmática práctica de los derechos fundamentales. Madri: Dykinson, 2016.

MÜLLER, Friedrich. *Metodologia do Direito Constitucional*. 4. ed. São Paulo: RT 2010.

MÜLLER, Friedrich. *O novo paradigma do Direito*: introdução à teoria e metódica estruturantes. São Paulo: RT, 2013.

MÜLLER, Friedrich. Prefácio. *In*: ABBOUD, Georges. *Discricionariedade administrativa e judicial*: o ato administrativo e a decisão judicial. São Paulo: RT, 2014.

MÜLLER, Friedrich. *Teoria estruturante do Direito I*. São Paulo: RT, 2011.

MÜLLER, Holger M.; WÄRNERYD, Karl. Inside versus outside ownership: a political theory of the firm. *Rand Journal of Economics*, n. 32, p. 527-541.

MUNGER, Michael. *Rent-Seek and you will find*. Disponível em: http://econlib.org/library/Columns/y2006/Mungerrentseeking.html. Acesso em: 30 nov. 2016.

MURPHY, Kevin M.; SHLEIFER, Andrei; VISHNY, Robert W. *The American Economic Review*, v. 83, n. 2, Papers and Proceedings of the Hundred and Fifth Annual Meeting of the American Economic Association (May, 1993), p. 409-414.

MUSACCHIO, Aldo; LAZZARINI, Sérgio G. *Reinventando o capitalismo de Estado*: O Leviatã nos negócios: Brasil e outros países. São Paulo: Portfolio-Penguin, 2015, p. 35.

NAGATA, Bruno Mitsuo. A limitação da discricionariedade em matéria orçamentária pelos princípios da legalidade, legitimidade e economicidade. *In*: CONTI, José Mauricio; SCAFF, Fernando Facury (Coords.). *Orçamentos Públicos e Direito Financeiro*. São Paulo: Revista dos Tribunais, 2011, p. 378-379.

NARITOMI, Joana; SOARES, Rodrigo R.; ASSUNÇÃO, Juliano J. Institutional development and colonial heritage within Brazil. *IZA Discussion Paper*, n. 4.276, jul. 2009.

NEVES, Marcelo. *Revista Direito em Debate*, v. 4, n. 5, 1995.

NÓBREGA, Mailson da. Construção e desmonte das instituições fiscais. *In*: SALTO, Felipe; ALMEIDA, Mansueto. *Finanças Públicas*: da contabilidade criativa ao resgate da credibilidade (Org.). Rio de Janeiro: Record, 2016, p. 27.

O'NEILL, Ben. *Resolvendo o "problema" do carona*. Instituto Ludwig Von Mises Brasil, 9 jul. 2010. Disponível em: http://www.mises.org.br/Article.aspx?id=724. Acesso em: 13 jul. 2016.

OLIVEIRA, Rafael Tomaz de. *Decisão judicial e o conceito de princípio*: a hermenêutica e a (in)determinação do Direito. Porto Alegre: Livraria do Advogado, 2008.

OLIVEIRA, Regis Fernandes de. *Responsabilidade fiscal*. São Paulo: RT, 2001.

ORGANIZAÇÃO DAS NAÇÕES UNIDAS. *Declaração sobre o Direito ao Desenvolvimento*. Adotada pela resolução 41/128 da Assembleia Geral das Nações Unidas, 4 dez. 1986. Disponível em: http://direitoshumanos.gddc.pt/3_16/IIIPAG3_16_5.htm. Acesso em: 27 out. 2016.

PALUDO, Augustinho. *Orçamento público, administração financeira e orçamentária, e lei de responsabilidade fiscal*. Rio de Janeiro: Elsevier, 2012.

PARKIN, Michael. Macroeconomic requirements for prosperity. *Australian Economic Review*, 1993.

PASCOAL, Valdecir. *Direito financeiro e controle externo*. Rio de Janeiro: Elsevier, 2009.

PASTOR, Juan Alfonso Santamaría. *Principios de Derecho Administrativo*. 2. ed.. v. II. Madrid: Editorial Centro de Estúdios Ramón Areces, 2000.

PEREZ, Marcos Augusto. *A Administração Pública democrática*: institutos de participação popular na administração pública. Belo Horizonte: Fórum, 2009.

PESSOA, Samuel. *Disciplinar o conflito distributivo*. 30 de maio 2016. Disponível em: http://www.institutomillenium.org.br/artigos/disciplinar-conflito-distributivo/. Acesso em: 23 jul. 2016.

PINHEIRO, Armando Castelar. Os empréstimos do BNDES para os "campeões nacionais". *Valor Econômico*, 01 fev. 2013.

PINTO, Élida Graziane. Alertas e controle concomitante da Administração Pública. *Revista Contas Abertas*, dez. 2014. Disponível em: http://www.tce.ms.gov.br/revistaeletronica2/doc/03.pdf. Acesso em: 3 nov. 2016.

PINTO, Élida Graziane. *Controle judicial dos orçamentos públicos em prol dos direitos fundamentais*. Disponível em: http://www.conjur.com.br/2016-ago-17/elida-pinto-controle-orcamentario-prol-direitos-fundamentais. Acesso em: 20 out. 2016.

PINTO, Élida Graziane. Eficácia dos direitos sociais por meio do controle judicial da legalidade orçamentária e da sua adequada execução. *Revista Fórum de Direito Financeiro e Econômico*, Belo Horizonte, v. 3, n. 5, p. 71-100, mar./ago. 2014.

PINTO, Élida Graziane. *Um microssistema de tutela do custeio dos direitos sociais nos protege*. Disponível em: http://www.conjur.com.br/2016-nov-08/contas-vista--microssistema- tutela-custeio-direitos-sociais-protege. Acesso em: 25 nov. 2016

PINTO, Élida Graziane; FUNCIA, Francisco. Ajuste fiscal, eficiência e pisos em saúde e educação. *Estadão*, 19 maio 2016. Disponível em: http://politica.estadao.

com.br/blogs/fausto-macedo/ajuste-fiscal-eficiencia-e-pisos- em-saude-e-educacao/. Acesso em: 15 nov. 2016.

PISCITELLI, Tathiane. *Direito Financeiro esquematizado*. São Paulo: Método, 2011.

PLOA 2017. *Centro de Estudos Tributários e Aduaneiros*. Disponível em: http://idg.receita.fazenda.gov.br/dados/receitadata/renuncia-fiscal/previsoes- ploa/dgt--ploa-2017-versao-1-1.pdf. Acesso em: 5 nov. 2016.

PONTES DE MIRANDA, Francisco Cavalcanti. *Tratado de Direito privado*. Tomo 1. Campinas: Bookseller, 1999.

POSNER, Richard. The social costs of monopoly and regulation. *Journal of Political Economy*, v. 83, n. 4, p. 807-827.

PRADO, Maria Clara R. M. Imediatismo, doença brasileira. *Valor Econômico* de 14 de maio 2015. Disponível em: http://www.valor.com.br/opiniao/4048964/imediatismo-doenca-brasileira. Acesso em: 5 nov. 2016.

RAJAGOPALAN, R. Rent-seeking: a selective survey of recent literature. *Vikalpa*, v. 21, n. 1, jan.-mar. 1996.

RAMALHO, Dimas Eduardo; PINTO, Élida Graziane. *O gasto pode até ser mínimo, a qualidade da educação não*. Disponível em: http://politica.estadao.com.br/blogs/fausto-macedo/o-gasto-pode-ate-ser-minimo-a-qualidade-da-educacao-nao/. Acesso em: 5 nov. 2016.

REZENDE, Amaury José. *Avaliação do impacto dos incentivos fiscais sobre os retornos e as políticas de investimento e financiamento das empresas*. Livre- Docência. São Paulo: USP, 2015.

REZENDE, Fernando; CUNHA, Armando (Orgs.). *Disciplina fiscal e qualidade do gasto público*: Fundamentos da reforma orçamentária. Rio de Janeiro: Editora FGV, 2005.

RIBEIRO, Sheila Maria Reis. *Controle interno e paradigma gerencial*. Brasília: ENAP, 1997.

ROMBOLI, Roberto; REVENGA, Miguel. *Problemi e prospettive in tema di tutela costituzionale dei diritti sociali*. Milão: Giuffrè Editore, 2009.

ROSILHO, André Janjácomo. *Controle da Administração Pública pelo Tribunal de Contas da União*. (Tese). Faculdade de Direito, USP, 2016.

SALTO, Felipe; ALMEIDA, Mansueto. Responsabilidade fiscal é a chave para voltar a crescer. *In*: SALTO, Felipe; ALMEIDA, Mansueto. *Finanças Públicas*: da contabilidade criativa ao resgate da credibilidade. Rio de Janeiro: Record, 2016.

SANDEL, Michael J. *What Money can't buy*: The moral limits of markets. New York: Farrar, Straus and Giroux, 2012.

SANSON, Alexandre. *Dos grupos de pressão na democracia representativa*: os limites jurídicos. Tese de Doutorado, São Paulo, FDUSP, 2013, p. 285-286, 289.

SANTI, Eurico Marcos Diniz de. *Lançamento tributário*. São Paulo: Max Limonad, 1996.

SANTOS, Rodrigo Mioto dos. *Método, racionalidade e legitimidade da decisão judicial*: uma análise a partir da teoria estruturante de Friedrich Müller. Dissertação de Mestrado, UFSC, 2006, p.68.

SARLET, Ingo Wolfgang; MARINONI, Luiz Guilherme; MITIDIERO, Daniel. *Curso de Direito Constitucional*. São Paulo: RT, 2012.

SCAVINO, Dado. *La filosofía actual*: pensar sin certezas. Buenos Aires: Paidós Postales, 1999.

SCHARFSTEIN, David S.; STEIN, Jeremy C. The dark side of internal capital markets: divisional rent-seeking and inefficient investment. *The Journal of Finance n. 55*, p. 2527-2564. Disponível em: http://scholar.harvard.edu/files/stein/files/darksidejoffinal.pdf. Acesso em: 10 out. 2016.

SCHINK, Allen. Off-budget expenditures: an economic and political framework. *In*: *OECD. Journal on Budgeting*, v. 7, n. 3, OECD 2007. Disponível em: https://www.oecd.org/gov/budgeting/43411741.pdf. Acesso em: 10 out. 2016.

SEN, Amartya. *Desenvolvimento como liberdade*. São Paulo: Companhia das Letras, 1999.

SHIKIDA, Cláudio D.; ARAÚJO JR., Ari Francisco de. Por que o Estado cresce e qual seria o tamanho ótimo do Estado brasileiro? *In*: MENDES, Marcos (Org.). *Gasto público eficiente*: 91 propostas para o desenvolvimento do Brasil. São Paulo: Instituto Braudel, 2006.

SILVA, José Afonso da. *Comentário Contextual à Constituição*. São Paulo: Malheiros, 2005.

SILVA, José Afonso da. *Curso de Direito Constitucional positivo*. São Paulo: RT, 1990.

SILVA, Marcos Fernandes Gonçalves da. Corrupção e produção de bens públicos. *In*: BIDERMAN, Ciro; ARVATE, Paulo. *Economia do setor público no Brasil*. Rio de Janeiro: Campus/ Elsevier, 2004.

SILVA, Moacir Marques da. A lógica do planejamento público à luz da lei de responsabilidade fiscal. *In*: CONTI, J. Mauricio; SCAFF, Fernando F. (Coords.). *Orçamentos públicos e Direito Financeiro*. São Paulo: Revista dos Tribunais, 2011, p. 756.

SIMIONI, Rafael Lazzarotto. *Direito Ambiental e sustentabilidade*. Curitiba: Juruá, 2011.

SOUZA, Jorge Luiz de. O que é PIB potencial. Desafios do Desenvolvimento. *Revista de Informações do Instituto de Pesquisa Econômica Aplicada*, ano 5, ed. 42, 2008. Disponível em: http://www.ipea.gov.br/desafios/index.php?option=com_content&view=article&id=21 50:catid=28&Itemid=23. Acesso em: 31 out. 2016.

STEINMETZ, Wilson. *A vinculação dos particulares a direitos fundamentais*. São Paulo: Malheiros, 2004.

STIGLER, George. The theory of economic regulation. *The Bell Journal of Economics and Management Science*, v. 2, n. 1, Spring, 1971, p. 3-21. Disponível em: www.jstor.org/stable/3003160. Acesso em: 9 nov. 2016.

STRECK, Lenio Luiz. *Aplicar a 'letra da lei' é uma atitude positivista?* Disponível em: http://siaiap32.univali.br/seer/index.php/nej/article/view/2308/1623. Acesso em: 8 nov. 2016.

STRECK, Lenio Luiz. *Compreender Direito*: desvelando as obviedades do discurso jurídico. São Paulo: RT, 2012.

STRECK, Lenio Luiz. E que o texto constitucional não se transforme em um latifúndio improdutivo: uma crítica à ineficácia do Direito. *In*: SARLET, Ingo Wolfgang (Org.). *O Direito público em tempos de crise*. Estudos em homenagem a Ruy Ruben Ruschel.Porto Alegre: Livraria do Advogado, 1999.

STRECK, Lenio Luiz. *Hermenêutica jurídica e(m) crise*: uma exploração hermenêutica da construção do Direito. Porto Alegre: Livraria do Advogado, 2011.

STRECK, Lenio Luiz. *Jurisdição constitucional e decisão jurídica*. São Paulo: RT, 2013.

STRECK, Lenio Luiz. *Verdade e consenso*: Constituição, Hermenêutica e teorias discursivas. São Paulo: Saraiva, 2012.

TEIXEIRA, Tarcísio; STRECK, Lenio Luiz. A interpretação do Direito e o dilema acerca de como evitar juristocracias: a importância de Peter Häberle para a superação dos atributos (eigenschaften) solipsistas do Direito. *Observatório da Jurisdição Constitucional*, Brasília, IDP, v. 4, 2011.

TELLES JR., Gofredo da Silva. *O Direito quântico*. São Paulo: Max Limonad, 1974.

THE WORLD BANK. Silent and lethal: how quiet corruption undermines Africa's development efforts. *Africa Development Indicators 2010*. Disponível em: http://siteresources.worldbank.org/AFRICAEXT/Resources/english_essay_adi2010.pdf. Acesso em: 5 dez. 2016.

TOLISSON, Robert D.; TULLOCK, Gordon. *Towards a Theory of the Rent-Seeking Society*. Texas A&M University Press. College Station.

TOLLINI, Helio Martins. Repensando a gestão das finanças públicas no Brasil. *In*: SALTO, Felipe; ALMEIDA, Mansueto (Orgs.). *Finanças públicas*: da contabilidade criativa ao resgate da credibilidade. Rio de Janeiro: Record, 2016, p. 115-148.

TOLLISON, Robert. *Rent-seeking*: a survey. Kylos, v. 35, n. 4, p. 578, 1982.

TÔRRES, Heleno Taveira. *Direito Constitucional Financeiro*: teoria da constituição financeira. São Paulo: RT, 2014.

TORRES, Ricardo Ezequiel. Despesa pública. *In*: OLIVEIRA, Regis Fernandes de *et al*. *Lições de Direito Financeiro*. São Paulo: RT, 2015.

TORRES, Ricardo Lobo. *Curso de Direito Financeiro e Tributário*. Rio de Janeiro: Renovar, 2005.

TORRES, Ricardo Lobo. *In*: CANOTILHO, J.J. Gomes *et al*. *Comentários à Constituição do Brasil*. São Paulo: Saraiva/Almedina, 2013.

TORRES, Ricardo Lobo. *O orçamento da Constituição*. São Paulo: Renovar, 1995.

TORRES, Ricardo Lobo. *Tratado de Direito Constitucional, Financeiro e Tributário*. Rio de Janeiro: Renovar, 2000.

TULLOCK, Gordon. Efficient rent seeking. *In*: BUCHANAN, James M.; TOLLISON, Robert D.; TULLOCK, Gordon (Eds.). *Toward a theory of the rent--seeking society. College Station*, Texas: A & M University Press, 1980. [Reimpresso em TOLLISON, Robert D.; CONGLETON, Roger D. (Ed.). The economic analysis of rent seeking. Aldershoot, England: Edward Elgar, 1995.

TULLOCK, Gordon. Rent Seeking as a Negative-Sum Game. *In*: BUCHANAN, James M. *Toward a Theory of the Rent-Seeking Society*, Texas A & M University Press, College Station, 1980.

TULLOCK, Gordon. *Rent-seeking and the law, The rent-seeking society*. Liberty Fund. 2005.

TULLOCK, Gordon. Rent-seeking: the problem of definition. *In*: TULLOCK, Gordon. *The rent- seeking society*. Liberty Fund, 2005.

TULLOCK, Gordon. *The rent-seeking society*. Indianapolis: Liberty Fund, 2005.

TULLOCK, Gordon. The welfare costs of tariffs, monopolies and theft. *Western Economic Journal n. 5*, 1967, p. 228.

TUPIASSU, Lise Vieira da Costa; SCAFF, Fernando Facury. Tributação e políticas públicas: o ICMS ecológico. *In*: TÔRRES, Heleno Taveira (Org.). *Direito tributário ambiental*. São Paulo: Malheiros, 2005

VILANOVA, Lourival. *As estruturas lógicas e o sistema do Direito positivo*. São Paulo: Max Limonad, 1997.

VILANOVA, Lourival. *Causalidade e relação no Direito*. São Paulo: Saraiva, 1989.

VILANOVA, Lourival. *Lógica jurídica*. São Paulo: Bushatsky, 1976.

WIZIACK, Julio; CRUZ, Valdo. Desoneração vira alvo da Receita Federal e pode gerar R$ 15 bilhões. Brasília: *Folha de S. Paulo*, 2016. Disponível em: http://www1.folha.uol.com.br/mercado/2016/09/1816647-desoneracao-vira-alvo-da-receita--federal-e-pode-gerar-r-15-bilhoes.shtml. Acesso em: 5 nov. 2016.

ZANELLA, Fernando C.; EKELUND, Robert B.; LABAND, David N. Monarchy, monopoly and mercantilism: Brazil versus the United States in the 1800s. *Public Choice* 116, 2003.

ZYMLER, Benjamin. *Questões de controle, controle das finanças públicas no Brasil*: visão atual e prospectiva. Revista do Tribunal de Contas da União, Brasília, v. 29, n. 76, abr.-jun. 1998, p. 24.